Heinrich Friedrich Storch

Skizzen, Szenen und Bemerkungen auf einer Reise durch Frankreich

Heinrich Friedrich Storch

Skizzen, Szenen und Bemerkungen auf einer Reise durch Frankreich

ISBN/EAN: 9783743690905

Hergestellt in Europa, USA, Kanada, Australien, Japan

Cover: Foto ©Andreas Hilbeck / pixelio.de

Weitere Bücher finden Sie auf **www.hansebooks.com**

Skizzen, Szenen

und

Bemerkungen

auf einer Reise durch Frankreich

gesammelt

von

Heinrich Storch.

Zweite verbesserte Auflage.

Heidelberg
bei Friedrich Ludwig Pfähler.
1790.

Es war den 13ten April 1786, an einem schönen Frühlingstage, als ich den Rhein zum viertenmal begrüßte. Mir wurde, als ob ich einen alten Freund wieder sähe, in dessen Gesellschaft ich so manche frohe Stunde verlebt hätte. Die vielen herrlichen Szenen, die ich an den Ufern des deutschen Rheins genossen hatte, giengen wie Schattenbilder vor meiner Seele vorüber.

Das Poltern des Wagens auf der hölzernen Brücke weckte mich aus meinen süßen Träumereien. Ich sah hinter mir, und maß schnell mit meinen Augen die Entfernung des hinterlassenen Ufers. Es schien mich zu fliehen. —— Ich warf einen Blik aufs Wasser, und ward gewahr, daß ich mich schon innerhalb der französischen Grenze befand.

A

* * *

Der Rhein selbst bestimmt seine Gerichtsbarkeit.
Der Thalweg oder die tiefste Stelle des Stroms
ist die Grenzscheidung ; diese ist dem französischen
Ufer weit näher, als dem deutschen.

In wenig Minuten war ich auf dem Lande.
Der erste Gegenstand, der mir aufstieß, war ein
Kommiß. Ich mußte mich einem peinlichen Ver=
hör unterwerfen, und erhielt die Erlaubniß weiter
zu fahren ; doch erstrekte diese sich nur auf etwa
hundert Schritte, wo ein Zollhaus stand, und wo
ich, nach einem abermaligen Verhör, den Schlüs=
sel meines Reisekoffers abgeben mußte ; ein Ver=
fahren, welches man mir als eine Gefälligkeit an=
rechnete, weil ich ausserdem wäre gezwungen ge=
wesen, mein Gepäk auf der Stelle durchsuchen zu
lassen.

Strasburg.

An der Thüre des Hotels à la Ville de Lion, wo ich einkehrte, empfieng mich der Wirth mit einem Schreibtäfelchen in der Hand, und ich mußte zum drittenmal die beschwerliche Neugierde der französischen Policei befriedigen.

Voll Ungeduld lief ich auf das Zimmer, das man mir anwies; aber kaum hatte ich Zeit das Fenster zu öfnen, als der Kommis, dem ich meinen Schlüssel übergeben hatte, hereintrat. In der ersten Aufwallung meines Unmuths wollte ich in Verwünschungen ausbrechen; allein der gute Mensch, der den ganzen Auftritt vorher sah, gab mir mit einer sehr ruhigen Mine zu verstehen, daß eine kleine Aufopferung von einigen Sols mir die beschwerliche Untersuchung ersparen würde. Und so war ich endlich mir selbst und meinen Betrachtungen überlassen.

* * *

So bekannt ich auch mit den Sitten des Volks zu seyn glaubte, welches ich iezt besuchte, so war der Kontrast, den die politische Grenzbestimmung erzeugt, doch immer noch auffallend genug für

mich), um mich einige Tage auf eine angenehme
Art zu unterhalten. Die französische Sprache ist
die Sprache aller gebildeten Leute, und ihre Sitten sind allgemein — sagte ich zuweilen bei mir
selbst — woher denn diese merkwürdige Verschiedenheit, die, troz des immerwährenden Einströ-
mens aller fremden Nationen, und troz der ur-
sprünglich deutschen Grundlage, so hartnäkkig an
einer eingebildeten Linie klebt? Dies Auffallende
in Sitten, Gebräuchen und Sprachen ist es, was
dem Reisen seinen anziehendsten Reiz, den Reiz
der Neuheit und Manigfaltigkeit, schenkt. Wie
betäubend muß dieser würken, wenn der beobach-
tende und empfängliche Reisende, ohne schwächende
Vorbereitung, mit einemmal in einem chinesischen
Hafen — oder der Otaheiter Omai an den Ufern
der Themse landet!

* * *

Mein erster Ausflug war ein Besuch, den ich
bei dem Herrn Aktuar Salzmann abstattete.
Dieser vortrefliche Mann empfieng mich auf eine
so trauliche und freundschaftliche Art, daß ich gezwungen ward, ihm gleich in den ersten Augen-
blikken meine Liebe zu schenken. Nie hat mich dies
Geschenk gereut, und wenn ich etwas bessers zu
geben wüßte, als dies mein Herz, das mein einziger Stolz und mein ganzer Reichthum ist, so

würde Salzmann die gerechtesten Ansprüche dar=
auf haben.

Ich vergnügte mich eine Weile in dem Ge=
nuß der Bibliothek und der Kupferstichsammlung
meines Freundes, welche leztere vorzüglich auch
der Neugier reisender Kunstliebhaber nicht unwerth
ist. Das merkwürdigste in dieser Sammlung, wenig=
stens für mich, war ein artiges Landschaftsstük, wel=
ches Göthe selbst gezeichnet und radirt hatte. Als
ich es eine Weile mit Aufmerksamkeit betrachtete, sag=
te Herr Salzmann: Göthe kann aus sich machen,
was er will. Wenn er gewollt hätte, so würde er
gewiß eben so sehr Chodowiekky seyn, als er
izt Göthe ist.

Bald darauf geriethen wir in ein sehr interes=
santes Gespräch, dessen Inhalt mir die heilige
Freundschaft zu schweigen gebeut. Salzmann hat=
te Göthe, Jung, Lenz und Ramond ge=
kannt, und ihre persönliche Freundschaft genossen.
Diese vier trefliche Menschen lebten zu gleicher
Zeit in Strasburg; das war so ein Kranz, wie
der zu Göttingen, wo die Stolberge, Voß,
Bürger, Hölty u. a. beisammen waren.

Mir glühen die Wangen, indem ich dies
schreibe. Sind das die Männer alle, oder blüht
noch hie und da ein Blümchen auf, zum Kranz für
Deutschlands Scheitel, wenn iene welken im Herbst?

— Nicht wahr, Brüder, Euch pochts unter der
linken Brust, da Ihr dies leset! Ihr fühlt dem Vaterlande einst werden zu können, was jene sind!
Ihr wißt, daß ich zu Euch rede! Und über ein
Kurzes, so wirds auch das Vaterland wissen.

Freund Salzmann begleitete mich in den Münster. Der Eindruk, den dies ehrwürdige alte Gebäude auf mich machte, ist unauslöschlich. Habe
ich je in meinem Leben gewünscht, die Architekto-
nik studirt zu haben, so war es izt, um die Verhältnisse dieses merkwürdigen Denkmals deutscher
Kunst berechnen und bewundern zu können.

Es war um Ostern, und in der Kirche ward
eine herrliche Musik aufgeführt. Ich stand mitten
in dem grossen Haufen, wo ich die unendlich mannigfaltigen Bewegungen und Leidenschaften auf
den Gesichtern und in den Stellungen des Volks
wahrnehmen konnte. Ein grosser Theil desselben
rannte, wie beschäftigt, auf und ab, und unter-
hielt sich im Gespräch; ein anderer stürzte plötzlich
auf die Knie nieder; um die Weihkessel war ein
Gewühl, wie wenn die Wellen sich um den Felsen
herdrängen; eine kleine Anzahl von Menschen hörte aufmerksam der Musik zu, und andere drükten
durch ihre Geberden die feurigste Andacht aus.
Neben mir kniete ein schönes Mädchen, dessen
zärtlicher, zum Himmel emporgehabener Blik mich

tief in ihre reine Seele schauen ließ, wie man durch
den kryſtallhellen Bach bis auf ſeinen Grund durch=
blikt; ich hätte ſie wohl bitten mögen, mich in
ihr Gebet einzuſchlieſſen.

Ich beſtieg den Münſterthurm. Es war helles,
heitres Wetter; kein täuſchendes Wölkchen ver=
ſchloß den Horizont. Ich kletterte bis in die unzu=
gänglichſte Spizze hinauf, welches man ohne Ge=
fahr wagen kann, wenn man nur für Schwindel
ſo ſicher iſt, als ich es war. Da eine ſo groſſe Men=
ge von Fremden täglich den Münſter beſteigen, ſo
ſind die Wächter es müde geworden, ieden zu be=
gleiten; ſie thun weiter nichts, als daß ſie die Thü=
ren aufſchlieſſen. Ich war alſo ganz allein, und
ſtieg, in Gedanken verloren, immer höher. Als ich
die höchſte Spizze erklimmt hatte, ruhte ich aus.
Das erſte, was in dieſem Augenblik in mir vor=
gieng, war das Bewußtſeyn, auf der höchſten
künſtlichen Piramide unſers Welttheils zu ſtehen.
Als ich mich völlig erholt hatte, und für den groſ=
ſen Genuß, der meiner harrte, empfänglich war,
ſtand ich auf, lehnte mich an einen Pfeiler, und
überließ mich völlig allen Entzükkungen dieſes ſel=
tenen Schauſpiels. In welche grenzenloſe Fernen
mein Blik ſich ſtürzte und verlor; mit welchem
freudigen Erſtaunen ich die fernen, fernen Schwei=
zergebirge, gleich grauen Wolken, entdekte; wie
prächtig der Anblik der voghelſiſchen mit Schnee

beglänzten Berge die Aussicht verschloß; wie voll
Leben die grosse Fläche war, in deren Mitte Stras=
burg, wie eine kleine Welt, lag; wie stolz der
breite Rhein zwischen seinen städtebesäten Ufern
hinfloß: — davon, und von allem, was ich sah,
laßt mich schweigen.

Beim Heruntersteigen fiel, ich einem Menschen
in die Hände, der mich mit abgeschmakten Tra=
ditionen quälte. Er zeigte mir unter andern ein
Horn vor, auf welchem noch izt alle Mitternacht
zur Schmach der Juden geblasen werden soll, weil
sie im Jahr 1349 durch dies Horn das Signal zu
einer verabredeten Mordbrennerei haben geben
wollen Die ganze Historia ist auch für Liebhaber
gedrukt zu lesen.

* * *

Mein Aufenthalt in Strasburg ward mir,
vorzüglich durch den freundschaftlichen Umgang
des Herrn Salzmanns, sehr angenehm. Meine
Tage flossen unter Lesen, Besuchen und lehrreichen
Gesprächen hin. —

Obschon Strasburg unter die berühmtesten
Städte unsers Welttheils gehört, so kann es doch
keinen Anspruch auf Schönheit machen. Die mei=
sten Gassen sind enge und krum, und die Häuser
zum Theil, wie in Frankfurt und Hamburg, nach
oben zu herausgebaut. Seit dem Jahr 1767 baut

man indeſſen nach einem beſtimmten Plan, den
der Architekt Blondel vorgeſchrieben hat. Eini=
ge öffentliche Gebäude zeichnen ſich vortheilhaft
aus; hierunter gehört der prächtige erzbiſchöfliche
Pallaſt, den der Kardinal Rohan 1741 hat er=
bauen laſſen, und das Soldaten = und Bürgerſpital,
welches leztere wohl vorzüglich nüzlich iſt. Die
Einrichtung deſſelben iſt allzubekannt, als daß ich
etwas darüber ſagen dürfte.

Unter die Gegenſtände, welche die Aufmerk=
ſamkeit eines Reiſenden verdienen, gehört auch die
hieſige Univerſität. Sie zeichnet ſich durch vieles
Beſondere ſowohl von den deutſchen als franzöſi=
ſchen Univerſitäten aus. Als die Stadt Strasburg
ſchon die lutheriſche Religion angenommen hatte,
ſtiftete Kaiſer Maximilian der Zweite auf Anſu=
chen des Magiſtrats den 30 May 1566 eine Aka=
demie, worinn die ſchönen Wiſſenſchaften, die Phi=
loſophie, Theologie, das Recht und die Medizin
gelehrt werden ſollten. Um dieſer Anſtalt einen
ſichern Fond zu verſchaffen, wurde in Vorſchlag
gebracht, die Güter und Einkünfte des katholiſchen
Kapitels St. Thomas, welches ſchon von Prote=
ſtanten beſezt war, zur Unterhaltung der Akademie
anzuweiſen; und Erasmus, Biſchof von Stras=
burg, gab ſeine Einwilligung dazu. Ferdinand
der Zweite erhob die Akademie zu einer Univerſität,
und ſchenkte ihr alle dahin gehörige Rechte und

Privilegien, welche hernach im weſtphäliſchen Frieden und zulezt durch die Kapitulation mit Frankreich beſtätigt wurden.

Izt ſcheint ſie — wenigſtens in Vergleich gegen die proteſtantiſchen deutſchen Univerſitäten —
zu agoniſiren. Viele Fächer, zum Beiſpiel das
kameraliſtiſche, haben gar keine Profeſſur; und
das mediziniſche, welches Strasburg ehedem ſo ſehr
in Ruf brachte, hat ſeinen Glanz durch den Hin-
tritt einiger groſſer Männer verloren. Uibrigens
iſt ſie die einzige Univerſität in Frankreich, welche
einen Lehrſtuhl für das Jus publicum hat. —
Der Sittenverderb und die Gelegenheit zu Geld-
verſchwendungen und Ausſchweifungen iſt hier
gröſſer als irgendwo auf den deutſchen Univerſitäten. Den Sommer hindurch werden faſt gar keine
Kollegia geleſen, weil die mehreſten Profeſſoren
verreiſen. — Ungeachtet dieſer Mängel iſt Strasburg noch immer der Sammelplaz vornehmer iunger Herrn aus allen Ländern, denen es nicht ſowohl um Gelehrſamkeit, als um guten Ton und
Gelegenheit zur Erlernung der franzöſiſchen Sprache zu thun iſt.

Strasburg hat ſehr viele und wohleingerichte-
te Buchläden. Man kann hier alle Produkte der
deutſchen Meſſen erhalten. Die franzöſiſche Bequemlichkeit, daß die Bücher ſchon gebunden in
den Buchläden verkauft werden, iſt auch hier ein-

geführt, und sollte es billig auch in Deutschland seyn. Dies macht den Gelehrten weniger abhängig von den Launen eines beschäftigten Buchbinders, und gewährt dem Käufer das Vergnügen, das gekaufte Buch sogleich zu lesen, welches oft viel werth ist.

Die Zweige der Industrie, welche die Strasburger mit hervorstechendem Fleisse bearbeiten, sind vorzüglich alle Gold = und Silberarbeiten, deren man hier eine unendliche Menge sehen kann. Kutschen und Staatswagen werden von hier aus weit und breit verführt, sogar nach Paris. Die Tuchmanufakturen sind nicht völlig so wichtig; aber ein merkwürdiges Produkt der strasburger Industrie ist die konstantinopolitanische rothe Leinewand (linon, teint avec la cochenille), die man hier überaus schön verfertigt. Strasburg ist auch eine von den Städten des Königreiches, in welchen Münze geschlagen wird; ein Vorrecht, welches sie schon als deutsche Reichsstadt, und selbst eine Weile nach ihrer Einverleibung an Frankreich ausgeübt hat, obschon nie mit beträchtlichem Erfolg. Im Jahr 1694 ward hier eine königliche Münze angelegt.

Die merkwürdigste Epoche in der Geschichte von Strasburg ist ohne Zweifel die Verbindung dieser Stadt mit Frankreich. Izt, da die Strasburger ihren reichsstädtischen Freiheitssinn allmälig abzulegen beginnen, gestehen sie sich öffentlich die

groſſen Vortheile, die ihnen dieſe Verbindung verſchaft. Straßburg blieb ſeit iener Periode für
Deutſchland noch immer das, was es bisher geweſen war, und trat überdem mit Frankreich in
eine ſo enge wechſelſeitige Vereinigung, als wirklich izt zur Zeit keine andere Stadt des Königreichs
ſteht. Dies iſt ſehr leicht daher zu erklären, weil
Straßburg eine auſſerordentliche Konnexion mit
Paris hat, welches mehr ſagen will, als wenn ſie
mit zehn Provinzialſtädten in Verbindung ſtünde.
Paris iſt der Mittelpunkt alles Reichthums und
Uiberfluſſes, und diejenige Stadt, welche in den
mehreſten und engſten Verhältniſſen mit Paris
ſteht, muß auch natürlich am mehrſten dabei gewinnen. Uiberdem iſt Straßburg die Thüre, die
ins Königreich führt; alle Durchreiſende, deren
es hier zu allen Jahrszeiten eine auſſerordentliche
Menge giebt, und faſt alle Waaren, die von Norden und Oſten kommen, wählen dieſen Paß. —
So vortheilhaft Straßburg die Verbindung mit
Frankreich iſt, ſo wichtig iſt im Gegentheil auch
dieſe Stadt und die ganze Provinz dem Königreich, in mehr als einer Hinſicht. Die ſanfte Behandlung zeigt deutlich genug, wie ſehr der Hof
dies einſieht. Der Elſaß trägt ein leichtes Joch,
das aber wohl mit der Zeit läſtiger werden dürfte.

In eben dem Maß, in welchem allmälig der
deutſche Sinn und die lezten morſchen Grundpfei-

ler der reichsſtädtiſchen Verfaſſung ſinken, nimmt
der Geſchmak an franzöſiſchen Sitten und die Liebe gegen die herrſchende Nation zu. Und hier kann
ich einmal nicht in die Klagen der deutſchen Bie-
dermänner einſtimmen, die den Verluſt ihrer
Deutſchheit beweinen, und ſich der einſtrömenden
Gallomanie mit allen ihren Kräften widerſezzen.
Es iſt nun einmal das Loos dieſer Provinz, das
Joch einer fremden Nation zu tragen, daher wärs
Unſinn, es durch ſolcherlei Maßregeln noch be-
ſchwerlicher und verhaßter zu machen, als es ohnehin ſchon iſt. Je geſchwinder und vollkommner
die Sitten, die Sprache, der Geiſt der franzöſiſchen Nation auf die Elſaſſer übergehen wird,
deſto glüklicher werden ſie ſeyn. Einer Veränderung, die unvermeidlich einmal eintreffen wird, muß
man den Weg zu bahnen, und ſich auf dieſelbe
vorzubereiten ſuchen.

Das iſts denn auch, was die Elſaſſer, oder
richtiger, die Strasburger, ſeit ungefähr zwanzig Jahren zu thun anfangen. Um iene Zeit
dachte man zum erſtenmal im Ernſt daran, die
alten deutſchen Sitten und Gewohnheiten gegen
franzöſiſche auszutauſchen, welches denn bis izt
ſeinen guten Fortgang gehabt hat, wenn gleich
einzelne ſteifſinnige Reichsbürger ſich ſträu-
ben, und ihre Söhne und Töchter eher ſpa-
niſch als franzöſiſch erziehen laſſen; die Anzahl

dieser Leute nimmt aber von Tage zu Tage ab.
So lang ſie indeſſen noch exiſtiren, gewährt der
Kontraſt zwiſchen der reichsbürgerlichen und franzöſiſchen Galanterie die artigſte Unterhaltung.
Nichts iſt luſtiger, als eine wohlgeſchnürte, in
einen runden Reifrok geſtekte, und nach der bekannten häslichen ſtrasburger Art friſirte Dame
am Arm eines, nach dem neueſten. pariſer Schnitt
modulirten, Stuzzers einhergehen zu ſehen.

Dieſe leztere ſind, beſonders unter dem männlichen Geſchlecht, hier ſchon viel häufiger, als
ich ſie noch irgendwo angetroffen habe. Ich muß
geſtehen, daß ich, hundert Schritte von der deutſchen Grenze, noch nicht ſo viele Thorheiten exiſtent
geglaubt hätte, als ich wirklich gefunden habe.
Mir iſts mehrmal begegnet, daß ich mein
Fenſter habe zuziehen müſſen, weil die wohl-
riechenden Düfte, beſonders an Sonn - und
Feiertagen, meine Naſe allzuſehr in Kontribution
ſezten. Alte Männer, mit runder Perüke und
greiſem Haar, tragen die modigſten Kleider und
ſtahlfarbne, grüne und rothe Strümpfe. Doch
alles dies möchte noch hingehn; aber das iſt uner-
träglich, wenn iunge Leute auf öffentlichen Spazier-
gängen mit der Brille auf der Naſe herumwandeln,
und den Fremden mit einem air hautain anatomiren,
wovon ſie das Original vermuthlich in irgend einer Antichambre zu Paris aufgefunden haben.

Dieſer lächerliche Ton ſcheint vorzüglich den iungen
Deutſchen eigen zu ſeyn, die ſich gerne nach den
Pariſern bilden wollen, und denn nicht allemal
die beſten Muſter erwählen. Der ächte franzöſi‐
ſche Ton iſt ganz ein ander Ding, als dieſe iunge
Herren ſich einbilden; ſein Hauptkarakter iſt iene
Urbanität, durch welche ſich der Franzoſe bei allen
Nationen ſo beliebt macht, und die e r vorzüglich
den ehemaligen Bewohnern von Athen abgewonnen
zu haben ſcheint. Dieſer Karakter iſt der beſtän‐
digſte; er verläugnet ſich nie beim Manne von Er‐
ziehung, und ſelbſt die geringeren Klaſſen des Volks
haben ihn ſich, mit mehr oder weniger glüklichem
Erfolg zu Theil gemacht. Zum Beweiſe dieſer lez‐
tern Behauptung kann ich meinen Leſern ein artiges
Beiſpiel aus meiner eignen Erfahrung erzählen.

Bei der Parade, die alle Tage in Straßburg
gehalten wird, befand ſich einsmals ein iunger Of‐
fizier zu Pferde, der ſich ein unartiges Vergnügen
daraus machte, alle Leute, die um ihn her ſtanden,
durch die Sprünge ſeines Pferdes in Schrekken zu
ſezzen. Ein feines iunges Mädchen mußte eben den
Weg, und ſtand ſchon eine Weile furchtſam da,
ohne daß ſie es wagen mochte, hinter dem Pferde
vorbei zu gehn. Schnell ſprang ein gemeiner Sol‐
dat, der dies bemerkte, und bisher unter einem
Haufen ſeiner Kameraden geſtanden hatte, hervor,
zog mit Ehrerbietung den Hut für dem Offizier ab,

bot dem Mädchen seinen Arm, und führte sie mit
der verbindlichsten Manier von der Welt durch den
bösen Paß.

Solche Beispiele ergözzen das Auge des Beobachters, und erwärmen sein Herz. Wer möchte
wohl leugnen, daß dieser Soldat mehr gute Lebensart und von Ton besizt, als die iungen Herren mit
der Brille. Und diese Beispiele aus den niedern
Klassen sind nicht selten. Man kann nicht umhin,
die Franzosen dieses glüklichen Talents wegen zu
beneiden, vorzüglich, wenn einem zu gleicher Zeit
Beispiele von der Rusticität des deutschen Volks-
mannes in die Augen springen. — Ich war auf
dem Paradeplaz zugegen, als der Großherzog von
Toskana die strasburgischen Regimenter in Augen-
schein nahm, und hatte, der starken Sonnenhizze
wegen, meinen Hut aufgesezt. Als der Großherzog mir nahe kam, sagte mir ein französischer
Soldat mit der gefälligsten Mine: Monsieur,
ôtez votre chapeau, s'il vous plait! In
eben dem Augenblik schrie mir ein deutscher Soldat zu: thu' er den Hut herunter! — Dieser Ausdruk mochte in dem Munde des leztern vielleicht
eben so höflich seyn, als das verbindliche s'il vous
plait, das der Warnung mit einemmal alles Gebie-
tende benahm, und die Handlung völlig willkührlich
zu machen schien; aber — besser ist doch besser!

Die

* * *

Die besuchtesten Spazierpläze sind die Ru=
prechtsau, Broglio und Contades. Die
strasburger schöne Welt liebt das Spazierengehen
sehr; auch geht man hier noch zu Fusse. — Die
Ruprechtsau ist eine Rheininsel , und verdient der
vorzüglichste Sammelplaz der feinen Welt zu seyn.
Die beiden Arme des Rheins, die sie umschliessen,
und auf welchen hin und wieder Fahrzeuge schwim=
men, die ländlichen Häuser auf der kleinen Insel,
die stolzen italienischen Pappeln, mit denen sie be=
kränzt ist, die Menge wohlgekleideter Leute, die
hier beständig zusammenfließt , die Aussicht auf
die fernen Berge des Schwarzwaldes, die leben=
dige Landschaft umher , mit ihren breiten schattigen
Alleen — alles dies zusammen genommen, giebt
ein schönes Schauspiel, dem auch der schwer zu
befriedigende Wollüstling mehr als einmal mit
Vergnügen zusieht.

Die vorzüglichsten Vergnügungen, ausser den
Spazierpläzen, sind die Komedie und das Kon=
zert. Es wird hier französische und deutsche Ko=
medie gegeben; beide sind, so viel ich gehört habe,
mittelmässig. Selbst gesehen habe ich sie nicht,
weil mein Aufenthalt gerade in die Osterfesttage
fiel. Einem sehr befriedigenden Concert spirituel

B

habe ich beigewohnt, wo mich hauptſächlich der
freie, ungebundene und doch anſtändige Ton ergözte, der in der Geſellſchaft herrſchte.

So nüzlich die deutſche Sprache noch iedem iſt,
der hier leben will, ſo kann man doch immer ſagen, daß die franzöſiſche die herrſchende iſt; denn
Jedermann ſpricht franzöſiſch, aber nicht alle ſprechen deutſch. Uiberdem iſt das, was man hier
Deutſch nennt, ein abſcheuliches Gemiſch von alter ſchwäbiſcher und iziger reichsländiſcher und
ſchweizeriſcher Mundart. Das Franzöſiſche wird
ziemlich rein geſprochen.

In der innern Einrichtung und dem Ameuble-
ment der Häuſer verrathen die Strasburger im Ganzen mehr Geſchmak, als in ihrer Kleidung.

In Strasburg, wie überhaupt in den Städten,
die ſich der deutſchen Grenze nähern, liegen viele
Regimenter, daher man hier ſehr gut mit dem franzöſiſchen Soldatenweſen bekannt werden kann. Die
Regimenter, welche ich hier geſehen habe, ſind gut
gekleidet, und ziemlich exerzirt, wiewohl man kein
preuſſiſches oder ruſſiſches Exerzitium erwarten muß.
Die Bewegungen ſind leicht und natürlich, und überhaupt geht alles ſo ungenirt zu, als ob die Soldaten
nur aus eignem guten Willen da wären. Indeſſen
verräth ſich der tändelnde Geiſt der Nation bei allen

ihren Einrichtungen; es giebt Regimenter, die nach
Märschen aus komischen Opern marschiren; ich habe
selbst eines derselben gesehn, welches nach dem chinesischen Marsch in der Oper: Panurge sur l'isle
des laternes, von Gretry's Komposition — tanzte;
denn m a r s ch i r e n kann ich das nicht nennen, weil
die Soldaten wirklich eher liefen als giengen, wozu sie der Takt der Musik zwang. Eine, bei der
russischen Arme ganz unbekannte und auch höchst
überflüssige Bedienung findet hier statt; und das
ist die des R e g i m e n t s f r i s e u r s.

* * *

Den Tag vor meiner Abreise gieng ich mit meinem lieben Freund Salzmann in die Thomaskirche,
wo ich eine angenehme halbe Stunde, in Bewunderung verloren, vor dem schönen Denkmal des grossen
Marschalls von Sachsen zubrachte. Ob ich nun
gleich nicht zur Zunft der Kenner gehöre, so wird mir
doch ieder kaltblütige Mensch eingestehen, daß das
Urtheil des Hofrath S ch l o s s e r ein wenig zu hart
oder übereilt ist, wenn er das Monument, welches
hundert und hundert Leute schön finden, unter denen
es doch auch Männer von Kopf und Herzen giebt, so
gerade zu verdammt, und es ein gutes Küchenstük
nennt, weil der Künstler die überwundenen Feinde
des Helden in symbolischen Vorstellungen um ihn her
gruppirt. Ich würde mich warlich versucht fühlen,

mit einem namhaften Journaliſten zu glauben, Herr
Hofrath Schloſſer habe das Grabmal nie ſelbſt geſe=
hen, und kenne es nur aus ſchlechten Kupferſtichen,
wenn mir Salzmann nicht das Gegentheil bezeugt
hätte, der ihn ſelbſt dahin begleitet hat. — Der ſo
oft gerügte Fehler dieſes ſchönen Werks, daß näm=
lich der Deckel des Sarges nach der Seite des Mar=
ſchalls zu geöfnet iſt, und dieſer alſo in den Sarg
hineinſpringen müßte, war auf keine Weiſe zu ver=
meiden. Man hätte alſo entweder die Idee verwer=
fen müſſen, oder die Ausführung war unmöglich zu
ändern. Dies fühlt man nicht eher recht lebhaft, als
bis man ſelbſt vor dem Monument ſteht, und als=
dann bittet man auch dem groſſen Genie, der ſich
dies erhabne Werk dachte und ausführte, die Sün=
de tauſendmal ab. Man zeigte mir einen treflichen
Kupferſtich dieſes Grabmals von Mechel in Baſel;
auch ſind hier Medaillons käuflich, die auf einer
Seite das Grabmal, ziemlich unähnlich, und auf
der andern das Bruſtbild des Marſchalls darſtellen.

Ich reiste in Gesellschaft drei meiner Landsleute
und Freunde von Strasburg nach Paris ab. Wir
hatten einen strasburger Kutscher gemiethet, der
uns für 16 Karolin in einem schönen, bequemen Wagen binnen acht Tagen nach Paris zu schaffen ver-
sprach. Mit diesen Bedingungen konnten wir zufrieden seyn, denn die Bequemlichkeit, die wir dabei
hatten, war groß, wiewohl man den langen Aufenthalt auf der Reise davon abrechnen müßte. Unser
Kutscher war ein ehrlicher Deutscher, und daher eben
nicht sehr aufgeräumt oder gesprächig. Wenn er zuweilen guten Muths war, so pflegte er wohl auf den
Fußtritt zur Seite des Wagens zu tretten, und uns
vorläufig eine kleine Idee von Paris zu geben, wobei
er jedoch immer ein wachsames Auge auf seine Pferde
hatte, und seine Erzählung zuweilen durch ein ermun-
terndes „Allez!„ unterbrach. Uibrigens hatte er,
ohne ein Wörtchen davon verlauten zu lassen, einen
kürzern Nebenweg eingeschlagen, welches wir aber
zu spät inne wurden. Ob er dies aus einem geheimen Hange zur Originalität gethan habe, und um
gleichsam seinen eignen Gang zu gehen; oder ob seine grosse Abneigung gegen die königlichen Erlaubniß-
zettel daran Schuld gewesen, läßt sich nicht mit
Gewisheit bestimmen, indem er stets über diese
Materie ein bedeutungsvolles Stillschweigen zu beobachten pflegte.

* * *

Mußig, Mittags um 11 Uhr.

Ich schreibe dies aus einem schönen elsassischen
Marktflekken. Der Straßendamm ist bis hieher
vortreflich, wiewohl ich keine Steine am Wege liegen sehe, und zu beiden Seiten dicht mit Bäumen
bepflanzt. Rund umher liegen Dörfer und Weingärten dicht neben einander. Vor uns haben wir
die schönen bebauten Berge des Wasgau.

* * *

Raon sür Plaine, Abends um 10.

Je weiter wir kamen, desto bergiger und waldiger
ward die Gegend, die mir aber oft Ausbrüche des
lebhaftesten Entzükkens abnöthigte. Nachmittags um
3 Uhr gelangten wir an den Fuß eines sehr hohen
Berges, der als der Thorwächter des Eingangs ins
voghesische Gebirg anzusehen ist, und in dessen Mitte
ich izt in einem einsamen Thal die Nacht zubringe.
Wir erstiegen diesen Berg zu Fuß mit einiger Mühe,
wurden aber unendlich belohnt durch den herrlichen
Anblik, den er uns gewährte. Er gehört nicht, wie
weiland die Kreter, zu den faulen Bäuchen, sondern
ist reichlich mit Dörfern besät, die sich zum Theil von
den Eisenwerken nähren, die hier herum in grosser
Menge sind. Wir giengen in eins derselben, wo wir
die zufriednen Bewohner dieser Höhen bei armseliger

Roſt und ſchwerer Arbeit fanden. Ein kleiner ſchöner ſchwarzer Junge feſſelte meine Aufmerkſamkeit; ich ſuchte ihn geſprächig zu machen, und es gelang mir ſo wohl, daß er mir vieles erzählte von ſeiner Mutter, und von ſeinem Schulmeiſter, und von den Fortſchritten, die er im Buchſtabiren mache. —— Ich pries die guten Leute ſelig, da ſie nur die dringendſten Bedürfniſſe kannten, denn es ſchien mir, als wenn ſie kaum ſo viel hätten, nur dieſe zu befriedigen. Ihr Herr, der Fürſt von Salm, ſoll ein prächtiges Hotel zu Paris haben, das die Neugier aller Fremden reizt.

Wir ſtiegen den Berg weiter und weiter hinan. Ich war in tiefen Gedanken verloren. Meinem Geiſte ſchwebten in wenig Minuten ſo mancherlei Begebenheiten vor, von denen dieſe Berge der Schauplaz geweſen waren. Helden und Eremiten hatten ſie wechſelsweiſe bezogen und verlaſſen. Wo ſind die Spuren ihres Daſeyns? fragt ich mich ſelbſt. In Ruinen ſind die Schlöſſer verfallen, die der Uebermuth und die Zaghaftigkeit der Räuber erbaute —— und das Baumdach der Eremiten hat der Sturm weggeführt und zerriſſen. Wie ganz ein anders Denkmal ſtiftet ſich der Weiſe, der ſeinen Akker in ſtiller Zufriedenheit baut, und den Nachbar auch den ſeinigen bauen lehrt! der ſeinen Garten zur Pflanzſchule macht für ſeine Brüder im Lande! Das that Düval hier —— hier iſt das Vaterland Düval's. Sei mir gegrüßt an deiner Grenze!

Ich ward dem Lande gut, ich segnete ieden Flek=
fen, den mein Fuß betrat. — Uiber mir hiengen die
Wolken, und lehnten sich an die Spizzen der Berge,
unter mir dröhnten die Hämmer, neben mir rauschten
die Wipfel, brauste der Waldstrom, der sich mit Un=
gestüm aus einer Felsenrizze hervordrängte, und in
Schaum aufgelöst über das steinige Thal fortrollte.

Als wir die Spizze des Berges erstiegen hatten,
sahen wir in grundloser Tiefe ein Dorf unter uns lie=
gen. Um uns her wars Dämmerung, unten wars
Nacht; hin und wieder sprühten Funken unter dem
Hammer des Eisenarbeiters durch die Dunkelheit,
wie Sternlein, auf. Wir stiegen schweigend den Felsen
hinab.

Izt sizzen wir in frölicher Eintracht beisam=
men, und gukken nach der Spizze hinauf, die wir
morgen werden erklettern müssen.

* * *

Raon für Tape.

Wir fuhren früh von Raon für Pláine weg, und
hatten in wenig Stunden das Gebirg hinter uns. Als
ich zum erstenmal wieder in die grosse Ebene schaute,
fühlte ich, daß ich ein Sohn des flachen Landes bin.
So tiefen Eindruk auch die grossen und erschütternden
Bergszenen auf mich machen, so ist mirs doch immer
dabei, wie einem, der bis an den Hals im Wasser
stekt, und dem's Blut in den Kopf steigt; daher habe

ich in Berggegenden immer nur melankolische Empfindungen und Ideen. Sobald ich aber wieder in die
Fläche komme, so scheint sich mein Herz mit dem Horizont zu erweitern; ich fühle mich so leicht, so froh,
daß ich wohl manchmal eine Viertelweges tanze, statt
zu gehen; gleichsam um mich recht zu überzeugen,
daß ich wieder in der Ebne bin, denn auf den Bergen
verbietet sich wohl das Tanzen.

Um Mittag kamen wir in diesem Flekken an, und
kehrten bei einer herzlich guten alten Frau ein, die uns
mit schöner Milch bewirthete. Zum Nachtisch erhielten wir lothringisch Brod oder vielmehr Pfefferkuchen
die hier ein Gegenstand des Handels werden. Nach
der Mahlzeit giengen wir in den Garten, wo wir uns
mit anmuthigen Gesprächen ergözten, und lustig und
guter Dinge waren. Hart an der Gartenmauer floß
ein Bächlein vorbei, das uns in seinen kindischen tän-
delnden Wellen das Bild der lieben Sonne in tausendfachen Gestalten zurükwarf. Wir hatten uns über die
Mauer gelehnt, und sahen ins Wasser. Das Wetter
war so mild und warm, und wir so lechzend nach Er-
quikkung. Wie wärs, wenn wir ins Wasser sprän-
gen? sagte Einer — und hurtig giengs über die Mauer
weg, und in wenig Minuten waren wir im Wasser.

Ich mußte diese kleine Lust sehr theuer bezahlen.
Ein starkes Flußfieber, von heftigen Zahnschmerzen

begleitet, war die Folge meiner unbesonnenen Hand=
lung. Beide Uebel wurden durch die Beschwerlichkei=
ten der Reise doppelt empfindlich, und verschlossen
mein Herz iedem sanften Gefühl, und meinen Kopf
iedem ernsten Gedanken. Eine völlige Apathie gegen
alles, was um mich her vorgieng, trat an die Stelle
meiner Beobachtungslust, und so warb ich von Dorf
zu Dorf, und von einer Stadt zur andern geschleppt,
ohne daß mein Tagebuch um eine Zeile gewann. Mei=
nen Lesern hier die Bruchstükke aufzutischen, die mein
kranker Kopf hin und wieder gesammelt hatte, wäre
Verlezzung der Achtung, die ich dem Publikum schul=
dig bin. Ich ersuche daher ieden lieben Leser, der den
guten Willen hat, mich ferner auf meinen Wanderun=
gen zu begleiten, bis zur Rükreise Gedult zu haben,
wo die Orte alle in Notiz genommen werden sollen,
von welchen izt mein Tagebuch schweigt.

* * *

Die lezte Nacht schliefen wir vier Lieues vor Pa=
ris in einem bequemen, wohleingerichteten Wirths=
hause, und kamen des andern Morgens früh in Paris
an. Die Strasse war wider meine Erwartung sehr
todt; aber kaum näherten wir uns der Barriere, als
wir schon in ein entsezliches Gedränge kamen. Stin=
kende Mistwagen, fluchende Kärrner und blökkende
Heerden von Vieh hatten einen Wall um das Thor
gebildet, durch welchen wir uns nur mit Mühe hin=
durchdrängten.

Paris.

Kaum waren wir innerhalb der Barriere, als ein rothhariger Visitator unserm Kutscher mit einer schreklichen Stimme zurief, er sollte halten. Wir wurden sehr genau untersucht, und hatten unterdessen Zeit zu bemerken, daß man sich eines sehr bequemen Mittels bediente, um die grossen Heuwagen zu untersuchen; man stekte nemlich ein langes spizziges Eisen nur einigemal in das Heu hinein.

Izt waren wir abgefertigt, und konnten weiter. Aber wohin? daran hatte noch niemand gedacht, ob wir schon eine lange Liste von Hotels in der Tasche hatten. Unser Kutscher, der ehrliche Mann, rieth uns, in dem Wirthshause zu bleiben, wo er einkehren würde. „Es wohnen gar vornehme Leut drinn, sezte er hinzu, und alle Schwizer Kutscher fahren do inn.„ Ob es nun eben kein Trost für uns war, daß wir in das Hotel der Schwizer Kütscher einkehren sollten, so liessen wir ihn doch machen, und hofften bald Jemand zu finden, der uns in dieser Verlegenheit helfen würde.

Dies geschah denn auch. Kaum hatten wir den Fuß aus dem Wagen gesezt, als wir schon von einer Menge dienstbarer Geister umringt waren, die sich

Kommiffionairs nannten, und uns ihre Dienste
anboten. Wir gaben Einem derselben den Auftrag,
im Hotel d'Angleterre nachzufragen, ob dort
Plaz für uns wäre, und liessen's uns unterdessen ge=
fallen, in der Gaststube ein Glas schlechten rothen
Wein auszutrinken.

Unser Kommissionair kam mit der erwünschte=
sten Nachricht zurük; und besorgte uns sogleich ein
paar Lastträger, die unser Gepäk nach dem benann=
ten Hotel trugen. Wir folgten ihnen zu Fusse.

Da ich noch an Zahnschmerzen litt, so hatte ich
gar keine Lust: mich umzusehen. Meine Augen wa=
ren mit Bewunderung auf die Füsse eines Stuzzers
geheftet, der in weißseidenen Strümpfen äusserst sau=
ber vor mir her durch den Koth tanzte. Friz, sagte
ich zu mir selbst, wie viel fehlt dir noch zum Pariser.
Diese Kunst wenigstens lernst du nie! —

Binnen einer halben Stunde waren wir völlig
eingewohnt. Ich war in den peinlichsten Zustand
versezt; folternde Schmerzen warfen mich aufs Bett;
ich mußte meine gespannteste Erwartung betrogen
finden. Doch diese unerträgliche Lage dauerte nicht
länger, als zwei Tage. Am dritten fühlte ich mich
schon im Stande, das Zimmer zu verlassen, und bald
darauf war ich gänzlich von meinen Krankheiten
befreit.

* * *

Das Hotel d'Angleterre hatte Table d'Hote. Es
versammelten sich an derselben täglich einige Männer aus der Stadt; sie nahmen stets die vornehmsten Pläze zuerst ein, und sprachen viel von ihren
häuslichen Geschäften, so daß ich manchmal wohl
für Langerweile hätte gähnen mögen. Zuweilen
brachte aber auch einer von ihnen, welcher der wiz-
zigste zu seyn schien, einen allgemeinern Gegenstand
auf die Bahn, als da war der feiste Mann, der sich
zur selben Zeit für Geld sehen ließ, oder der grosse
Fisch, den man in der Seine gefangen hatte. Alsdann ward das Gespräch laut, und man hörte mit
Verwunderung, wie der Meinungen über den feis-
ten Mann, oder über den Fisch fast so viele waren,
als der Männer, die zur Tafel saßen.

Da lief mir denn oft die Galle über, und ich
suchte, so bald als möglich, von der Tafel wegzu-
kommen. Unser Wirth aber, der seinen Mahlzeiten
das durch die Dauer zu erssezen suchte, was ihnen
an Speisen abgieng, pflegte immer zwischen ieder
Schüssel und der folgenden eine ziemlich lange Pause
zu beobachten, dergestalt, daß wir manchmal über
zwo Stunden bei einer Mahlzeit zugebracht hatten,
mit welcher ich in weniger denn einer Viertelstunde
hätte fertig werden mögen. Uibrigens waren die
Schüsseln so sparsam zugerichtet, daß ich selbst als-

dann, wenn ich bis auf die lezte Käserinde Stand
gehalten hatte, noch immer mit einer kleinen Nach=
empfindung von Hunger die Tafel verließ.

Was mich am meisten vergnügte, und gewis=
sermaßen für alle Unbequemlichkeiten schadlos hielt,
war der Wetteifer, mit welchem die Herren Pariser
schlukten. Da war kein Knöchlein, das Gnade vor
ihren Augen fand, wenn sie's nur irgend auf ihren
Mühlsteinen zermahlen konnten. Wer hätte sich er=
wehren mögen, dabei an M e r c i e r' s Karakteristik
zu denken: Armés d'un machoir infatigable, ils
devorent tout au premier signal — Hast auch
wohl mal an einer Table d'.Hote gegessen, guter
Mercier!

* * *

In diesem Hotel habe ich gar keine Bekannt=
schaften gemacht. Die Leute, die ich dort sah, wa=
ren so verschlossen, so kalt, daß es Einem in ihrer
Gesellschaft gar nicht wohl war. — Da wir im
Quartier du Palais royal wohnten, so hatten wir
die merkwürdigsten Dinge in der Nähe; deshalb
waren wir selten oder nie zu Hause. Nach Verlauf
der ersten Woche bezogen wir eine wohlfeilere und
bequemere Wohnung im H o t e l d e B r u n s w i c.
Dies war ein wichtiger Schritt für die Vervoll=
kommnung unserer Oekonomie. Allmählig lernten
wir immer mehr Vortheile kennen, und damit wir

künftigen Reisenden die verdrüßliche Mühe ersparen, auf unserm Wege, das heißt, durch Schaden,
klug zu werden, so haben wir Alles, die Oekonomie
eines Fremden in Paris betreffende, in Eine Rubrik
zusammengezogen, und diesen Skizzen einverleibt.

Im Hotel de Brunswic herrschte ganz ein an-
drer Ton. Gute, freundschaftliche Leute, mit denen
wir bald vertraut waren, und die uns, als Fremden, mit wahrer französischer Politesse überall zu-
vorkamen.

Unter die besten Menschen, die ich hier kennen
lernte, gehörten die Chevaliers Saint - Cristos
und de Malherbe; beides Leute von nicht gemei-
nem Kopfe und ausserordentlich viel Güte des Herzens. Ihr Umgang wäre mein edelster Zeitvertreib
geworden, wenn Beider Grundsäzze nicht allzusehr
nach dem herrschenden Ton der Hauptstadt modifi-
zirt gewesen wären. Sie waren Epikuräer in der
uneingeschränktesten Bedeutung des Worts.

Ein junger Engländer von dreizehn Jahren,
den sein strafwürdiger Vater ohne Aufsicht und
Rathgeber nach Paris gesandt hatte, um die französische Sprache zu erlernen, lebte in der engsten
Bekanntschaft mit den beiden Chevaliers. Der junge, leidenschaftliche Mensch, der noch durchaus
keine Grundsäzze kannte, nahm unglüklicher Weise
das Beispiel seiner Freunde nicht für das, wofür

er es hätte nehmen ſollen ; für Warnung. Dies
Beiſpiel, und ſein Hang zur Wolluſt, und die gänzliche Ungebundenheit, in welcher er lebte, ſtürzten
den unglüklichen Jüngling in einen Abgrund, aus
welchem ihn höchſt wahrſcheinlich kein menſchlicher
Beiſtand zu retten vermag. Oft habe ich mit inni-
gem Bedauren ſein Schikſal überdacht, und Engel zu ſeinem Schuz herbeigerufen.

*   *   *

Empfehlungsbriefe nuzzen in einer groſſen
Stadt ſehr wenig, wo täglich Fremde aus allen
Ländern zuſammenſtrömen. Dies wußt' ich, und
deshalb hatte ich nicht geeilt, die meinigen zu übergeben. Es traf ſie ein Schikſal, wie ich's vorher-
geſehen hatte. Nur Eine Empfehlung nuzte mir
wirklich ; Herr Pahin de la Blancherie *
empfieng mich nicht nur ſehr freundſchaftlich, ſondern gab ſich auch alle erſinnliche Mühe, mir meinen Aufenthalt ſo lehrreich, als möglich, zu
machen.

Aber bei dieſer Empfehlung trafen Motive zuſammen, die den meiſten fehlen möchten. Wer
Herrn de la Blancherie kennt, und Aſſocié des
Salon de correspondance iſt, wird den Grund
ſeines Betragens leicht enträthſeln.

Eines

* Ein Mann, den meine Leſer unten näher kennen
lernen werden.

* * *

Eines Tages faß ich in einer gelehrten Versammlung neben einem kleinen grämlichen Männchen in schwarzseidnem Rok und Zipfelperükke. Es war dem Männchen um Gespräch zu thun; ich niefe: Komplimente von seiner, Danksagungen von meiner Seite; und die Bekanntschaft war gemacht.

Ich lobte die gelehrten Anstalten, bezeigte Lust, näher mit ihnen bekannt zu werden, und sprach viel von dem hohen Grad der Kultur der Nation. Das schlug an. Das Männchen war Franzose, und ich hatte die schwache Seite des Franzosen getroffen. Er lud mich zu sich ein, und ich nahm die Einladung dankbarlichst an.

Mein neuer Freund nannte sich le Clerc, und war Arzt. In wenig Tagen war ich Ami de la maison. und durfte kommen und gehen, wann ich wollte.

Herr le Clerc hatte eine Tochter, die er bis ins zwölfte Jahr durchaus männlich hatte erziehen, und auch in Mannskleidern gehen lassen; eine Idee, auf welche er vermuthlich gerathen war, um das Mädchen desto besser gegen die tausendfachen Gefahren der Hauptstadt zu schüzzen, und ihr frühzeitig den Umgang mit Mannspersonen gleichgültig zu machen. Dieser Umstand machte dies vortrefliche Mädchen zu einem sonderbaren Geschöpf, in welchem die höchste

C

Fülle der Weiblichkeit mit den männlichsten stärksten
Gesinnungen um die Oberhand stritten. Da sie das
männliche Geschlecht und seine Schwächen kannte, so
wußte sie sich in Gesellschaften auf eine so seltne Art
zu behaupten, daß sie mir oft Bewunderung abgezwungen hat. Eine Mannsperson ohne Verdienst
von Seiten des Verstandes oder Herzens war ihr die
unerträglichste Kreatur, daher sie gegen einen solchen, sobald er ihr aufstieß, mit allen Waffen ihres
Wizzes zu Felde zog. — Uibrigens trieb sie iede
männliche Uibung oder Geschiklichkeit mit einer Leichtigkeit und einer Art, als ob sie nur dazu geboren
wäre. Sie ritt sehr gut; und kannte die Theorie der
Reitkunst; sie spielte die Violine, und zeichnete.

Ihr Lieblingsstudium war Philosophie, und besonders Psychologie. Sie las Englisch; Locke war
ihr Rathgeber und Freund. Sie brachte ihn in Auszüge, übersezte ihn, studirte ihn. Den französischen
Shakespeare wußte sie auswendig. So groß ihr
Hang zur Schriftstellerei auch war, so hatte sie ihn
doch noch bis dahin überwunden. Einzelne Aufsäzze
von ihr stehen im Journal de Paris, wo sie ohne ihr
Wissen und wider ihren Willen eingerükt sind.

Oft beklagte sie sich gegen mich über die Weich-
lichkeit und Schwäche ihrer Muttersprache. Elle est
trop foible pour l'énergie de mon caractère,
sagte sie dann, und bat mich, sie die deutsche Spra-

che zu lehren: Ich willigte mit Vergnügen in ihre
Bitte, und sie machte wirklich einen kleinen Anfang.

Um das Gemälde dieser schönen Seele zu vollenden, sezze ich folgende Stelle aus einem ihrer Briefe
an mich her, in welcher sie sich so kurz und so treffend
karatterisirt, daß ich nichts weiter hinzuzusezzen weiß.

— J'ai des principes intacts, un peu de
Philosophie et beaucoup de defauts, que
la raison modère. Je n'ai point de vices,
& si je me connais bien, j'ai au contraire
quelques vertus, une grande franchise,
de l'orgueil & une bonne tête. Me voilà.

Der Umgang mit diesem treflichen Geschöpf war
die Würze meines Lebens in Paris. Es vergieng
selten ein Tag, daß ich sie nicht sah. Da es vorzüglich mein Herz war, was sie an mir schäzte, so
wachte sie mit der Sorgfalt einer Mutter und der
Aengstlichkeit einer Geliebten über dasselbe. „Paris
ist eine Klippe, an welcher schon so manche strenge
Tugend gescheitert ist, sagte sie oft; man kann nie
zu behutsam seyn.„ Ihre Wachsamkeit wurde mir nie
lästig, selbst wenn sie mich auf eine verstekte Art
auszukundschaften suchte. Ich kam ihr dann gerne
zuvor, und gestand die Wahrheit. Und das war
kein Verdienst; wer hätte im Angesicht des edlen,
schuldlosen Engels lügen können, ohne für Schaam
zu erglühen?„

— Diese meine einfältige Erzählung bedarf keiner Auslegung. Freund Leser, kennt dein Herz edlere Gefühle, als die, wenn Hans mit Bärbeln im Grase spielt, so verstehst du mich —— und für die Böcke zur Linken schrieb ich das nicht.

* * *

Mein Aufenthalt in der Hauptstadt ward mir von Tage zu Tage angenehmer. Der Zirkel meiner Bekanntschaften erweiterte sich allmälig so sehr, daß ich befürchten mußte, selbst den gutherzigsten meiner Leser zu ärgern, wenn ich ihn, ohne vorgängige Anfrage, in eine so grosse unbekannte Gesellschaft zu führen wagte. Zwei unter diesen Bekanntschaften wurden jedoch so wichtig für mich, daß ich sie hier nicht füglich übergehen kann. Herrn B e r t h e m y, Trésorier du Duc de Noailles, habe ich den Zutritt zu den vorzüglichsten Freimaurerlogen in Paris zu danken, und Herr Abbe T r i c o t, Chapelain du Roi, membre du Musée &c. öfnete mir die schäzbarsten Quellen für die Befriedigung meines wissenschaftlichen Durstes. Dieser würdige Mann theilte mir seltne, merkwürdige Schriften mit, erleichterte mir den Eintritt in gelehrte Gesellschaften, verschafte mir interessante literarische Bekanntschaften, und machte sich auf die verbindlichste Weise anheischig, mein beständiger Korrespondent in Paris zu werden, so bald ich die Hauptstadt verlassen würde. Und er hat Wort gehalten!

* * *

Nach Verlauf von acht Wochen zog ich mich aus dem Mittelpunkt des Gewühls heraus, und wählte eine einsamere Gegend der Stadt, wo ich mit mehr Muße meinen Beobachtungen nachgehen konnte. Ich bezog das Hotel Dauphin, Rüe de Seine, wo ich weder zu weit abgelegen, noch auch im stärksten Gewühle wohnte. Mein Wirth, Herr Dürazot, war ein lieber freund=schaftlicher Mann, und die Gesellschaft im Hotel die anständigste von der Welt. Sie bestand zum Theil aus Franzosen, unter welchen ich bald einen iungen Gelehrten lieb gewann, der sich Lambert nannte, und die Achtung iedes braven Mannes verdiente. Seine Liebe zur Philosophie, seine Wiß=begierde, sein Hang zur Gründlichkeit, und sein von Vorurtheilen freier und für Wahrheit empfäng=licher Geist zeichneten ihn bei der nachläßigsten Ver=gleichung sogleich von dem grossen Haufen seiner Landsleute aus. In seinem Umgang habe ich man=che schöne Stunde verlebt, die ich mir noch izt mit Vergnügen zurükrufe. Da er, ausser seiner Litte=ratur und der alten, keine andere kannte, so mußte ich anfangs manches schiefe Urtheil von ihm hören, worüber wir zuweilen in sehr hizzigen Wortwechsel geriethen, der aber allemal mit einer brüderlichen Umarmung beschlossen ward. Am meisten waren wir über das Theater seiner Nation uneins, welches

er für das vollkommenste aller Nationen hielt; wor=
inn ich ihm denn nur weniger, als in irgend ei=
nem andern Stük, nachgeben konnte. Zuletzt brach=
te ich es doch dahin, daß mein Freund mirs auf
Parole d'honneur glaubte, daß wir Deutsche a u ch
eine ausgebildete Sprache, a u ch ein Theater,
auch große Schauspieler und Dichter hätten. „Ich
w i lls glauben, sagte er mir, und glaubs auch;
aber sie werden mir erlauben, daß ich diesen Kezzer=
glauben für mich behalte; denn denken Sie Sich
nur, wenn ich Proselyten zu machen suchte,
wie würden die Orthodoxen aus der Akademie und
in den Klubs mich anathematisiren, oder, was
noch ärger ist, verlachen!„

Mein Freund kann für die französische Littera=
tur ein wichtiger Mann werden. Er hat mirs hei=
lig versprochen, nach Deutschland zu kommen, die
deutsche Sprache zu erlernen, den Geist und die Lit=
teratur der Nation zu studiren, und alsdann seinen
Landsleuten auf eine kräftige Art, durch Fakta und
Gründe, das lächerliche Vorurtheil zu benehmen,
daß sie noch izt gegen eine der aufgeklärtesten Na=
tionen des Erdbodens herumtragen, und welches
ein fader Kopf dem andern seit fünfzig Jahren
nachlispelt, ohne der Riesenschritte gewahr zu wer=
den, die sein deutscher Nachbar seitdem gethan hat.

Hier unterbreche ich den Gang meiner Geschichte, um meinen Lesern die Bemerkungen über Paris vorzulegen, die ich, während meines Aufenthalts daselbst , zu sammeln Gelegenheit hatte. Sie bedürften keiner besondern Einleitung , wenn die Furcht, mißverstanden und falsch beurtheilt zu werden, mich nicht nöthigte, ein paar kleine Vorerinnerungen zu machen.

Meine Skizzen über die mannigfaltigen Gegenstände, die mir Paris darbot, sollen diese nicht erschöpfen, sollen kein Ganzes ausmachen, weder einzeln für sich, noch in Verbindung unter einander. Sie sind nichts mehr und nichts weniger, als Bruchstücke, die zur Ergänzung einer vollständigern Darstellung dienen könnten ; doch wären sie auch selbst in diesem Falle mangelhaft, weil ich nie die Absicht hatte, zu ergänzen, was andere unvollständig gelassen haben. Ich bin überhaupt nie auf Beobachtungen ausgegangen, sondern erwartete ruhig, wie und wenn sie sich mir darbieten würden; und das konnte ich thun, denn ich hatte Zeit und Laune dazu. Diese Erklärung beugt also allen Fragen vor, die ungefähr darauf hinauslaufen : warum nicht mehr von diesem Gegenstande? warum gar nichts von jenem? warum so viel von einem dritten?

Vielleicht würde ich anders gesehen haben,
wenn ich früher die Absicht gehabt hätte, meine
Skizzen drukken zu lassen. Aber ich b e o b a ch=
t e t e für mich, und s ch r e i b e izt fürs Publikum.
Ob dies dabei gewinnt, mag ein uninteressirter
Richter entscheiden ; wenigstens hat meine Metho=
de die Präsumtion für sich. Wenn man die Wahl
hat, so kauft man gewis lieber das Haus, wel=
ches der Baumeister für sich, als das, welches er
für den Käufer erbaute.

Bauart.

Paris, die zweite unter den Königsstädten unsers Welttheils, existirt immer noch, Merciers schwarzgallichtem Rathschlag und dessen zehnter Auflage zum Troz.

Diese ungeheure Steinmasse, die die Ufer der Seine bedekt, hat sich seit einem halben Jahrhundert über alles Verhältniß hinaus vergrössert, und wenn gleich der König nicht wie Mercier dachte, und seine gute Stadt Paris in Rauch aufgehen ließ, so fand ers doch gar zu sehr in chinesischem Geschmak, daß die Hauptstadt seines Königreichs die Ausdehnung einer Provinz haben sollte. Sie erhält auf seinen Befehl eine Mauer, die, ausser einer andern Bestimmung, auch die Grenzlinie bezeichnen soll, über welche hinaus keine Häuser mehr angebaut werden dürfen. Diese Mauer wird funfzehn Fuß hoch, und erhält sehr viele schöne Thore, die alle gleichförmig gebaut werden. Nach ihrer Vollendung wird die alte eiserne Barriere aufhören, die iezt innerhalb der neuen Grenzbestimmung liegt.

Man kann Paris mit Recht eine grosse prächtige Stadt nennen, aber das Beiwort schön verdient sie nicht. Die vielen engen und krummen Gassen, die häufigen Impasses, die übermässige

Höhe und schlechte Bauart der meisten Häuser setz
zen der Verschönerung dieser Stadt unendliche
Hindernisse, welche nie ganz gehoben werden kön=
nen. Wenn man indessen nur früher einen regel=
mäßigen bestimmten Plan entworfen hätte, so wür=
de izt schon mancher dieser Nachtheile wegfallen;
allein so sehr man auch seit Ludwig dem Vierzehn=
ten auf die Verschönerung der Hauptstadt bedacht
war, so hatten die Baulustigen doch keine andere
Vorschrift, als ihre Fantasie, daher denn die gröste
Unregelmäßigkeit entstand. Unter der izigen Regie=
rung wurde dies endlich ein Gegenstand der Auf=
merksamkeit des Monarchen; es erschien unter
dem 10 April 1783 eine Declaration du roi,
concernant les alignemens & les ouvertures
de la capitale, deren Hauptpunkte folgende
sind.

1. Es darf keine neue Gasse mehr angelegt
werden, wenn nicht vorher lettres patentes des=
halb ergangen sind.

2. Diese neuen Gassen dürfen nicht weniger
als 30 Fuß Breite haben.

3. Alle schon bestehende Gassen, die weni=
ger als 30 Fuß Breite haben, sollen allmählig
bei Wiederaufbauung der Häuser breiter gemacht
werden.

4. Es sollen dem Greffe du Parlement und dem Bureau des Finances die Generalplane von Paris, und insbesondere die Plane der projektirten Verbesserungen vorgelegt werden.

5. Die Eigenthümer sollen die zu diesen Planen erforderlichen Kosten tragen, nämlich in Verhältnis der Breite ihrer Häuser. Fünf Sols für die Toise, wenn es Häuser; drei Sols, wenn es Ringmauern; und die Hälfte, wenn die Plane schon gemacht und niedergelegt sind. Die öffentlichen Institute und die Hospitäler sind von diesen Taxen ausgenommen.

6. Höhe der Häuser, bestimmt:
in Gassen, die 30 F. Breite haben — 60 F. in Stein.
= = = = = = = — 48 = in Holz.
= = = 24 = 29 incl. — 48 =
= allen andern Gassen — 36 =

7. Alle Aus = und Vorgebäude, sowohl in Holz als in Stein, sind bei einer festgesezten Strafe verboten.

Eine andere gute Anstalt, die man unlängst zur Verschönerung von Paris getroffen hat, ist die Verordnung, daß die elenden Häuser auf den Brükken abgerissen werden sollen, die nicht nur die gute Aussicht verderbten, sondern auch sehr ungesund und gefährlich waren. Izt, da dieser allgemein geglaubte Wunsch des Publikums erfüllt

wird, hört man durchgehends darüber klagen.
Selbst der beliebteste Schriftsteller des Augenblik
ergreift die Parthei der Unzufriedenen, und in
Journal de Paris sind einige rührende Vorstellungen der verjagten Häuserbesizzer eingerükt. Sollte
man vielleicht diesen armen Leuten, mit unerhörter
Grausamkeit, ihren Verlust nicht ersezzen? ——

Was vielen Häusern ein so übles Ansehen giebt,
und die schönsten Strassen verunziert, sind vornäm-
lich die Ringmauren, welche die Vorhöfe einschliessen.
Man sieht von der Gasse kein Haus, sondern eine
niedrige Mauer, mit einer häßlichen Porte cochère.
Es ist wahr, man hat seine Ursachen, so zu bauen,
aber diese Ursachen sind nicht dringend genug, einer
Stadt ihre beste Zierde zu rauben. Das angeführte
Edikt hat diesen Mißstand nicht gerügt, wiewohl er
auch nicht sehr häufig ist, und sich immer mehr
verliert. Die innere Einrichtung der Bürgerhäuser
ist grossentheils äusserst häßlich. Dunkle, enge, steile
Treppen mit eisernen Geländern, kleine, dunkle
Vorzimmer, die gewöhnlich auch die Stelle der
Küche vertretten, u. s. w. — Nur die Häuser, die
von Holz oder Baksteinen erbaut sind, werden mit
Kalk beworfen; die übrigen, die durchgehends von
einem, in Isle de France sehr häufigem, Kreidestein
erbaut sind, werden gar nicht angefärbt, daher sie in
wenigen Jahren so alt und häßlich aussehen, daß

dieß oft den Eindruk gar sehr mindert, den die prächtige Bauart macht.

Nur wenige Häuser haben noch eiserne Gegitter (Barrières) vor dem Hofe. Der Ursprung derselben ist folgender. Wenn ehedem die Prinzen von Ge= blüt und andere vornehme Herren, deren Gerichts= barkeit sich damals sehr weit erstrekte, ihren Klien= ten Gericht sprechen wollten, so sezten sie sich in den Hof, und hinter diese Barrieren, damit sie für die Anfälle des unbändigen Pöbels gesichert waren. Izt ist es nur dem ältesten Marschall, dem Kanz= ler und dem Grossiegelbewahrer erlaubt, Barrieren vor ihren Höfen zu haben, und wenn ein solches Haus an einen andern Eigenthümer übergeht, so läßt dieser das Gegitter selten niederreissen, damit die Unwissenden etwa glauben möchten, einer der genannten drei Herren wohne in dem Hause. ——

Eine genaue Beschreibung der merkwürdigen Gebäude gehört in die Topographie; überdem giebt es der topographischen Beschreibungen von Paris schon eine so überflüssige Menge, daß der Leser hier von dem Reisenden nichts erwartet. Einige kleine Anmerkungen über ein paar öffentliche Ge= bäude mögen also diesen Artikel beschliessen.

Unter dieser Rubrik steht das Louvre mit Recht oben an. Dies schöne Denkmal französischer

Art und Kunst * wird bald kein Denkmal mehr
seyn. Noch nicht ganz vollendet, geht es mit starken Schritten seinem Untergange entgegen. An einigen Orten hat die zerstörende Zeit den ehemaligen
Wohnsiz der Könige abgedekt, daß der Tag durchs
offene Dach hereinfällt, und Sturm und Regen und
Schloßen ihn zu ihrer Behausung machen. Das
Parterr ist zum Theil zu Pferdeställen eingerichtet,
weswegen man mit böotischer Unempfindlichkeit die
Fenster zur Hälfte hat vermauern lassen. — Noch
halten die Akademien ihre Sizzungen im Louvre, einige Mitglieder derselben wohnen daselbst, und die
königliche Buchdrukerei ist in den untersten Ge-
mächern.

Die meisten Kirchen und Kapellen, deren, troz
ihrer übergrossen Menge, täglich mehrere erbaut
werden, sind Wunder der Baukunst, und enthalten
die kostbarsten Schäze der Natur und Kunst. Einige derselben haben sogar Bibliotheken. Ohne die
Urtheile der Kunstverständigen zu Rath zu ziehen,
erkenne ich nach meinem Gefühl die Kirche Notre
Dame, dies ehrwürdige Ueberbleibsel gotischer
Bauart, für die erste in Ansehung der Kühnheit
und Grösse, und des Alterthums und der Ehrfurcht,

---

* Bekanntlich wurde der Grund zum Louvre vom
Ritter Bernini gelegt; aber die Idee und der
Plan der Ausführung kommt von Perrault, ei-
nem französischen Arzte.

die dies erhabne Gebäude einflößt. Nächst ihr hat
die Kirche Saint Sulpice den stärksten Eindruk auf mich gemacht; ein vortrefliches Gebäude,
das aber das Unglük hat, ein grosses, altes, häß-
liches Haus dicht vor sich zu haben. Wie ich höre,
will man es niederreissen; und man wird wohl thun,
denn ausserdem hätte man ein so schönes Meisterstük
nicht an einem solchen Ort aufbauen sollen.

Das Palais de Justice — gemeinhin mit
so viel Energie le Palais genannt — ist nach
dem unglüklichen Brande von 1776 mit vergrös-
serter Pracht wieder hergestellt worden, und verdient in iedem Betracht eines der schönsten Gebäude von Paris genannt zu werden. Als ich die
vielen Stuffen zur Hauptthüre hinanstieg, fühlte ich
eine Art von Ehrfurcht sich bei mir einfinden, von
der ich mir sogleich keine Rechenschaft geben konnte.
Es waren vermischte dunkle Ideen von der Heilig-
keit und Würde des Orts, die ohne Zweifel durch
den feierlichprächtigen Anblik erregt waren. So
gewiß und so groß ist die Macht der Baukunst über
unser Herz!

Die weiten Hallen des Parterrs werden durch
Kauf und Verkauf entheiligt. Hier ist ein beständ-
diges Gewühl von Volk; auch haben eine Menge
öffentlicher Abschreiber (écrivains publics) hier
ihre Läden. —

Ein anderes herrliches Gebäude ist die n e u e
H a l l e, oder der Ort, wo Korn und Mehl feil geboten wird, ein Gebäude, welches mit der höchsten
Schönheit und Pracht zugleich den reellsten Nuzzen
verbindet. Es ist erst seit wenigen Jahren vollendet, und verdient in iedem Betracht ein ächtpatrio-
tisches Denkmal genennt zu werden. Die Form ist
zirkelrund, und wird durch eine runde Kuppel ge-
dekt, die mit Fenstern durchbrochen ist, welche der
Länge nach von dem Mittelpunkt bis an die Peri-
pherie der Kuppel gehen, und mit Eisendrath, wie
mit Flor, überzogen sind. Die runde Mauer,
welche die Kuppel trägt, und die Seitenwände des
Gebäudes macht, hat keine Fenstern, welche auch
ganz überflüssig wären, sondern ist von fünfzehn
Arkaden durchbrochen, welche die Thüren bilden.
Uiber der fünfzehnten Arkade ist Ludwigs des Fünfzehnten Büste in Basrelief.

Nur noch eines öffentlichen Gebäudes will ich
erwähnen, und das ist die fürchterliche B a s t i l l e,
ein Ort, der ehedem zur Aufbewahrung des königs-
lichen Schazes diente, und izt als ein berüchtigtes
Staatsgefängniß allenthalben bekannt ist. Seit wenigen Jahren ist dies Kastel, durch seine merkwürdigen Gefangenen, der anhaltende Gegenstand
der Aufmerksamkeit von Europa geworden. Lin-
g u e t, B e a u m a r c h a i s, C a g l i o s t r o und der
Kardinal

Kardinal von Ro h a n haben diesen traurigen Auf=
enthalt aus eigner Erfahrung kennen gelernt. Die
weitläuftigen Schriften, die das Publikum über
dies berufene Schloß in Händen hat, überheben
mich der Mühe, meine gesammelten Nachrichten
über dasselbe hier mitzutheilen.

Das Aeussere dieser alten Festung, sagt Dü=
laure, könnte einem Künstler zum Modell die=
nen, der ein schönes Schrekniß zu malen hätte.
Ehe ich diese Stelle gelesen hatte, sagte ich das
auch, als ich die Bastille das erstemal sah.

Polizei.

Die Polizei von Paris, dies berufene Meisterstük
des menschlichen Wizzes, ist ein Vorzug, den
diese Hauptstadt vor allen grossen Städten Europens
hat. Ob aber die wirklich bewundernswürdige Sicherheit und Ruhe, die dies künstliche Uhrwerk bewirkt, den grossen Aufopferungen das Gewicht hält,
mit welchen man sie erkaufen muß, das ist eine andre
Sache. Es ist immer noch ein Problem, das der Entscheidung würdig wäre, ob die Moralität, die häus-
liche Sicherheit und Freiheit, und das gegenseitige
Vertrauen der Bürger dem Staat minder werth
seyn dürfte, als die äussere Ordnung.

Diesen Gewissenszweifel bei Seite gesezt, ist es
wirklich eine herrliche Sache um Sicherheit und Ruhe
in einer Stadt, wie Paris. Die allzugrosse Ungleichheit der Stände und des Vermögens würde bei einem
Haufen von mehr als 700,000 Menschen die schreklichsten Uibel erzeugen, wenn die Polizei nicht unaufhörlich damit beschäftigt wäre, dem fürchterlichen
Koloß, Pöbel, die Waffen aus den Händen zu ringen, und den Nerv seines mächtigen Arms zu zerschneiden. Die Werkzeuge dieser politischen Opera-
tion sind die Mouchards und die Sentinelles; iene arbeiten heimlich, diese öffentlich an der
Erhaltung der Sicherheit und Ruhe.

Die Spione sind der unentbehrlichste Theil der
hiesigen Polizei. Ihre Erfindung stammt von dem
P. Joseph her, der eine so grosse, wenn gleich
verkannte, Rolle im Ministerium des Kardinals von
Richelieu spielte, und die Benennung Mouchard,
die man ihnen gewöhnlich giebt, haben sie von Sr.
Magnifizenz, dem Herrn Mouch y, weiland Rektorn
der Universität zu Paris, ererbt, welcher der Spion
des Kardinals von Lothringen war. Diese verworfen-
sten Geschöpfe des Staats sind auf keine Weise durch
ihre Kleidung von andern Bürgern zu unterscheiden;
daher sie sich den Zutritt in die besten Gesellschaften
und in die geheimsten Verbindungen zu verschaffen
wissen. Sogar arme Edelleute und Ludwigskreuze
lassen sich zu diesem verhaßten und abscheulichen Geschäfte brauchen; aber die gefährlichsten Kreaturen
aus dieser Klasse sind die öffentlichen Dirnen, die im
Dienst der Polizei stehen. Es scheint vielleicht unbegreiflich, daß die Furcht für diese Geschöpfe nicht schon
alles Zutrauen und alle Treue aus der Gesellschaft
verbannt hat, und der gute Ton in Paris nicht schon
in venezianische stumme Gravität ausgeartet ist; aber
die hiesige Polizei trägt nicht die bleiche, fürchterliche Larve der venezianischen, und schwingt keine so
blutige Geissel, auch macht sie nur von den wenigsten
Nachrichten Gebrauch, die sie erhält. Uiberdem
nimmt der lustige, muntere Sinn des Franzosen den
traurigen Eindruk nicht gerne an, wiewohl dieser Ka-

rakter des Nationalgeiſtes bei den Pariſern ſchon gar
ſehr erloſchen iſt. — Finſter iſt die Idee bei alledem
doch immer, daß man ſelbſt unter dem luſtigſten,
kurzweiligſten Völkchen unter der Sonne keine Fliege
tödten kann, ohne daß die Polizei davon Notiz
erhält, und — was noch viel ärger iſt — daß die
Verrätherei ſich ſogar unter die Geſtalt der Freude
verbirgt, um ihre wolluſtathmenden Küſſe zu vergiften.

Das Haupt dieſer fürchterlichen unſichtbaren
Bande iſt der Polizeilieutenant, deſſen Amt, ſo wichtig und ehrenvoll es auch iſt, ihm doch den Zutritt in
gute Geſellſchaften verſagt, wo er ſogleich alle Freude verbannen würde. Acht und vierzig Kommiſſärs
haben die Unteraufſicht, und unter dieſen ſteht der
G u e t, oder die Wache von Paris, die in zwei
Kompagnien getheilt iſt, von welchen die eine zu
Pferd, und die andere zu Fuß dient. Sie ziehen
in verſchiedenen Haufen, Tag und Nacht langſam
durch alle Gaſſen, und die Kompagnie zu Fuß ſtellt
auch Sentinelles durch die ganze Stadt aus. Nicht
nur alle Ekken der Gaſſen und alle öffentliche Plätze,
ſondern ſogar die Tempel des Vergnügens ſind mit
Schildwachen beſetzt. Selbſt in dem erſten Theater
der Nation ſtehen ſie im Parterr und in den Logen,
wo ſie die ohnehin ſchon äußerſt gedrängt ſtehenden
Zuſchauer zwingen, die Hüte abzunehmen, um ent-

weder sich oder dem Nachbar die Kleider zu verderben; oder seinen Hut unter die Füsse tretten zu
lassen.

Die überaus grosse Wachsamkeit der Polizei
verhindert iede, auch die kleinste, Unordnung. Boileau's Gemälde hat alle Wahrheit verloren. Man
kann bei Tage und bei Nacht mit völliger Sicherheit
ausgehen, ohne den mindesten Anfall befürchten zu
dürfen. Die Morne verräth kein nächtliches Unglük mehr, und die öffentlichen Blätter erzählen nur
zuweilen die Geschichte eines Selbstmords. Während
meines Aufenthalts zu Paris trugen sich nur zwei
Vorfälle zu, die die öffentliche Ruhe störten, aber
äusserst fein eingeleitet seyn mußten, weil man weder
die Thäter, noch die nähern Umstände herausbringen
konnte. Einem Vater ward nämlich im Palais royal
seine Tochter von der Seite gestohlen — ein Vorfall,
der in den Affisches unter der Rubrik Effets perdus
angezeigt war — und ein Mensch ward zur Nacht-
zeit in einem der entferntesten Quartiere beraubt und
ermordet.

In London würde das größte Unheil daraus entstehen, wenn man die öffentliche Sicherheit und
Ordnung durch Polizeisoldaten erhalten wollte; aber
in Paris ist dies gewiß sehr heilsam und nothwendig.
Die Wachsamkeit und Vorsicht der Polizei hat mir
sehr oft die wahrhafteste Bewunderung abgezwungen.

Kein Zusammenlauf, kein Tumult wird izt mehr
fürchterlich, und wenn dies ja noch zuweilen geschieht,
so wird bei der nächsten ähnlichen Gelegenheit die
Vorsicht verdoppelt.'— Als der Abbe M i o l e t vor
einiger Zeit im Luxembourg mit einem Luftschiff auf=
steigen wollte, entstund ein fürchterlicher Tumult, weil
der Aeronaut die Erwartung des Publikums von früh
des Morgens bis gegen die Nacht zu getäuscht hatte.
Die ungeheure Menschenmenge, die das Quartier
du Luxembourg überströmte, war ausser allem
Verhältniß gegen die Lebensmittel, die man nur ir=
gend in diesem Theil der Stadt und aus den umliegen=
den Quartieren zusammenbringen konnte. Getäuschte
Erwartung, Hunger und Müdigkeit empörten den
grossen Haufen so sehr, daß er über den Luftball her=
fiel, und ihn zerriß. Der Abbe rettete sich mit genauer
Noth, und hat sich seitdem nicht wieder unter seinem
vorigen Namen in Paris sehen lassen. Dieser Vorfall
hatte die Polizei aufmerksam gemacht, die bei der
Luftfahrt des Abbe T e t ü, der ich selbst beigewohnt
habe, ihre Vorsicht verdoppelte, welches um so nö=
thiger war, da das Gerücht herumlief, es sei der
Abbe M i o l e t, der unter einem andern Namen,
durch einen zweiten Versuch, die Schande des erstern
auslöschen wolle. Einige Stunden vor der bestimm=
ten Zeit waren schon alle funfzig Schritte durch alle
Gassen des Quartier du Luxembourg und der
umliegenden Quartiere Sentinelles ausgestellt; die

Fußgänger durften sich nicht zu stark auf einem Platz anhäufen, und die Wagen mußten im Schritt fahren. Die Auffahrt gieng glüklich von Statten; eine unzählige Menge Volks verbreitete sich durch alle Gassen, und vorzüglich auf den Ufern der Saine und in Fahrzeugen auf dem Fluß selbst, wodurch ein zweites so prächtiges Schauspiel gebildet wurde, daß ich selbst nicht wußte, welchem von beiden ich den Vorzug geben sollte.

Wenige Tage vor meiner Abreise trug sich indessen durch die Nachläßigkeit der Polizei eins der schreklichsten Schauspiele zu, das meine Sele noch mit Entsezzen füllt, und welches meine hohe Meinung von der Pariser Polizei ziemlich heruntergestimmt hat. Die Veranlassung zu diesem ausserordentlichen Schauspiel, das für den menschlichen Beobachter so viel grausames Interesse hatte, war — ein alltäglicher Vorfall zu Paris, eine Hinrichtung. Zwei unglükliche Menschen, es war ein Ehepaar, durch die äusserste Noth zu einem abscheulichen Verbrechen, zur falschen Münzerei gebracht, söhnten ihre Mitbürger und die Gesezze durch den Tod mit sich aus.

Eine unzählbare Menge Volks hatte sich auf dem Gerichtsplaz, rue de l'arbre sec, versammelt, der aber bei weitem zu klein war, die ungeheure Anzahl zu fassen. Ich erhielt vor 24 Sols einen Plaz im dritten Stok eines nahgelegenen Hauses. Der erste Anblik aus dem Fenster desselben war einzig. Mehr als zehntausend Menschen auf einen kleinen Plaz zusammengedrängt, in ewiger Bewegung; ihr Mur= meln wie ein fernes Donnerwetter, die leiseste Be= wegung dieses ungeheuren Ganzen ein Toben. Der Plaz war der Mittelpunkt von vier Gassen, die sich hier durchschnitten; so weit das Auge in dieselben hineinzublikken vermochte, Kopf an Kopf. Ein ziem= lich heftiger Plazregen gab Gelegenheit zu einem neu= en befremdenden Schauspiel. Der ganze ungeheure Haufe war mit einemmal unter Dach gebracht; eine unzählige Menge Regenschirme von allerlei Farben bedekte die Köpfe. Zu meinem Befremden sah ich weit mehr Hauben als Hüte; die Pariserinnen lieben das grausame Schauspiel so sehr, daß sie weder das erstikkende Gedränge, noch den Koth, noch den Re= gen scheuen. Sogar schwangere Weiber laufen herzu. Als der unglükliche D e s r u e s gerädert wurde, be= fand sich ein Weib unter der Menge, das während der Exekution gebar.

Wenn ich nicht schon so sehr von der Schädlich= keit der Todesstrafe überzeugt gewesen wäre, so hätte ich hier Gelegenheit gehabt, es zu werden. Die ganze fürchterliche Zeremonie machte nicht den min= desten Eindruk. Selbst unter dem Galgen wurden

die frechsten, ehrlosesten Dinge vorgenommen, und
fast bei ieder Exekution werden einige Taschendiebe
arretirt. Der Pöbel war nicht nur lustiger und
muthwilliger, als ich ihn ie bei öffentlichen Gelegenheiten gesehen hatte, sondern iede Idee von Schrekken oder Infamie war so weit bei demselben verschwunden, daß einige Buben sogar auf die Leiter
des Galgens stiegen.

Bisher hatte ich noch immer erwartet, daß die
Polizeisoldaten herbeikommen, und wenigstens einen
freien Plaz um die Galgen erhalten würden, aber
izt fieng ich an, mich über den gänzlichen Mangel
aller Anstalten zu wundern, und da der Zulauf des
Volks immer grösser ward, und dies sich immer
mehr um und unter die Galgen zusammendrängte,
hatte ich Ursache, in der That Unglük zu befürchten.
Als endlich die armen Sünder ankamen, suchte die
Garde de la Monnoye, die zu Pferde war, Plaz
zu machen. Izt geschah, was ich befürchtet hatte. Da
man vorher das Volk nicht abgehalten hatte, sich
hinzuzudrängen, so stand es izt um die Galgen
so dicht, und der übrige Haufe hatte sich so entsezlich
vergrössert, daß es völlig unmöglich war, Plaz zu
machen. Man kann durchaus keine Idee von einem
solchen Gedränge haben, wenn man nie ein solches
Schauspiel in einer grossen und sehr volkreichen Stadt
gesehen hat; man muß sich daher nur erinnern, daß

es ein Haufe von vielen Tausenden ist, wo die leich=
teste Bewegung der Aussenstehenden die in der Mitte
des Haufens zu Tode pressen kann. Um die Wahr=
heit dessen, was ich sage, zu bestätigen, und der
Einbildungskraft meiner Leser zu Hülfe zu kommen,
darf ich sie nur an das Unglük erinnern, welches
sich bei der Vermälung des izigen Königs, als
Dauphin, ereignete, und welches den Mehresten schon
aus den Zeitungen bekannt seyn wird. Es ward bei
iener Veranlassung ein Feuerwerk auf dem Plaz Lud=
wigs des Funfzehnten gegeben, wobei sich eine sehr
grosse Menge Menschen eingefunden hatte. Durch ein
unglükliches Ungefähr geräth mit einemmal ein gros=
ser Haufe in Bewegung, und will durch eine breite
Gasse vom Plazze wegziehn; und durch eine noch un=
glüklichere Zusammenkunft von Umständen will ein
anderer eben so grosser Haufe durch eben die Gasse
nach dem Plaz hin. Beide Partheien begegnen sich,
es entsteht ein entsezliches Gedränge, eine grosse An=
zahl Kutschen gerathen hinein, Menschen werden zer=
tretten, Pferde todtgestochen, und die erstaunliche
Wirkung dieses unglüklichen Zufalls war so erschrek=
lich, daß mehr als sechshundert Menschen dabei das
Leben verloren.

Auch das heutige Schauspiel war abscheulich
genug, und empörte mich um so mehr, da es blos
durch die Unachtsamkeit der Polizei bewirkt worden
war. Die Garde fluchte, schimpfte; der Pöbel ward

zur Erde niedergestürzt, überritten, zertretten, zer=
quetscht, und was nicht zertretten wurde, kam in
ein so schrekliches Gedränge, daß es mehr als einem
Unglüklichen das Leben gekostet haben mag. Überall
hörte man das Geschrei und Gewinsel der Leidenden,
das sich in die Flüche der Garden mischte.

Die Delinquenten kamen auf einem Korren
herbeigefahren, auf welchem, ausser den Henkers=
knechten, auch zwei Priester saßen. Die erstern
waren völlig als Stuzzer gekleidet; ein Uibelstand,
den schon M e r c i e r gerügt hat. Menschen, die sich
zu so einem verhaßten und abscheulichen Geschöpfe
brauchen lassen, sollten billig durch ihre Kleidung
von allen übrigen Bürgern ausgezeichnet seyn. Der
Henker, welcher die Erekution übernahm, war so un=
geschikt, daß er die arme Frau acht Minuten mar=
terte, ehe sie die Leiter besteigen konnte. Während
dieser Zeit gewann sie ihre Besinnung wieder, die
sie schon verloren hatte. Als man ihr den Strik um
den Hals legte, verschob sich ihre Haube ein wenig,
und die unglükliche Frau hatte in der stärksten Todes=
angst noch Koketterie genug, sie mit ihren eigenen
Händen in Ordnung zu bringen. Man schleppte sie
die Leiter hinan, und der Vorhang fiel! Wenige
Augenblikke nachher beschloß auch der Gatte sein Le=
ben. — Die entselten Körper blieben zwei Stunden
am Galgen hängen, während welcher Zeit der Zulauf

sich eher vermehrte als verminderte. Die abscheuliche
Behandlung ward abermals wiederholt, obschon sie
izt ganz unnöthig war. Der vornehmste Henker, ein
Mensch, der 18000 Livres Gehalt, ein schönes Hotel
und Tafelmusik hat, wollte sich hier in seiner ganzen
Grösse zeigen. Er nahm selbst ein Gewehr zur Hand,
und schlug auf die armen Leute los, die am nächsten
um ihn her standen. — Nie fühlte ichs lebhafter,
daß ich ein Herz und einen Arm hatte, aber — ich
war nicht in London!

Diese tragische und empörende Szene hatte einen
daurenden Eindruk auf meine Seele gemacht. Unerachtet während meiner Anwesenheit noch mehrere Hin-
richtungen vor sich giengen, so hatte ich doch nicht
mehr das Herz, ihnen beizuwohnen. Nur die öffentliche Bestrafung der la Motte, als eine der
merkwürdigsten Begebenheiten, die sich während meines Daseyns in Paris zutrugen, zog mich abermals
zum Richtplaz hin. Und wen hätte sie nicht hin-
gezogen, da das Interesse, das die berühmte Halsbandsgeschichte einflößte, so allgemein war, und bei
der Beendigung des Prozesses so lebhaft wieder auf-
wachte. Paris ward schon müde, länger von der
Geschichte zu schwazen; man sehnte sich schon nach
neuen Gegenständen, und der Memoires wurden
endlich so viele, daß man nicht Zeit genug hatte, sie
alle zu lesen. In dieser Lethargie lag der ganze

Prozeß, als das Parlament Befehl vom Könige erhielt, die Sache zu beendigen. Nun ward alles
wieder rege, und die Erwartung eines Jeden gespannt.
Zwei Tage vor der Entscheidung glaubte ganz Paris
das Urtheil zu wissen: Jeder erzählte es dem Andern, und die Gerüchte waren so ziemlich einstim-
mig; alle kamen darinn überein, daß der Kardinal
seiner Ehrenämter werde verlustig erklärt werden.
Den folgenden Tag gegen Abend erschien die Con-
sultation des Parlaments, und war auf allen Kaffehäusern in Abschrift zu lesen. Ihr Inhalt stimmte in
den Hauptpunkten mit dem Arret überein, welches
den dritten Tag erschien, und den ganzen Prozeß
beendigte. Als das Arret von der Treppe des Palais
de Justice publizirt wurde, riefen einige aus dem
Volk: Vive le Cardinal! aber ihr, vermuthlich
erkaufter, Eifer fand keine Anhänger. Der Kardinal
verließ noch denselben Abend in einer Sänfte die Bastille, und wenige Tage darauf auch Paris, noch ehe
der Ausspruch des Königs über ihn allgemein bekannt
wurde. Dieser Ausspruch des Monarchen war kein
Eingrif in die Entscheidung des Parlaments, wie
man hin und wieder glaubt; dies hatte nur über die
Halsbandsgeschichte geurtheilt; izt richtete der König
in seiner eigenen Sache über die Beeinträchtigung
seiner Ehre, als Gemahl und als König. — Die
Vollziehung des Urtheils der Dame la Motte sollte, vermuthlich um sie zu schonen, in aller Stille

abgethan werden; man kündigte sie daher einige Tage früher an, als sie wirklich vor sich gehen sollte, und nahm sie eines Morgens früh um 7 Uhr vor. Allein das Geschrei, die Lästerungen, und das wütende Benehmen der Delinquentin lokten bald eine unzählige Menge Menschen hinzu. Von Schmerzen, Wuth und Raserei ausser sich ward sie abgeführt, und bald hernach in ein Hospital gebracht, wo sie einige Tage durch krank lag. —

Ich kehre zu meinem Hauptgegenstande, der Gassenpolizei, zurük. Diese verdient immer, troz der angeführten Nachlässigkeiten, vortreflich genannt zu werden. Allein dies Lob bedarf noch einer Einschränkung; die Wachsamkeit der Polizei scheint sich gleichsam nur über die niedern Klassen des Volks zu erstrekken, von denen man auch freilich immer das Meiste zu befürchten hat. Aber wider die Insolenzen und Gewaltthätigkeiten der Grossen giebt es keinen Schuz. Bei dem gänzlichen Mangel aller Anstalten für die Fußgänger ist es dennoch erlaubt, auf die wildeste Art durch die Gassen zu jagen; eine Vergünstigung, deren sich die Kabriolets nur allzusehr zu Nuzze machen. Ein Fußgänger hat es in der That sehr übel: keine Trottoirs an den Seiten, keine Aufmerksamkeit der Fahrenden auf die unter dem stärksten Gedräng durch den tiefen Koth wadenden Fußgänger. Da die Wagen

an zehn Orten auf einmal raſſeln, und die Kutſcher
ſich kaum die Mühe nehmen ein Gare! auszuru‐
fen, ſo muß man äuſſerſt aufmerkſam ſeyn, um
nicht zertretten oder überfahren zu werden. Da es
in Paris ſehr oft regnet, ſo werden die groſſen
Gaſſen faſt nie trokken; die übermäſſige Höhe der
Häuſer verhindert, daß die Sonne ſie trokne, und
das beſtändige Gewühl, daß die Polizei ſie, ſo oft
es nöthig wäre, reinigen laſſen kann. Abends iſt
der Fußgänger vollends übel daran. Alsdann rollen
die Wagen am ſtärkſten, die Laternen ſind bei wei‐
tem nicht in hinlänglicher Menge, welches man
ſchon daraus erſehen könnte, weil die einzige Ox‐
fordſtraſſe in London mehr Lampen haben ſoll, als
ganz Paris, wenn dies nicht eine Uebertreibung iſt;
aber noch weit ärgerlicher, als dieſer Mangel, iſt
die einer Königſtadt höchſtunanſtändige Sparſam‐
keit, nach welcher die Laternen zur Zeit des Voll‐
monds gar nicht erleuchtet werden. Wo indeſſen
das Pflaſter aufgeriſſen iſt, ſind Lampen auf die
Steinhauſen geſezt. Der Mangel der Laternen
wird in den groſſen Gaſſen einigermaſſen durch die
Erleuchtung der Läden erſezt, welche faſt durchge‐
hends den unterſten Stok der Häuſer einnehmen.
Eine ſonderbare Art von Illumination geben die
gefärbten papiernen Laternen ab, welche die Obſt‐
verkäufer auf die Fruchtkörbe ſezzen, und über den
Rükken ihrer Eſel hängen. —

64

Die Wachsamkeit der Polizei erstrekt sich über
iede offenbare Gewalt, und so weit kann man denn
auch so ziemlich sicher und unbekümmert seyn; aber
wider Lift und Betrug vermag die Polizei nicht zu
schüzzen, wiewohl auch hier schon trefliche Anstalten
vorhanden sind, von denen ich weiter unten Gele=
genheit haben werde zu reden. Jemehr der mensch=
liche Geist in die Enge getrieben wird, desto erfind=
samer ist er, sich Schlupwinkel auszusinnen. Man
hat ganze Bücher voll von listigen Betrügereien,
die hier verübt sind, und das ist sicherlich noch nicht
der tausendste Theil, denn wie wenige werden nach
allen ihren Umständen bekannt. Da einem Fremden
sehr viel daran gelegen ist, die Kriteria dieser Rotte
zu kennen, so empfehle ich, durch eigne Erfahrung
von ihrem Nuzzen überzeugt, die Lesung solcher
Werke. Die Note zeigt deren ein Paar an*. Und
meinen übrigen Lesern zu Gefallen, die vielleicht nie
das grosse Theater dieser listigen Betrüger besuchen
möchten, erzähl' ich einige Beispiele, von welchen
sie auf den Geist der ganzen unsichtbaren Bande
schliessen können.

Kleiderverkäufer nehen die Westen an den Rok
an, um das Hinterfutter derselben zu sparen;

* Les astuces de Paris. Paris, 3 Tom.
Folies parisiennes. Hambourg, 2 Tom.
Anecdotes & folies. Paris, 1 Tom.

Pferdehändler färben ihre Pferde und sezzen ihnen einen Sattel voll Stacheln auf den Rükken, um sie beim Proberitt muthiger zu machen. Obsthändler malen das Obst an; man braut Burgunder und Champagner, ohne einen Tropfen gekeltert zu haben; abgestandene Fische werden in eine Lauge getaucht, um ihnen den Gestank zu benehmen. Alte Invaliden postiren sich in entlegene Gassen, und bieten dem Unerfahrenen mit furchtsamen heimlichen Geberden etwas zu Kauf an, um den Verdacht zu erregen, als ob es kostbare gestohlne Sachen wären. Spizbuben springen plözlich vor Jemanden hin, und raffen ein Pretiosum vor seinen Füssen auf, das sie aus Ehr- lichkeit, und um den Gewinn zu theilen, an eben den Mann für eine Kleinigkeit abtretten. Man eilt voll Freuden nach Hause, und findet Kupfer statt Gold, und Glas statt Edelsteinen.

Solche Vorfälle tragen sich alle Tage zu. Die Polizei kann sie nicht hindern, so wenig, als die Taschendiebereien, die eben so häufig sind. Das einzige, was ihr zu thun übrig bleibt, ist dies, daß sie nach geschehener Anzeige durch ihre Spione den Thäter ausfindig zu machen sucht, welches ihr auch grossentheils gelingt. Es versteht sich, daß der Dieb- stahl oder Betrug wichtig genug seyn muß, weil es sonst der Kosten nicht verlohnen würde, die der An- geber auf ieden Fall zu tragen verbunden ist. Ich

E

könnte beinah unglaubliche Beispiele von der ausserordentlichen Geschiklichkeit der Spione erzählen,
wenn mich dies nicht zu weit von meinem Zwek
abführen, und meinen Bemerkungen den Anstrich
einer Anekdotensammlung geben würde.

Ich komme izt zu den öffentlichen Anstalten
für die Bequemlichkeit des Publikums. Eine
grosse und reiche Stadt kann deren unendlich viele
haben, welche minder grosse und volkreiche Städte
entbehren müssen, und Paris hat deren gewis mehr
als irgend eine. Da die Kenntniß derselben nicht
nur angenehm, sondern dem Fremden, der die
Hauptstadt besucht, wirklich unentbehrlich ist, so
will ich einige der wichtigsten Institute, oder die sich
auf das Lokale von Paris beziehen, hier anzeigen.

Unter die angenehmsten und nüzlichsten Anstalten dieser Hauptstadt gehören unstreitig die Lese-
kabinette, cabinets, bureaux literaires,
oder die Häuser, wo man alle neu herausgekomme-
ne Schriften, Pamphlets, Brochüren, Journale und
Zeitungen lesen kann. Man abonnirt entweder für
ein halbes Jahr, oder man zahlt für die Stunde,
die man bei der Lesung in einem solchen Kabinette
zugebracht hat, zwei Sols. Ich werde weiter unten noch einmal Gelegenheit haben, von diesen In-
stituten, in einer andern Rüksicht, zu sprechen.

In den vornehmſten Straſſen und an den beſuchteſten Pläzzen giebt es Ecrivains publics, welche für Geld allerlei Auffäzze verfertigen, abſchreiben und überſezzen, Rechnung führen, u. ſ. w.

Das Bureau royal de correſpondance
nationale & étrangère, rue neuve S. Au-
guſtin, iſt autoriſirt die Beſorgung von Kommiſ-
ſionen, Gelder und Rentenempfang, Kauf und
Verkauf u. ſ. w. zu übernehmen, und ſteht unter Ver-
gennes und dem Polizeilieutenant. Es ward erſt im
Jahr 1780 durch ein Arrêt du Conſeil errichtet.

Das Bureau de ſureté, hotel du Lieute-
nant de Police, an welches man ſich geſtohlner
Sachen wegen wendet.

Das Bureau des voitures des environs
de Paris, gleich hinter der Comédie françoiſe.
Man zalt 15 Sols für die Lieue, und dieſe Wagen
gehen bis 15 Meilen von Paris.

Das Bureau des voitures royales, um
nach Verſailles zu fahren. Man kann zu ieder
Stunde dahin. Der Plaz iſt rechter Hand des Pont
royal, gegenüber den Thuilerien.

Das Bureau pour le transport des
ballots, paquets, meubles, effets & mar-

chandifes pour l'intérieur de Paris. Fremde,
die nicht wiſſen, wohin ſie ihre Sachen adreſſiren
ſollen, können ſie nur an Herrn Vauleger Du-
valon, Directeur du Bureau pour le transport &c. rue du Mail, ſenden, der ſie bis zu
ihrer Ankunft aufbewahrt.

Die Fiacres. Hier hätte ich Gelegenheit,
viele fromme Wünſche zu thun. Der Kerl ſizt
ſelten auf dem Kutſcherbok, ſondern ſteht gewöhnlich hinter demſelben, da man denn, weil er durchgehends ein ſehr zerlumptes Kleid trägt, oft an-
ſtöſſige Nuditäten zu ſehen bekömmt. Der Siz
im Wagen iſt ſehr hart, oft ſo ſchief, daß man
ganz und gar nicht darauf ſizzen kann; ſtatt der
Fenſtern hat ein Fiacre Bretter. Die Pferde könnten lebende Subjekte für die Knochenlehre abgeben;
ſie ſind gewöhnlich mit Wunden bedekt. Auch werden ſie nie ausgeſpannt, ſondern bleiben Tag und
Nacht vor dem Wagen und auf der Gaſſe ſtehen.
Selten erhalten ſie eine Handvoll Heu oder Haber.
Weh dem, der eine beträchtliche Streke zu fahren
hat! — Die neuen oder ſogenannten engliſchen
Fiacres ſind etwas beſſer; aber ihrer giebt es nur
wenige. Die Caroſſes de remiſe werden auf den
ganzen Tag gemiethet, und ſind ſehr ſchön, wiewohl etwas theuer.

Die Portechaisen und Vinaigretten. Erstere werden von Menschen getragen, und diese, die man auch Brouettes nennt, gezogen. Einer Brouette muß eben so gut ausgewichen werden, als der prächtigsten Karosse. Dies seltsame Fuhrwerk ist gar nicht verachtet; ich habe darinn Parlamentsadvokaten ins Palais fahren gesehen.

Die Träger, Porte - faix, welche Waaren und Sachen von einem Ort zum andern transportiren. Ich verweise meine Leser auf Merciers Kapitel über diese Leute, welches gar artige Bemerkungen enthält.

Die Wasserträger, welche das gereinigte Seinewasser in ganz eigenen Maschinen herumtragen und feil bieten. Die Maschine liegt auf dem Rükken des Kerls, und hat zwei Schnäbel, aus welchen das Wasser herausfließt.

Die Porte=falots, eine Gattung Leute, welche Jeden, der es verlangt, für eine bestimmte Taxe bei Nacht begleiten. Sie haben stets eine Laterne und einen dikken Stok bei sich.

Die Chambres garnies. Sie sind höchst unentbehrlich, entsprechen aber nicht der vollkommenen Einrichtung, die man ihnen so leicht geben könnte. Ihre Abstuffungen sind, wie die Verschiedenheit der Preise, unendlich. Durchgehends theuer.

Die kleine Post von Paris. Ein bekanntes und nach Verdienst gepriesenes Institut des Herrn Chamousset.

Die Marchands tailleurs und Marchands frippiers, bei welchen man sich in wenigen Minuten modig und auf das prächtigste kleiden kann. Die berühmtesten sind die im Palais royal.

Die Decroteurs. Mercier hat diese Leute und ihren Esprit de corps sehr interessant gezeichnet.

Es giebt unzählig viele Bürcaux, die für alles sorgen, was man in einer ordentlichen Wirthschaft nöthig hat. Ein sehr wohlthätiges Institut, das in diese Klasse gehört, ist das Bürcau, welches Ammen verschafft. Man schift die Kinder gemeiniglich aufs Land, wo sie während der ersten Jahre erzogen werden.

Unter die nützlichsten Anstalten gehören die Bäder. Der Preis ihres Gebrauchs steigt von 1 auf 6 Livres. Sie sind wie kleine Häuser auf platten Fahrzeugen erbaut, und liegen am Ufer der Seine. Vor denselben ist gewöhnlich ein Zelt aufgespannt, wo man sich so lange aufhält, bis ein Kabinet leer ist. Die eine Hälfte des Badehauses besteht aus Bädern für die Mannspersonen, und die andere für Frauen=

zimmer. So lange die Kabinette alle besezt sind, vertreibt man sich die Zeit mit Lesen. Die Damen bringen gewöhnlich ihre Schooßhündchen mit, und kommen in Gefolge ihrer Kammermädchen. Einige Badehäuser haben auch Zelte, wo man Erfrischungen haben kann. In dem Innern der Bäder herrscht Reinlichkeit und Ordnung. Jedes Kabinet hat eine grosse blecherne Wanne, einen Stuhl, einen Tisch und ein paar Pantoffeln. Wenn man hineintritt, läßt der Aufwärter das unreine Wasser ablaufen, und wäscht die Wanne mit einem Schwamm rein aus. Alsdann wird man allein gelassen, und die Thüre zugeschlossen. Ueber der Wanne sind zwei Röhren, die man, wenn man in derselben sizt, sehr bequem öfnen kann; eine giebt warmes, und die andere kaltes Wasser. Nach dem Bade kann man in ein Zimmer voll Wohlgerüchen gehen, oder eine Suppe geniessen, oder sich zu Bette legen. — Ausser diesen giebt es auch russische Dampfbäder, und Pläze zum Baden im Floß, die mit Balken abgestekt, und mit Segeltuch umspannt sind.

Um Unordnungen zu verhüten, stehen bei iedem Badehause Sentinelles; überdem sind die Kabinette mit Aufschriften versehen, die iedem Mißverstand vorbeugen. Jemand hatte ein Badehaus für Damen erbaut, und wollte anzeigen, daß es in demselben Gelegenheit für einzelne Personen und mehrere in

Geſellſchaft gäbe; er ließ daher über die Thüre
deſſelben ſezzen: Bains des Dames publiques
particulières.

Die auſſerordentliche Gröſſe von Paris verur⸗
ſacht, daß die am weiteſten von der Seine entlege⸗
nen Quartiere groſſen Mangel an Waſſer leiden; ein
Umſtand, dem man durch eine Maſchine abzuhelfen
geſucht hat, die die erſte ihrer Art in Frankreich iſt,
ob ſie gleich ſchon lange in England bekannt und
genuzt war. Dies iſt eine Pumpe, welche durch
Waſſerdämpfe in Bewegung geſezt wird, und das
Seinewaſſer in vier groſſe Reſervoirs auf einer An⸗
höhe leitet, von welchen es durch Kanäle und Röhren
in die Stadt geleitet wird. Die H. H. Perriers,
Gebrüder, ſind die Erbauer dieſer Maſchine, welche
gewöhnlich la Pompe à feu genannt wird. Sie
treibt in vier und zwanzig Stunden 48,000 Eimer in
die Höhe. Wer von dieſer Pumpe mit Waſſer
verſorgt ſeyn will, muß abonniren; für einen Eimer
Waſſer täglich, zahlt man jährlich 50 Livres, und ſo
nach Verhältniß. In alle Gaſſen, wo man abonnirt
hat, ſind Röhren geleitet, welche bei Feuersgefahren
das Waſſer unentgeldlich hergeben, und mit der
Aufſchrift: Secours pour les incendies, bezeich⸗
net ſind. Seit 1784 hat die Polizei verſchiedene Röh⸗
ren gekauft, um zu gewiſſen Zeiten Waſſer durch die
Gaſſen ſtrömen zu laſſen, wodurch die Reinlichkeit

unb Gefundheit fo fehr beförbert wirb. Zu bebauren
ifts, daß man die Maſchine auf einer Stelle erbaut
hat *, wo ſie ſo weit von der Stadt entfernt, und die
Seine ſchon die ganze Stadt durchlaufen, und von
all dem unſäglichen Unrath geſchwängert iſt. Aber
in der Gegend, wo ſie izt ſteht, haben die Groſſen
ihre Gärten, und auf die rechnete man, beim Ueber-
ſchlag der Koſten, vorzüglich.

Die Brükken, welche über die Seine gehen, ſind
für die Kommunikation dieſer Hauptſtadt nicht hinlänglich; man hat daher auf den beſuchteſten Quais
Büreaux errichtet, die beſtändig Kähne zur Ueber-
fahrt unterhalten. Die Lage meines Hotels gab mir
Gelegenheit, in den lezten Wochen meines Aufenthalts mich täglich mehrmal dieſer Bequemlichkeit zu
bedienen; welche, mit allen Umſtänden, die ſie begleiten, ein angenehmes Vergnügen wird. — Im
Jahr 1783 brachte Jemand einen Kahn in Verſchlag,
der, ſtatt der Ruder, auf eine weit leichtere Art und
weit ſchneller durch Umdrehung einer Walze fortge-
trieben werden konnte, an welcher auſſerhalb des
Fahrzeuges Räder mit Flügeln angebracht waren.
Wesnegen man ſich dieſe Erfindung nicht zu Nuzze
macht, habe ich nicht erfahren können.

* Beim Dorf Chaillot.

Um Nachrichten zur Wissenschaft des Publikums gelangen zu lassen, giebt es unzählig viele Mittel. Die hauptsächlichste Niederlage aller gemeinnüzzigen Anzeigen sind die beiden Intelligenzblätter von Paris, das Journal de Paris und die petites Affiches. Beide, und vorzüglich das erstere, sind von so ausgebreitetem Interesse, daß man sie nicht nur in allen Städten Frankreichs, sondern sogar in Deutschland und selbst in Rußland, liest. Eine genauere Anzeige ihres Inhalts dürfte daher um so weniger überflüssig seyn.

Die Rubriken des Journal de Paris sind folgende: 1. Lever et coucher du soleil et de la lune. — 2. Rapport du vrai tems au tems moyen. — 3. Hauteur de la rivière. — 4. Reverbêres; nämlich ob? und wenn? sie angezündet werden. — 5. Obsérvations météorologiques d'hier; in drei Zeitpunkten des Tages: um 7 Uhr Morgens, Mittegs und um 5 Uhr Abends. Barometer, Thermometer, Wind und Witterung. — 6. Belles lettres; gewöhnlich ein Gedicht, aus der Provinz eingesandt. Bisweilen Rhapsodie eines entzükten Parisers an eine Aktrize. — 7. Economie; Auszüge, Vorschläge, Anzeigen. — 8 Varieté; zu deutsch: Mischmasch. — 9. Livres divers; Anzeigen, zuweilen im Flötendoch öfter im Posaunenton. — 10. Musique; zu-

weilen kommt noch der Artikel Gravures hinzu. —
11. Concert. — 12. Spectacles. — 13. Payemens de l'hôtel-de-ville de Paris. — 14. Bourſe
d'hier. — 15. Cours de change d'hier. — 16.
Morts. Der 17te Artikel iſt zuweilen Bienfaiſance.

Die Affiches, die auch den Tittel Annonces
et avis divers, ou Journal général de France
führen, haben folgende Rubriken: 1. Biens ſeigne-
riaux à vendre. — 2. Biens en rôture à vendre
ou à louer. — 3. Maiſons ou emplacemens à
vendre. — 4. Maiſons ou appartemens à
louer. — 5. Charges, offices ou rentes à vendre; man muß Avocat au Parlement ſeyn, ehe
man eine iuriſtiſche — und Curé, ehe man eine geiſtli-
che Bedienung kaufen darf. Aber dies hindert, dies
ſchwächt nicht einmal den Mißbrauch. Denn auſſerdem, daß es auch Schleifwege giebt, zu ienen erſten
Bedienungen zu gelangen, ſo kann man ein ſehr
brauchbarer Avocat au Parlement oder Curé
ſeyn, ohne das Mindeſte von den Pflichten eines
Secretaire du Roi, oder Biſchofs zu wiſſen, und
endlich, wo bleibt denn der verdienſtvolle Mann ohne
Geld? Militairchargen werden nur bei den fünf deutſchen Regimentern verkauft. — Und dieſen entſezlichen
Mißbrauch, der den Genius des Jahrhunderts zur
Schamröthe zwingt, machen die Franzoſen noch

durch öffentliche Blätter kund! — 6. Vente des
meubles & effets. — 7. Vente des chevaux &
voitures. — 8. Effets perdus, ou trouvés. —
9. Annonces particulières. — 10. Démandes.
— 11. Avis divers. — 12. Enterrements. —
13. Spectacles; es werden nur immer die Stükke an=
gezeigt, aber nicht die Perfonen und Schaufpieler.
— 14. Payemens des rentes du l'hôtel-de-ville
de Paris. — 15. Cours des changes étrangers à
60 jours de date. — 16. Cours des effets ro-
yaux. — Uibrigens forgen die Herrn le Noir
und du Crosne dafür, daß keine Späschen in
diefe Anzeigen kommen, wie wohl iezuweilen in den
londner gefchieht.

Auffer diefen Intelligenzblättern giebt es noch
eine unzählige Menge politifcher und literarifcher Zei=
tungen, mit deren Lefung man ia keine Zeit verlieren
muß, weil man in neun offentlichen Blättern eben
daffelbe wieder findet, was man fchon in dem zehnten
ausführlicher gelefen hatte. Die vornehmfte politifche
Zeitung von Paris, Gazzette générale de
France, fteht gänzlich unter den Eingebungen des
Minifteriums, und ift daher nur in gewiffen Artikeln
von bewährther Glaubwürdigkeit. Aufferdem hat fie
den Vorzug eins der älteften Inftitute diefer Art zu
feyn. Ihre Entftehung hat fie einem Arzt, Namens
Renaudot, zu danken, welcher, um feine Kran=

ken aufzuheitern, sorgfältig alle Neuigkeiten sammelte, deren er habhaft werden konnte. Im Jahr 1632 erhielt er das Privilegium, öffentliche Blätter drukken zu lassen, in welchen alle neuen und merkwürdigen Vorfälle der politischen Welt gesammelt seyn sollten. Nach Herrn von Saint-Foix sollen schon lange vorher ähnliche Blätter zu Venedig erschienen seyn, die ihren Namen, Gazetta, von der kleinen Münze erhielten, für welche sie verkauft wurden.

Wenn gleich die angeführten Intelligenzblätter das grosse Magazin sind, wo alle Anzeigen gesammelt werden, so giebt es doch ausserdem noch unendlich viele einzelne Ankündigungen, Fragen, u. s. w. die auf besondere Zettel gedrukt, und in besuchten Strassen und auf öffentlichen Pläzzen an die Häuser geklebt werden, daher manches Haus bis an die Fenster des ersten Stoks überall mit gedrukten Zetteln beklebt ist. Die Schauspielhäuser sind die Orte, wo alle Affiches aus der ganzen Stadt zusammenströmen, daher auch nicht nur die Mauren, sondern auch die Pfeiler und Zierrathen damit bedekt sind.

Man bedient sich bei diesen Anzeigen aller ersinnlichen Mittel, die Aufmerksamkeit der Vorübergehenden zu reizen. Daher wird gewöhnlich die Prämie, oder die Belohnung, oder der Gewinn oben an mit Buchstaben gedrukt, die man nach Ruthen und Schuhen ausmessen könnte, und das Heer von Bedingungen mit kleiner elzevirischer Schrift kommt

demüthig nachgeschlichen. Ein Fremder, der zum
erstenmal das Pflaster von Paris betritt, geräth in
Verwunderung, wenn er bei iedem Schritte die sehr
leserlichen Worte: un louis à gagner! erblikt; er
überzählt am Ende der Gasse die Summen, die in
derselben ausgeboten werden, und schämt sich beinah,
dem Decroteur, der ihm die Schuhe puzte, einen
Sol anzubieten.

Auch die königlichen Befehle und Verordnungen
werden an die Mauern geklebt. Sie tragen sämmtlich
die simple Uiberschrift: DE PAR LE ROI.
Wie sehr sticht diese lakonische Kürze mit den prunkvollen Länderverzeichnissen mancher Fürsten ab, zu
welchen sie oft eben so viel Recht haben, als der
Grosmogul zu dem seinigen, wenn er sich Onkel der
Sonne und Vetter des Mondes nennt. — Diese
Gewohnheit gab einst zu einem lustigen Epigraph
Gelegenheit, als der König eine Kapelle schliessen ließ,
die wegen ihrer wunderthätigen Heiligen berühmt
war. Den folgenden Tag fand man über die Thüre
dieser Kapelle folgendes Reimlein:

De par le Roi, defense à Dieu;
De faire miracle en ce lieu.

Unter allen obrigkeitlichen Verordnungen zeichnen
sich die Edits du Parlement durch ihre Länge und
Weitschweifigkeit aus. Die kürzesten unter denselben

haben wenigſtens vier und zwanzig Artikel, welche einen Morgen Landes bedekken könnten. Man bleibt einen Augenblik voll Verwunderung ſtehen, bewundert die Weisheit des Parlaments, und geht weiter. Sobald ein Arrêt du Parlement publizirt wird, tragen es auch die Kolporteurs zum Verkauf herum; aber das Arret, wodurch der Halsbandsprozeß entſchieden wurde, ward weder gedrukt, noch zum Verkauf ausgeboten.

An allen beſuchten Orten, vorzüglich aber am Pont neuf, ſtehen Kerle, die einen ganzen Sak voll Affiches bei ſich haben, und iedem Vorübergehenden einige in die Hand ſtekken; durch dieſen Weg erfährt man oft ſehr intereſſante Nachrichten. Handwerker, Künſtler, Gaſtgeber, u. a. pflegen ſich auf dieſe Art dem Publikum bekannt zu machen. Zur Probe will ich hier einen ſolchen Zettel einrükken, der meinen Leſern deswegen gewis willkommen ſeyn wird, weil er die Ankündigung einer Erfindung enthält, von welcher vor einigen Monaten ſehr viel in Paris geſprochen wurde.

NOUVEL AVIS

ſur le Scaphandre ou le bateau de l'homme.

Cette invention ſi utile & ſi néceſſaire aux navigateurs, s'exécute, à Paris, avec la plus grande préciſion, par le Sr. HIRAULT,

Quai des Auguſtins, à l'hôtel d'Auvergne,
pour la ſomme de ſoixante et quinze livres,
y compris le Pantalon. Si on y joint le bonnet
à Proviſions, ce ſera ſix livres de plus.

Cet ouvrier pour les Scaphandres eſt le
ſeul juſqu'à préſent, qui ait ſuivi bien rigou-
reuſement les leçon de l'auteur, M. DE
LA CHAPELLE, Cenſeur royal, qui a fait
le traité de ſa conſtruction.

A PARIS.

Auch Aerzte, oder vielmehr Marktſchreier, empfehlen ſich auf dieſe Art, und kündigen ihre Arkane
an. Man muß ſich wohl hüten, von dieſen Nachrichten Gebrauch zu machen, wenn ſie nicht die Ap-
probation der königlichen mediziniſchen Societät haben, welche beordert iſt, dergleichen Mittel zu un-
terſuchen, und nur den unſchädlichen ihr Siegel zu
ertheilen. Daher iſt es nicht genug, daß unter einer
ſolchen Ankündigung die Erlaubniß des Polizeilieutenants ſtehe, ſondern es muß die beſondere Billigung
der mediziniſchen Societät dabei befindlich ſeyn.

Kein Zettel, auch der gleichgültigſte nicht, darf
gedrukt werden, ehe der Polizeilieutenant ſeine Erlaubniß dazu gegeben hat. Oft ſtehen ſogar mehrere
Namen unter einer ſolchen Ankündigung, und dieſe
Vorſicht giebt zuweilen mit dem unbedeutenden Inhalt

halt den luſtigſten Kontraſt. Man leſe folgende
Affiche, ohne zu lachen!

AVIS.

M. SARRASIN, Quai de Conti, rue
de Nervers, tient Magazin de Souliers
et de Bottes.

LE NOIR.

SAUVIGNY, lu & approuvé.

CASTEL, vû, permis d'imprimer.

Die Kolporteurs, welche das Recht haben, Looſe
der königlichen Loterie zu verkaufen, tragen ein me-
tallenes Zeichen am Knopfloch, und bieten ihre gefährliche Waare gewöhnlich auf eine ſehr ſcherzhafte
Art zum Verkauf aus. Wenn Jemand ein Loos gewonnen hat, kann er ſicher ſeyn, eine Stunde hernach Trommelſchläger und Pfeifer vor ſeiner Thüre
zu ſehen. —— Man hat nicht unterlaſſen, die Geld-
begierde und das Verlangen nach ſchnellem, glänzen-
dem Glük, welches natürlich in einer groſſen üppi-
gen Stadt ſehr allgemein ſeyn muß, zu benuzzen, um
den armen Pariſern ihre Louis oder Sols — das gilt
einerlei — aus der Taſche zu lokken. Es giebt drei
Loterien in Paris; was ihr Daſeyn entſchuldigt, iſt
die Verwendung der Einkünfte von zwo derſelben zum
Beſten des Findelhauſes. Die Ziehung wird durch
das ſkrupulöſe Verfahren intereſſant, welches ieden
Betrug unmöglich macht. Man verſpielt hier loterie-

F

mässig Häuser, Gärten, Kunstwerke, u. s. w. aber das wird sich wohl Niemand vorstellen, daß man auch Ehemänner und Mädchen verspielt.

Vor einigen Jahren starb ein armer, ehrlicher Mann, und hinterließ eine Wittwe mit drei Töchtern in äusserst dürftigen Umständen. Ohne Hülfe, ohne Aussichten war diese unglükliche Familie dem Hungertode nahe, als die Frau eines Lotterieverkäufers, eine Freundinn vom Hause, und übrigens ein intrigantes, listiges Geschöpf, auf den originalsten Einfall gerieth, die besagte arme Familie zu retten, und sich zu gleicher Zeit einen ansehnlichen Vortheil zu verschaffen. Hier ist die Ankündigung ihres Projekts, so wie es wirklich gedrukt herumlief.

„Madame ** hat drei Töchter; die Aelteste, eine schöne Rose, die schon so manchem Kenner geheime Seufzer entlokt hat, steht izt in dem glüklichen Zeitpunkt des Vergnügens und der Liebe. Sie soll das grosse Loos einer Lotterie werden, welche den Namen, Lotterie von Cythere, führen wird. Diese besteht aus fünfhundert Billets, welche zu einem Louis und vier und zwanzig Sols für die Mühwalterinn, käuflich sind. Jedes Billet ist mit einer Vignette geziert, die den Sohn der Liebesgöttinn vorstellt, wie er mit einer Hand eine Rose pflükt, und mit der Andern zwo Blüthen wässert. Der Tag der Verlosung soll angekündigt werden, so bald alle Billets vertheilt sind, und ieder Interessent soll Zeuge von der

Unpartheilichkeit der Ziehung seyn. Das schöne Geschöpf, das der Gegenstand aller Wünsche ist, wird
auf einem Thron zwischen beiden Schwestern sitzen,
von welchen die jüngste ziehen soll. Bei Erscheinung
des gewinnenden Looses wird eine liebliche Musik
ertönen, und die Mutter selbst ihre Tochter dem be=
glükten Sterblichen in die Arme führen. — Die an=
dern beiden Schwestern sollen, bis sie das fünfzehnte
Jahr erreicht haben, eine anständige und sorgfältige
Erziehung geniessen, und alsdann auf die eben be=
schriebene Art verloost werden, wobei diejenigen In=
teressenten, welche diesmal leer ausgehen, das Vor=
recht des Einkaufs haben. „

Die Tugend und mütterliche Liebe der ehrlichen
Frau ** ward bald durch die glänzende Hofnung eines
grossen Glüks besiegt; sie willigte ein, die Lotterie
kam zu Stande, und ihre drei Töchter glänzen izt
unter den Phrynen der ersten Klasse.

Ein ähnlicher Vorfall trug sich kurz nachher zu.
Es erschien im Journal de Paris ein Vorschlag von
einem jungen Menschen, der von guter Herkunft,
aber sehr arm war. Dieser wollte sich loteriemässig
an heirathslustige Mädchen verspielen. Er verlangte
50,000 Billets, iedes zu 6 Livres; er selbst, ein Mann
mit 300,000 Livres, war das gewinnende Loos. Auf
den Fall, daß er dem Mädchen des Schiksals, oder
sie ihm nicht gefiele, wollte er ihr die Hälfte der
Summe abtretten, wogegen sie dem Recht auf ihn

entsagen müßte. —— Dieser seltsame Vorschlag war so artig ausgeschmükt, daß er allgemeinen Beifall erhielt; ob er aber ausgeführt worden ist, habe ich nicht erfahren können. ——

Ich wende mich izt zu einem Gegenstande, der die Menschheit so sehr interessirt, und so sehr in eine moralische Karakteristik der Hauptstadt paßt, daß ich ihn nicht ohne Vorwurf übergehen könnte, wenn ich auch die Schwäche meiner Bemerkungen vorschüzte. Und dies sind die Anstalten für die leidende und kranke Menschheit, deren es in Paris so viele und so vortrefliche giebt.

Unterdessen daß der Eine Theil dieser prächtigen Hauptstadt in der ungemessensten Verschwendung lebt, müssen die andere drei Theile derselben durch schwere Arbeit ein kümmerliches Leben zu fristen suchen, ungewiß, ob sie den folgenden Tag ihre dringendsten Bedürfnisse werden befriedigen können. Diese Unglüklichen kriechen, wie Insekten, um die Thürschwellen der Reichen, und um die Säulen der Palläste herum, wo alles das Gepräge des Wohllebens trägt, um den empörendsten Kontrast für das Auge des menschlichen Beobachters zu bilden.

Diese zahllose, zum Elend verdammte Menschenklasse füllt aus ihrem Mittel die milden Stiftungen, die Hospitäler und die Armenhäuser, die in grosser wiewol noch nicht hinlänglicher Anzahl vorhanden sind. Statt dem Uibel zuvorzukommen, und den Keim seiner künftigen Existenz zu vernichten; statt für hinlängliche Beschäftigung, für schnelle und gleichmässige Zirkulation des Geldes zu sorgen, statt die Auflagen auf die ersten Bedürfnisse des Lebens herunter zu sezzen, und Monopolia aufzuheben; statt der, über alles Verhältniß hinausgehenden Menschenmenge der Hauptstadt Grenzen zu sezzen — baut man lieber Hospitäler und Armenhäuser, um das Elend, welchem eine üble Staatswirthschaft und falsche Grundsäzze der Politik zur Existenz verholfen haben, in dieselben aufzunehmen *. Trosts genug für den Kosmopoliten, wenn er auch nur die Absicht auf die beste und vollkommenste Art erreicht sähe; was muß aber sein Herz fühlen, wenn er bei manchen dieser Institute den Zwek gänzlich verfehlt, Habsucht am Steuerruder, und Protektion statt der Stimme des Elends gelten sieht!

Dies hat schon so manchen Patrioten veranleßt, die Klagen, die man sich nur ins Ohr winselte, vor

---

* König Franz der Erste saate, als er bei einem neuerbauten Hospital vorübergieng, und auf sein Befragen erfuhr, daß es einer seiner Minister gebaut hätte: „das hat er gethan, um die Leute darinn aufzunehmen, die er arm gemacht hat.„

den Thron des Monarchen zu bringen. Unter den deshalb erschienenen Schriften ist das Mémoire sur la néceſſité de conſtruire un nouvel Hôtel-Dieu, welches im Jahr 1776 erschien, und dem Könige vorgelegt wurde, eine der erſten und wichtigſten, daher es auch ungemein viel Senſation erregte, und verschiedene Brochüren für und wider daſſelbe erzeugte. Gewiſſe Leute, welche ihre Vortheile bei der izigen Einrichtung haben mochten, lieſſen ſichs angelegen ſeyn, die Gründe ienes Memoirs ſo ſcheinbar, als möglich, zu widerlegen, welches endlich einen Federkrieg erregte, über den vermuthlich die erſte Abſicht vergeſſen wurde. Die Data, die das Memoire angiebt, ſind ſtark. Der Verfaſſer zeigt durch eine genaue Berechnung von mehreren Jahren, daß in dem Hotel-Dieu zu Paris iährlich nach Verhältniß viertehalbtauſend Menſchen mehr ſterben, als in dem zu Lyon; ein Verluſt für den Staat, der der gröſten Aufmerkſamkeit des Monarchen werth iſt. Eben dies Memoire ſchildert die ſchreklichen Folgen, welche die izige Lage des Hotel-Dieu für die Einwohner von Paris haben muß. Es liegt mitten in der bebauteſten Gegend der Stadt, und alle Unreinigkeiten haben ihren Abfluß in die Seine; daher ſchlägt der Verfaſſer vor, das Hotel des Invalides zu dieſem Gebrauch anzuwenden, und die Invaliden anderswohin zu verlegen, weil dies Hotel alle Vortheile einer treflichen Lage und Einrichtung hat.

Die Vorwürfe, die dem Hotel-Dieu in den meiſten Brochüren gemacht werden, betreffen hauptſächlich die Adminiſtration und die Mängel der innern Einrichtung. — Das Hotel-Dieu beſizt einen unermeßlichen Fond; man klagt die Adminiſtratoren deſſelben der ſchändlichſten Verbrechen an. In wie weit dieſe gegründet ſeien, kann der Fremde ſelten ſicher erfahren, weil in den Streitſchriften immer etwas übertrieben wird, und ihm die Data mangeln, ſelbſt nachzurechnen. Man wirft ferner den Aufſehern dieſes Inſtituts Ungewiſſenhaftigkeit und Partheilichkeit vor. Armuth und Elend ſind es nicht allein, die zum Eintritt in daſſelbe berechtigen, man muß Protektion ſuchen, und dieſe iſt ſchwer zu erlangen. Die Mängel der innern Einrichtung werden gräßlich geſchildert. Sterbende und Geneſende, heißt es, liegen unter einer Deke; oft verunreinigt der Bewußtloſe in eben dem Augenblik ſein Lager, da ſein Bettgenoſſe das Sakrament empfängt; oft rütet der Fantaſirende, wenn ſein Nachbar einer Ruhe bedarf, ohne welche er nicht mehr zu retten iſt, u. ſ. w.

Als ich das Hotel-Dieu beſuchte, fand ich die Luft, zu meinem Erſtaunen, ſo rein, als ſie nur irgend bei einer ſolchen Anzahl von Kranken ſeyn konnte; das Bettzeug war durchgehends reinlich, und nirgend ſah ich mehr als zwei bis vier in Einem Bette liegen, wobei man aber die Regel beobachtet

hatte, nur Kranke einerlei Art und von einerlei
Gesundheitszustand bei einander zu legen. Eine mehr
als hinlängliche Anzahl Wärter und Wärterinnen
waren bei den Kranken beschäftigt. Ich bemerkte viele
unter diesen, die die deutlichen Kennzeichen ihrer
Besserung auf dem Gesichte trugen; in den grossen
Sälen, die zum Spazierengehen bestimmt sind, sah
ich eine Menge Genesender, die sich an dem Anblik
des Gewühls dieser grossen Stadt ergözten und zer=
streuten. Allenthalben herrschte Reinlichkeit, Ord=
nung und Sorgfalt.

Ungewiß, ob ich meinen Augen trauen dürfte,
gieng ich in den Sälen umher, und ärgerlich über die
ungegründeten Vorwürfe und Deklamationen, die ich
gelesen hatte, verließ ich das Hospital. Kaum war
ich nach Hause gekommen, als ich mir Erklärung
über diese Widersprüche ausbat, und siehe da! man
hatte mich nur die Säle sehen lassen, in welche die
Protegirten aufgenommen werden; der übrige
Theil des Hotels, der die eigentliche Wohnung des
Jammers und der Verzweiflung ist, wird sorgfältig
dem forschenden Blik des Menschenfreundes ver=
schlossen.

Weit weniger Vorwürfe leidet das Hôtel des
enfans trouvés, diese vortrefliche Anstalt, die
dem Staat jährlich so viel tausend Bürger erhält,

welche ohne dieselbe größtentheils für die politische und moralische Welt verloren seyn würden. Allenthalben erfüllte mich die aufs höchste getriebene Reinlichkeit, mit einer gewissen Pracht verbunden, die ich an s o l ch e n Orten so gerne sehe, mit dem lebhaftesten Dankgefühl gegen den edlen Stifter dieses menschenfreundlichen Instituts. Besonders freute mich der große Saal, in welchem die Wiegen stehen, und der mit der äussersten Reinlichkeit und Bequemlichkeit so viel geschmakvoll angebrachte Pracht verbindet; besonders die Leutseligkeit und Liebe, mit welchen die erwachsenern Kinder behandelt werden; besonders die Freimüthigkeit und Munterkeit, mit welcher die Mädchen mich umringten, und der frohe Jubel, mit welchem sie die Aepfelsinen entgegennahmen, die ich unter sie austheilte; besonders der Eifer, mit welchem die grössern Knaben in der Lehrstube dem Unterricht zuhörten — besonders das ganze edle Institut, das so wohlthätig für den Staat und die Menschheit wird, und seinem vortreflichen Zwek so sehr zu entsprechen scheint.

Das H ô t e l d e s I n v a l i d e s, dies große Denkmal der Pracht und Gutherzigkeit Ludwigs des Vierzehnten, ist in ganzen Büchern beschrieben, und so bekannt, daß ich, um so oft gesagte Dinge nicht noch einmal zu wiederholen, meinen Lesern nur die kurze Geschichte meines Besuchs erzählen will.

Der grosse Raum, den die weitläuftigen Gebäude des Hotels einnehmen, wäre hinlänglich eine
kleine Stadt zu erbauen; die Pracht, die allenthalben in denselben herrscht, erlaubt keine Vergleichung
mit irgend einem ähnlichen Institut; nur der ungeheure Aufwand, den die zwekmässige Erhaltung
desselben verursacht*, nöthigt dem aufmerksamen
Beobachter die Frage ab: Könnte das unermeßliche
Gebäude, könnten die ausserordentlichen Summen
nicht auf eine sparsamere und der Menschheit wohl-
thätigere Art verwandt werden, ohne den abgelebten
verdienstvollen Krieger darben zu lassen? —

Eine so grosse Menge Leute Eines Standes,
und so ziemlich auch Eines Alters, die einen grossen
Theil ihrer Lebenszeit unter gleichen Beschäftigungen
und den Rest derselben in Einem Auffenthalt bei
einer gleichen Lebensart und Musse zugebracht haben,

* Die Ausgaben des Hotels des Invalides belaufen
sich, nach der genauen und glaubwürdigen Berech-
nung des Chevaliers d'Eon, auf 2,512,345 Liv.
Die Einnahme, die auf gewisse sichere königliche
Revenüen angewiesen ist, beträgt 1,919,964 Livres.
Die Ausgabe übersteigt also die Einnahme um
592,381 Livres. In dem Etat der Ausgaben des
Königs wird dieser Ueberschuß unter dem Tittel:
Supplement accordé à l'Hôtel-royal des
Invalides, rubrizirt. Dieser Zuschuß wird, aus
Ursachen, die der Chevalier auch berührt, jährlich
grösser.

müssen nothwendig einen ganz eigenen Schwung des
Geistes, ein ganz eigenes Interesse, eine ganz besondere Art zu denken und zu handeln erlangen. Und
in der That herrschen in diesem kleinen Raum so
viel Eigenheiten in der Denkungs = und Handlungs-
weise seiner Bewohner, daß sie ein interessantes
Schauspiel für den Philosophen abgeben könnten, der
Zeit und Gelegenheit hätte, sie zu beobachten. Das
Interesse dieses kleinen Staats ist so einseitig, so
begränzt, so gemeinschaftlich, daß die Wirkungen
desselben äusserst sonderbar seyn müssen. Ein kleines
Beispiel bot mir schon mein kurzer Besuch dar. Die
wenigen Sols, die mein Führer, ein alter Invalide,
als eine Erkenntlichkeit für seine Bemühung zu erwarten hatte, machen das ganze Haus rege. Allenthalben ein Zusammenrottiren, ein Flüstern, ein
Murmeln! Endlich kam die Sache heraus. Einer
unter den Misvergnügten nahm das Wort, und erklärte mir, daß mein Führer wider die Gesezze des
Hauses handle, indem es streng verboten sei, etwas
von den Fremden entgegen zu nehmen. Der Mann
hatte mir indessen noch nichts abgefordert, und es lag
mir so viel daran, einen Führer zu haben. Der
ganze Haufe der Malkontenten verfolgte uns immer-
fort, und ich mußte mir endlich durch eine List zu
helfen suchen; ich drükte nämlich meinem Führer
eine kleine Erkenntlichkeit in die Hand, indem ich
zugleich öffentlich erklärte, daß ich ihm dies schuldig

wäre, weil er mir einen großen Thaler ausgewechselt hätte. Dies leztere verhielt sich in der That so, und also konnten keine Einwendungen weiter gemacht werden.

Das Hotel hat seinen großen Gerichtssaal. Es war so eben der Tag, an welchem die Invaliden ihre kleine Besoldung ausgezahlt bekommen; rund um den Tisch und an den Wänden standen bequeme große Sessel. Die ehrwürdigen Schlachtopfer der Politik dürfen sizzen bleiben, selbst wenn der König kömmt. Ein alter blinder Invalide, dem alles ehrerbietig aus dem Wege wich, trat herein; près du feu, Messieurs, schrie er, près du feu! und was noch Krä te genug hatte, sprang hinzu, und geleitete den Alten zum besten Sorgestuhl, der vor dem Kamine stand.

In den großen Speisesälen sind die Gemälde der berühmtesten Schlachten Ludwigs des Vierzehnten und seines Nachfolgers. Welch eine Freude, welch ein Trost für den alten Invaliden, wenn er sich mit seinen Kameraden über die Thaten seiner Jugend besprechen, wenn er mit einer dankbaren Thräne im Auge seine Krükke schwenken und ausrufen kann: Vive le Roi! —

Unter die menschenfreundlichen Anstalten dieser Hauptstadt gehören auch vorzüglich die vielen Frey-

ſchulen, unter welchen die königliche Ecolemi-
litaire durch die Geburt und den Stand ihrer
Zöglinge, durch die Pracht und den Aufwand ihrer
Anſtalten, und durch den vortreflichen Unterricht, den
die gelehrteſten Männer daſelbſt geben, den erſten
Rang behauptet. Daß dies Inſtitut einen Lehrer der
deutſchen Sprache habe, und daß ehedem der Profeſſor
F r i e d e l , und nach deſſen Tode izt der Profeſſor
M a r t e r e r dieſe Stelle bekleidet, iſt, nebſt den übrigen Einrichtungen allzubekannt, als, daß ich weiter
etwas darüber ſagen dürfte.—Die E c o l e n a t i o -
n a l e dient zur Unterweiſung iunger Edelleute in der
Kriegskunſt; ſie bezahlen nur für ihren Unterhalt. —
Die E c o l e g r a t u i t e d e d e ſ ſ i n nimmt
funfzehnhundert Schüler auf, unter welche am Weih-
nachtstage, in Gegenwart des Polizeilieutenants,
Preiſe ausgetheilt werden. — In iedem Kirchſpiel
ſind übrigens mehrere Freiſchulen vorhanden, in welchen barmherzige Schweſtern das Leſen und Schreiben lehren.

Ein ſeltenes und heilſames Inſtitut, das hierher
gehört, verdient Erwähnung; dies iſt die E c o l e d e
b o u l a n g e r i e , über welche der Polizeilieutenant
die Aufſicht hat. Die Lehrlinge bakken das Brod
für die Ecole militaire und für alle Gefängniſſe
von Paris.

Im Jahr 1780 kam eine Societé philan-
thropique zu Stande, deren Zwek die Beloh=
nung der Rechtschaffenheit und Arbeitsamkeit, und
die Unterstüzzung der leidenden Menschheit ist. Sie
besteht aus einer grossen Anzahl Mitglieder aus allen
Ständen.

Für die kranke Menschheit ist nicht weniger gut
gesorgt, als für die leidende. Unter den Besserungs=
und Arbeitshäusern zeichnen sich die Salpetriere
und Bicetre durch ihre Grösse, gute Lage und vor=
trefliche Anstalten vorzüglich aus. Die Salpetriere
liegt etwa eine halbe Lieue von der Vorstadt S.
Marcel in einer gesunden Gegend an der Seine, und
ist der Ort, wo man die Freudenmädchen der niedrig=
sten Klasse hinbringt, die sich auf den Gassen ertappen
lassen, oder die der Guet von Paris mitnimmt, wenn
er ihre Wohnungen durchsucht, welches monatlich ein=
mal geschieht. Die kranken Mädchen werden von hier
sogleich nach Bicetre gebracht, um dort kurirt zu wer=
den, und die übrigen werden hier verwahrt und
angehalten, ein festgeseztes Tagewerk zu vollenden.
Denenienigen unter ihnen, welche keinerlei Arbeit ver=
stehen, wird hier irgend eine gelehrt, mit welcher sie
nach ihrer Befreiung ihren Unterhalt gewinnen kön=
nen, und eher dürfen sie diesen Ort nicht verlassen,
als bis sie es in ihrer Kunst zu einer gewissen Fertigkeit
gebracht haben. Diese Anstalt ist überaus wohlthätig.
Sie giebt iungen Mädchen, welche wider ihren Willen

zu dem schändlichen Handwerk übergegangen sind,
Gelegenheit, eine beffere Lebensart anzufangen, und
sich auf eine ehrliche und anständige Weise zu nähren,
und diejenigen, welche so viel Neigung zu ihrem ehemaligen Gewerbe haben, daß sie es, nach Wiedererlangung ihrer Freiheit, von neuem ergreifen, werden
bei der nächsten Gelegenheit, da man sie abermal er-
tappt, auf eine viel längere Zeit nach der Salpetriere
geschikt, und dort auch viel strenger behandelt.

Die barmherzige Schwester, die mich, bei meinem Besuch in der Salpetriere, herumführte, sagte
mir, daß innerhalb drei Tagen eilf Wagen mit solchen Geschöpfen angelangt wären, unter welchen sich
ein junges Mädchen von dreizehn Jahren befunden
hätte, die schon im höchsten Grade von einer gewissen
abscheulichen Krankheit angestekt gewesen wäre.

Die Salpetriere ist nicht blos der Zurechtweisung
sondern auch der Erziehung solcher unglüklichen Geschöpfe gewidmet, für welche der Staat diese Sorge
übernehmen muß, weil sie keinen Vater und keine
Mutter auf Erden kennen. Der Wiegensaal war zwar
so prächtig nicht, als der im Maison des enfans
trouvés; aber Reinlichkeit und Ordnung waren allenthalben sichtbar. Der Unterricht, den die Mädchen
(denn es werden hier nur Kinder des weiblichen Geschlechts aufgenommen) genießen, fängt mit dem
achten oder zehnten Jahre an, und erstrekt sich auf
alle weibliche Arbeiten, vorzüglich aber auf die feinern

Arbeiten der Nadel. Ich ſah hier zwei groſſe Säle
voll Mädchen beſchäftigt. Sie hatten alle ihre ange-
wieſene Pläzze, und durften nicht mit einander reden.
Eine der älteſten Zöglinge ſaß auf einem erhabenen
Seſſel, und las ihnen etwas aus einem aſcetiſchen
Buch vor. Ich finde dieſe Einrichtung ſehr tadelns-
werth; denn auſſerdem, daß die Mädchen viele Stunden hintereinander mit übergebogenem Leibe in einer
ſehr unbequemen Stellung ſizzen, und mühſam arbeiten müſſen, welches ſchon eine üble Wirkung auf die
Seele hat, wozu die ſtarke Wärme und die Ausdün-
ſtungen ebenfalls beitragen, ſo kommt nun noch die
feierliche Stille und das monotoniſche Leſen eines
aſcetiſchen, oder vielmehr miſtiſchen Buchs hinzu; ein
Umſtand, der vielleicht die hauptſächlichſte Urſache
der in dieſem Hauſe herrſchenden Gemüthskrankheiten
ſeyn mag, wenn wir auch die traurige eingekerkerte
Lebensart und den täglichen Anblik der wahnſinnigen
und verrükten Weibsperſonen abrechnen.

Es ſteht iedem Mädchen frei, ſich zu verheira-
then, und in dieſem Fall erhält ſie eine Ausſteuer
von 300 Livres. Unerachtet dieſer Anſtalt und der
allgemein bekannten Geſchiklichkeit der Mädchen, werden ſie nur ſelten geſucht; das Vorurtheil hat dies
vortrefliche Inſtitut mit einer Art von Infamie belegt.

Die wahnſinnigen Weibsperſonen, die in dieſem
Hauſe aufbewahrt werden, haben es ſehr übel. Sie
liegen

liegen Tag und Nacht zu allen Jahrzeiten unter freiem Himmel; die Wütendsten werden in kleine Ställe gebracht, und an Ketten geschlossen. —— Als ich durch einen Hof gieng, wo die mehresten derselben versammelt waren, geriethen plözlich zwei Weibsbilder in Wut, und fielen einander auf das grausamste an: Man kam ihnen so spät zu Hülfe, daß die Eine von beiden schon halb erwürgt war. Als man sie von einander gerissen hatte, wurden sie auf das grausamste behandelt, wodurch man sie nur noch wütender machte; ein wenig kaltes Wasser, das man ihnen ins Gesicht gesprüzt hätte, würde eine ungleich heilsamere Wirkung gethan haben.

Bicetre, dies berühmte Narrenspital, liegt etwas weiter von der Stadt, ebenfalls in einer gesunden und einsamen Gegend. Die weitläuftigen Gebäude machen diesen Aufenthalt der abscheulichsten Krankheiten des Körpers und der Seele einer kleinen Stadt ähnlich; auch leben in dem Bezirk desselben gegen 5000 Menschen; eine Bevölkerung, die manchem Städtchen Ehre machen würde. Ehedem wurden hier Staatsgefangene in unterirrdischen Kerkern aufbewahrt; izt ist nur noch Einer hier. Die gemeinen Verbrecher, deren es eine ausserordentliche Menge hier giebt, sind in einem Gebäude einquartirt, welches vier bis fünf Stokwerk hat, und einem Schloß nicht unähnlich sieht. Jeder Gefangene hat ein Zimmer, das,

so viel ich sehen konnte, zwar sehr dunkel, aber sonst
nicht unreinlich oder garstig ist. Hier werden meh-
rentheils solche Leute aufbewahrt, welche wegen ihrer
Verschwendung, auf Ansuchen ihrer Familien oder
Erben, gefangen gesezt werden sollen. Man stellt
die nöthigen Untersuchungen an, und wenn man die
Klagen gegründet findet, so wird der unbesonnene
Verschwender oft ganz plözlich und unvermuthet nach
Bicetre gebracht. Diese Strafe scheint mir allzu-
grausam. Ein Verschwender ist selten ein böser
Mensch, und ausserdem, daß niederträchtige Ver-
wandte die Leichtigkeit dieser Ahndung oft auf eine
sehr abscheuliche Art benuzzen, so werden diese kranken Glieder des Staats durch eine solche Gefangen-
schaft zu allen Diensten desselben unfähig gemacht,
wodurch die Wirkung der Strafe zum Theil auf den
Staat zurükfällt. Mehrere dieser Unglüklichen er-
zählten mir ihre Lebensgeschichte; sie war meistens
ein Gewebe von Thorheiten, aber nicht von Boshei-
ten, und dennoch sassen viele unter ihnen schon zwanzig und mehrere Jahre, ohne Hofnung, ie ihre Freiheit wieder zu erhalten. Die Ankläger müssen für den
Gefangenen eine Pension zahlen, die sie nach ihrem
Gefallen von 100 bis auf 1200 Liv. bestimmen können.

Noth und Langeweile waren von ieher die Er-
finderinnen der Künste. Die Gefangenen in Bicetre
sind davon ein unwidersprechlicher Beweis. Ohne alle

Instrumente, blos mit Hülfe eines kleinen Eisens, das zwei Linien in die Länge und zwei in die Breite hat, und welches sie an ein Stük Holz befestigen, bringen sie die niedlichsten Sächelchen zu Stande, die sie auf den Tischen vor ihren vergitterten Fenstern den Fremden und Neugierigen zu Kauf anbieten. Wer verläßt wohl die Hütten des Elends, ohne ein kleines Andenken von wenigen Sols mitzunehmen; denn ihre Arbeiten sind so wohlfeil als niedlich. Da diese Quelle des Zeitvertreibes auch eine Quelle von Verdienst für die Gefangenen wird, so müssen sie alle Woche ihre Kerker gegeneinander austauschen, und zwar in der Ordnung, daß Jeder nach der Reihe parterr zu stehen kommt, weil sie nur da ihre Waaren feil bieten können. Für das Geld, das diese Söhne des Kummers lösen, verscheuchen sie den grämlichen Papa auch dann und wann aus ihren Kerkern; sie lassen sich Wein holen, und sind frölich.

Die Art, mit welcher die Bewohner von Bicetre sich einander mittheilen, und das ersezzen, was ihnen an Kommunikation abgeht, ist sonderbar und interessant. Wenn sie mit einander sprechen, so halten sie stets einen Spiegel ausser dem Gegitter heraus, um sich auch ihre Geberden zu erkennen zu geben, und sie haben es durch langwierige Übung zu der ausserordentlichen Fertigkeit gebracht, eine Geberdensprache mit einander zu reden, die iedem Andern

unverständlich ist. Man muß erstaunen, wenn man
bedenkt, wie schwer es ihnen geworden seyn muß,
die Grundsäzze dieser Mimik festzusezzen, da die Mit=
theilung so sehr gehindert ist, und sie von der Wache
so sorgfältig beobachtet werden. Aber auch ihre laute
mündliche Unterhaltung giebt ein seltsames Phäno=
men. Da Keiner sich um des Andern willen geniren
mag, und dies auch nicht wohl möglich wäre, so
redet wenigstens die Hälfte der Gefangenen zu glei=
cher Zeit, wodurch ein so entsezliches Geschrei ent=
steht, daß derjenige, der es zum erstenmal hört,
ganz betäubt davon wird; ihnen hingegen ist dies
einerlei, sie unterscheiden vollkommen wohl die Stim=
me desjenigen, der zu ihnen spricht, da durch Zeit
und Uibung ihr Gehör mit allen Baß=Alt=und Te=
norstimmen, die hier hausen, vertraut geworden ist.

Der Brunnen von Bicetre ist merkwürdig. Er
ist erstaunlich tief, und das Wasser wird durch zwei
grosse Eimer in die Höhe gebracht, von welchen der
Eine steigt, wenn der Andere sinkt. Ehedem wurde
das Wasser durch Pferde heraufgezogen; seitdem man
aber bemerkt hat, daß die Gefangenen aus Mangel
an Bewegung krank wurden, läßt man sie, statt der
Pferde, ziehen, und theilt das Geld unter sie aus,
welches man durch Abschaffung der Pferde gewinnt.
In einem besondern Gebäude müssen die Verbrecher
das Glas für die Spiegelfabrik in der Fb. Saint=

Antoine ſchleiffen; ſie gehen dabei nakt, und werben ſehr hart behandelt. Bicetre hat auch eine Kapelle, die ganz für den Ort eingerichtet iſt. Der Altar iſt mit einem ſtarken eiſernen Gegitter umgeben, und der Beichtſtuhl ſteht hoch über dem Boden, ieder frechen Fauſt unerreichbar. Das Gegitter um den Altar hat nur kleine Löcher mit eiſernen Thüren, welche verſchloſſen werden können, und durch welche den Gefangenen das h. Abendmahl gereicht wird. ——

An meinem Arm gieng ein artiges Mädchen. Als wir von der Kapelle zurükkamen, und über den Hof giengen, warf ein Gefangener mir ein Stük Papier zu, mit der Bitte, es meiner Freundinn zu übergeben. Es war ein Impromptü, und hier iſt ſeine Abſchrift:

Vous avez la fraicheur & l'éclat de la roſe,
Elle eſt reine des fleurs, Vous l'êtes des amours;
Votre deſtin pourtant diffère en quelque choſe,
Elle plait un moment & Vous plaiſez toujours.

Wer hätte vermuthet, in den Kerkern der Bosheit und des Laſters einen Dichter der Grazien zu finden?

Wir verlieſſen dieſen Ort, um die Behältniſſe der Narren zu ſehen. Ein grämlicher alter Pförtner öfnete uns den Eingang, und der erſte Anblik, der

uns aufstieß, war das vollständigste und rührendste
Gemälde des menschlichen Elends. Unter einem
Baum, gleich an der Thüre des Hofes, lag ein kaum
bekleideter ausgedörrter Mann mit greisen Haaren,
der schon seit zwanzig Jahren unter dem Baum an
der Thüre des Hofes liegt, und von früh des Morgens bis in die dunkle Nacht das erste Blatt in seinem
Buche liest, ohne ie an das zweite zu kommen.

Die Tollhäusler werden hier besser behandelt,
als in der Salpetriere; sie haben einige Kammern
und Betten. Jede Kammer macht ein Häuschen,
und die Menge derselben bildet ordentlich Gassen und
Plätze, so daß man diesen Ort mit Recht die Nar-
renstadt nennen könnte. Bei dem allen aber fand ich
die Einrichtung noch sehr weit hinter der des grossen
Tollhauses zu Zelle, welches in der That ein Muster
für alle Anstalten der Art seyn kann.

Wenn das Elend der unglüklichen Bewohner
von Bicetre nicht Thränen auspreßte, so würden ihre
lächerlichen Einfälle belustigen. Über der Thüre
eines Häuschens fanden wir die Worte: Le mal-
heureux Tantale; und der Bewohner derselben
zeigte uns mit aller Gutherzigkeit und Prätention eines Narren sein grosses Kunstwerk, das in der That ein
Meisterstük von einem Narrenwerk war. Ein anderer hatte die Wasser zu Saint-Cloud nachgebildet,

und ein dritter, der mir der lächerlichste schien, glaubte ein Frauenzimmer zu seyn. Troz seines langen Bartes trug er eine Art von Haube, und eine der weiblichen ähnliche Kleidung; er sprach sehr leise und zärtlich, worinn er die Damen von Paris kopiren wollte. Wir wurden inständigst genöthigt, auf seinem hölzernen Sopha Plaz zu nehmen, und da er glaubte, daß ich gekommen wäre, um ihn zu heirathen, so erkundigte er sich nur gleich nach dem Zustande meines Vermögens, weil er fest entschlossen war, keinen Mann zu nehmen, der nicht wenigstens hunderttausend Livres besässe.

Die Anverwandten der Narren, oder in Ermangelung derselben, der König, bezahlen die Pension für sie, die ebenfalls von 100 bis auf 1200 Livres steigen kann. — Ein Vater hatte seinen verschwenderischen Sohn in diesen abscheulichen Aufenthalt gesperrt, um ihn zu bessern. Das Unthier!

Vergnügungen.

Diese Rubrik umfaßt einen Gegenstand, der keine Grenzen kennt! Von der Hand eines Beaumarchais gezeichnet, und in allen seinen unendlich mannigfaltigen Nüanzen dargestellt, würd' er das interessanteste Gemälde für den Psychologen werden; von dem schwachen Pinsel eines Pilgers skizzirt, kann er nur das fleischbedürftige Skelet einiger Ressourßen dieser wollüstigen Hauptstadt seyn.

Vergnügen ist hier das große Ziel iedes Individuums und ieder Gesellschaft. Welch ein Drang, welch ein Streben, dahin zu gelangen! Welch ein Wirbel, welch ein Taumel der Genuß! Nirgend hat das Vergnügen so vielerlei Gestalten, als hier; nirgend weiß es angenehmer zu täuschen, stärker zu überraschen, und schneller zu entfliehen. Jeder kleine Genuß ist zur Freude, iede Freude zum Vergnügen, iedes Vergnügen zur Wollust, iede Wollust zum Taumel umgeschaffen; iedes sinnliche Vergnügen ist vergeistigt, iedes geistige versinnlicht. Nirgend Einförmigkeit, Überdruß, Mangel; stets neue täuschende Szenen, immer erneutes, belebtes Interesse. Die Freude scheint mit uns alt zu werden, und sich mit uns zu veriüngen, und ieder einzelne Genuß wird fruchtbare Mutter von tausend neuen.

Nirgend iſt die Wolluſt mehr Wolluſt, als hier; aber nirgend hat ſie auch mehr Altäre, prächtigere Tempel und wärmere Verehrer. Nirgend weiß man die ſanfte Gewalt ihres Szepters beſſer zu bändigen und zu erhöhen; nirgend hat der Genuß mehr Modifikationen. Die innigſte Vereinigung der höchſten geiſtigen und ſinnlichen Schwelgerei hat nur Einen Tempel in der Welt, und der ſteht am Ufer der Seine.

Die Freude ſcheint hier an das Leben gekettet zu ſeyn; ohne ſie wär' es kein Leben. Daher iſt ſie der e r ſt e Zwek aller Thätigkeit, und alle übrige ſind ihr untergeordnet. Der Pariſer baut Kirchen, feiert Prozeſſionen, ſtiftet Akademien, weiht Logen, um ſich zu vergnügen. Er würde den Gottesdienſt als eine Sklaverei anſehn, wenn der Tempel nicht ein Meiſterſtük der Baukunſt, die Muſik auserleſen, und die Geſellſchaft — unterhaltend wäre *; die Prozeſſion würde ihn ennuiren, wenn ſie nicht ſein Auge ergözte, und ihm zu einem kezzeriſchen Impromptü Gelegenheit gäbe; die Akademie würde ihn an

---

* Ich bitte meine Leſer inſtändigſt, dies und die folgenden Beiſpiele ja für keine deklamatoriſche Uibertreibung zu halten; ſie ſind exiſtent, und aus meiner eigenen Erfahrung geſchöpft. Ihre umſtändlichere Geſchichte wird in dieſem und den folgenden Abſchnitten erzählt.

die Jesuiterschule erinnern, wenn nicht die hübschen
Weiberchen iede Sizzung mit ihrer holden Gegen=
wart belebten und erheiterten; und die Loge und
ihre deutungsschwangern Simbole würden ihn nicht
eine halbe Stunde amüsiren, wenn es keine adop=
tirte Schürzen und keine Pikeniks gäbe.

Die edlen Stiftungen, die patriotischen Thaten,
die ernsten Bemühungen fürs Wohl der Menschheit —
wars Grösse der Seele, wars Patriotismus, wars
kosmopolitische Denkungsart, aus der sie entspran=
gen? Der Pariser kennt nur Eine Triebfeder, die ihn
in Bewegung sezt, und zu Thaten aufmuntert, und
die ist der Genuß der Freude. Sie war die e r s t e
Quelle iener Wirkungen, und der Zwek derselben ist
die zweite. Was bei dem Spanier Stolz, beim
Engländer Vaterlandsliebe, beim Deutschen Philo=
sophie oder Aberglaube, und bei dem Türken der
Wille des Serails thut, das wirkt das Vergnügen
bei dem Franzosen. Und in die Harmonie des Gan=
zen paßt iede Wirkung, was auch immer die Quelle
derselben seyn mag.

Da wäre der Weg gebahnt zu einem Raisonne=
ment über Nationalschwächen und über politische
Benuzzung derselben, aber in welches dädalische
Gewinde würde mich dieser Vorwurf führen! Also
sei es genug mit dieser kleinen Einleitung; ihrer be=

durft' ich für alle folgende Abschnitte meiner Skizze.
Dies Geständniß überhebt mich bei meinen Lesern
wohl der Entschuldigung für den kleinen Raum,
den sie einnimmt.

* * *

Der erste unter den Gegenständen, die sich in
gedrängter Menge meiner Einbildungskraft darbieten, mögen die Belustigungsorte seyn. Ihrer giebt
es so unendlich viele, daß ich mich nur auf die vorzüglichsten einschränken muß, und unter diesen behauptet das Palais royal den ersten Rang.

Das Palais royal ist der Sammelplaz der feinen Welt, der Stuzzer, der Modehändler und
der Koketten; die Wohnung eines Fürsten und das
Theater der Ombres chinoises; ein gleich lehrreicher und ergözzender Aufenthalt für den Fremden,
den Mann nach der Mode, das Freudenmädchen,
und den Philosophen.

Ehedem war der Plaz, auf welchem izt der
prächtige Pallast steht, eine Promenade, und nur der
äußerste Hof desselben war die Wohnung seines Besizzers, des Kardinals von Richelieu, für welchen
es erbaut wurde. Als der Dúc de Chartres die

Bäume ausgraben, und die Promenade zerstören ließ, um das izige Palais royal zu erbauen, gerieth die ganze promenirende Welt von Paris in Aufruhr. Der Dúc, den das Froschgequák wenig kümmerte, führte seinen Plan aus, und eröfnete nach Vollendung desselben den freien Plaz, den das Quarre des Schlosses einschließt, und welchen er mit vier Alleen hatte besezzen lassen, zum öffentlichen Spaziergange; und man muß gestehen, daß die promenirende Welt gewonnen hat. Von nun an ward das Palais royal der erste Sammelplaz der auserlesensten Gesellschaften von Paris, die sich hier von 11 Uhr Morgens bis nach Mitternacht versammeln, und zugleich der vornehmste Marktplaz, auf welchem die Freudenmädchen der ersten und zweiten Klasse ihre Reize feil bieten. Der Dúc, der die ganze Unternehmung als eine kaufmännische Spekulation behandelte, wußte selbst aus diesem Umstande Vortheil zu ziehen, welches zu manchen artigen Vaudevilles bei Hofe und in der Stadt Gelegenheit gab. Allein der erlauchte Besizzer, der sein Interesse und den Geschmak des Publikums kannte und zu vereinigen wußte, überließ die Spötter ihren Gewissensbissen, und suchte seinem Pallast, der izt schon das Tribunal des bon Tons geworden war, immer mehr Anziehendes zu geben. Er versammelte in demselben alles, was die Langeweile zu verscheuchen, die Kaprizen der Pariser zu kizzeln, und ihre Launen zu befriedigen im Stande ist.

Unter seinem Schuz und durch seine Veranlassung
entstand ein Theater im Palais royal, das sich in
Kurzem vermessen konnte, den gefährlichen und nie
erhörten Wettstreit mit dem ersten Theater der Nation zu beginnen, und wiewohl der erste kühne Versuch
nur ein Versuch blieb, so gab das Publikum doch die
angenehme Hofnung nicht auf, aus der Asche dieses
Phönix einst einen Nebenbuhler für ienen allein-
herrschenden Despoten aufkeimen zu sehen. — Ma-
rionettenspieler, Mimiker, Tänzer, Modehändler,
Kaffeschenken, Garköche, Pastetenbäkker, Schneider
und Buchhändler schlugen ihre Wohnsizze, Kaffehäuser, Läden und Theater im Palais royal auf, und so
entstand allmählig iene interessante Karrikatur, die ich
in den ersten Zeilen dieser Rubrik zu zeichnen wagte.

Aus dieser kurzen Geschichte werden meine Leser
das Palais royal besser kennen gelernt haben, als
aus der vollständigsten Beschreibung, die ich ihnen
zu geben vermöchte. Was noch zur Karakteristik
desselben fehlt, will ich izt zu ergänzen suchen.

In der Mitte der vier Alleen, die die Promenade ausmachen, sind einige Zelte aufgeschlagen,
welche zu Kaffehäusern, Lesekabinets, u. d. g. dienen.
Ein gewisser Baum ist der Sammelplaz der Nou-
vellisten und Politiker; dort erfährt man alle interessante Neuigkeiten so früh und so verstümmelt, als

möglich). Die brillianten Stunden sind die von 5 bis
Mitternacht. Von 5 bis 8 Uhr — einige kleine De-
klinationen abgerechnet, die durch die Jahrszeiten
bestimmt werden — wird die Promenade von Personen beiderlei Geschlechts aus den ersten Klassen besucht, und ein herrlicher Anblik ists, die Kaffezelte
und einen grossen Theil der Alleen mit Parthien
besezt zu sehen, die sich entweder mit Lesen oder
Plaudern die Zeit vertreiben, oder Erfrischungen zu
sich nehmen. Um 8 Uhr Abends verlieren sich alle
Damen, ausser den Freudenmädchen, die alsdann
von allen Seiten herzuströhmen. Ungefähr um diese
Zeit wird der Pallast auch erleuchtet, und zwar folgender Gestalt. Das Parterr des Schlosses besteht
aus Arkaden, unter welchen durchgehends Läden sind,
die aber noch hinlänglichen Raum lassen, um eine
bedekte Gallerie zu bilden. In ieder Arkade hängt
eine Kristallampe, und auf der andern Seite sind die
Läden auf das prächtigste erleuchtet. Diese Läden
sind bis Mitternacht offen, und bieten so lang den
angenehmsten Spaziergang dar. Hier werden die
petits Soupers zu Stande gebracht, von welchen die
französischen Romane so viel schwazzen; hier werden
die Rendezvous gehalten, die den Vätern und Müt-
tern so viele Seufzer und so viel Geld kosten; hier
besucht der ausschweiffende Ehemann das Mädchen
der Wollust; hier spielt der Abbe seine grosse Rolle
als Kuppler.

Wenn man die Arkaden verläßt, und in die Alleen geht, so ändert sich der Schauplaz. Hier wagt das Mädchen es schon, euch mit dem Blumenstraus liebkosend zu schlagen, euch eine handgreifliche Zweideutigkeit zu sagen — die Dunkelheit zieht einen Flor um diese Szenen, der von Ton hinderts, daß laut davon gesprochen wird, und nur die Chronique scandaleuse des Palais royal lispelts von einem Ohr ins andere, und behält die Schande unserer Zeitgenossen den Nachkommen auf.

Ausser dieser Promenade enthält der Pallast noch einige Schlupfwinkel, wo Kuppelei und Wollust im Verborgenen thronen, und das sind die kleinen Spektakel. Die abgesonderte Lage, die Einrichtung und die geringe Erleuchtung derselben begünstigen Unternehmungen der Art, und eben deswegen werden diese Oerter auch häufig besucht.

Tags über ist das Palais royal der Schauplaz und die Schule der Moden. Die unzähligen Läden enthalten alle ersinnliche Bedürfnisse des ausschweifendsten Luxus. Hier ist der Thron der bizarren, jeden Augenblik wechselnden Mode, die von hier aus Befehle für den halben Erdkreis ertheilt. Die Kleidung der Herren und Damen, die hier erscheinen, gilt für den Pöbel der Modewelt als Muster und Norm.

Die Polizei des Palais royal ist vortreflich;
man ist hier sicherer, als irgend an einem andern
Ort. Bediente, schlechtgekleidete Menschen, Freudenmädchen der niedern Klassen werden nicht eingelas-
sen. Alles, was man hier kauft und genießt, ist
zuverlässig das Beste in seiner Art, aber auch theuer.
Der Terrain wird täglich zweimal gewässert, verursacht aber doch bei der geringsten Sonnenhizze,
da die Bäume noch sehr iung sind, einen starken
Staub, welcher durch das Gehen so vieler Menschen vermehrt wird. Nur einen Gegenstand hat
das aufmerksame Auge des fürstlichen Besizzers
übersehen, und das ist die Lebensgefahr, in welche
man durch das unbesonnene, zweklose Jagen der
Kutschen, in dem ersten und zweiten Hofe, versezt
wird, und welches bei Nacht sehr oft von den
schreklichsten Folgen seyn kann. —

Unter den Wintervergnügungen ist das Pantheon eins der vorzüglichsten. Diesen Tempel des
Vergnügens hat auch der Herzog von Orleans erbaut; er wird aber von keinem ehrliebenden weiblichen
Geschöpf betretten, sondern ist bloß der Sammelplaz
der feilen Mädchen von der höhern Gattung, die sich
mit ihren Matronen hier einfinden, und stillschwei-
gend ausbieten; daher ist das Pantheon ein sehr lang-
weiliger Aufenthalt für den, welchen kein Rendevous
hinlokt. — Die Polichinells in der Mitte tanzen
nur

nur für die Langeweile; Niemand giebt Acht auf sie.
Die lüsternen Herrchen drängen sich in einem ewigen
Zirkel, wie Mühlpferde, umher, bis sie endlich an
einem schönen Busen hängen bleiben. Auch die Industrie hat diesen Tempel der Freude zu benuzzen gewußt; auf der Gallerie sind Quincaillerie - und
Bijouteriewaren zu Kauf.

Das Vaurhall ist ein Sommervergnügen,
welches den Engländern abgeborgt, und dem Pantheon entgegen gesezt ist. Aber das Vaurhall macht dem
feinen Geschmak und der bekannten Delikatesse der
Pariser eben so wenig Ehre, als das Pantheon; es
ist die elendeste Kopie von der Welt. Statt des
prächtigen Gartens am Ufer der Themse besteht das
hiesige Vaurhall aus einem Hause, dessen Bauart
und innere Einrichtung zwar schön, aber nicht prächtig genannt werden kann. Als ich es zum erstenmal
besuchte, brachte ich natürlich die Idee vom englischen
Vaurhall mit, daher mir der Kontrast so auffallend
wurde. Keine Gärten, kein prächtiges Konzert, keine
Erleuchtung, wie im englischen Vaurhall, keine
Soupers unter dem Rauschen der Bäume, keine
einsame Pläzze, keine Bildsäulen grosser Menschen,
keine optischen Schauspiele, keine Versammlung von
Tausenden! Statt dessen eine ennuiante Gesellschaft
von Freudenmädchen und ihren häßlichen Matronen,
die eine Heerde alter und junger Wollüstlinge nach

H

sich ziehen, und in der Mitte des Saals einige
Schüler der Oper, die sich mit ihren kindischen
Sprüngen auffer Athem tanzen. Das ist alles.

Um 11 Uhr ward das Vauxhall geschlossen, und
iede Mannsperson stieg mit einem Geschöpf der Wollust und einem des Ekels in den Wagen. Für meine
dreifsig Sols hatte ich eigentlich noch ein Feuerwerk
zu erwarten; da es aber regnete, so unterblieb auch
dies, und ich gieng mißvergnügt und unbefriedigt
nach Hause. ——

Die öffentlichen Spaziergänge sind in
grosser Menge, und einige unter ihnen vereinigen alles,
was der eigensinnigste Geschmak nur fordren könnte.

Wer kennt nicht die Tuilerien, diesen durch
Alter ehrwürdigen und durch seine Schönheit bezau-
bernden Plaz, der unter dem wärmenden Blik seiner
Könige zu der maiestätischen Grösse gedieh, die ihn
in ganz Europa berühmt macht? Seines Werths
sich bewußt, blikt er mit Mitleid auf den Schwächling der Mode im Palais royal herab, und sammelt
das Häuflein Verehrer der rührenden Natur in seine
stille, begeisternde Schatten. — In der That, seit
das Palais royal alles an sich zieht, steht man hier
nur Sonntags zahlreiche Gesellschaft, die sich dort
lieber von der Sonnenhizze martern läßt.

Die Tuilerien sind ohne Vergleich der schönste Spaziergang, den ich in meinem Leben gesehen habe; und wenn ich dies sage, so will ich noch sehr gern die marmornen Statuen und die vertrokneten Bassins abrechnen, die dem Vorübergehenden mit Trauern anzukündigen scheinen, daß sie ehemals die Augenweide von Königen gewesen sind; aber man denke sich nur keine königliche Pracht, keine Kaskaden und Springbrunnen, keine Grotten, auch keine englischen Irrgänge; die Tuilerien heissen mit Unrecht ein Garten, sie sind nichts mehr, als ein blosser Spazierplaz; aber als solcher sind sie schön.

Wenn man von der Seite des Pallais des Tuileries hereintritt, so befindet man sich auf einem grossen freien Plaz, der, ausser einigen schönen Statuen, nichts merkwürdiges enthält. Dieser Plaz wird von beiden Seiten von Terassen, und vorne von einem dunklen maiestätischen Gehölze umgränzt, das also dem genannten Pallast gegenüber steht. Dies Gehölz wird von verschiedenen Alleen durchschnitten, die, so wie der ganze Wald, sorgfältig gesäubert und gereinigt werden. Hier herrscht eine angenehme, erfrischende Kühlung, und hier ist der einsame, nachdenkende Spaziergänger von aller Gefahr sicher, weil keine Pferde und Wagen in den Garten dürfen. Da stets eine Menge Stühle in Bereitschaft stehen, so sezt man sich gern in die vertraulichen Schatten, um

entweder zu lesen, oder seinen Betrachtungen nachzuhängen. — Nie werde ich die angenehmen Stunden
vergessen, die ich hier so oft in Träumereien mit
Euch, ihr Lieben meines Herzens, zugebracht habe.

Jedesmal, eh' ich dies Wäldchen verließ, gieng
ich vorher in die mittelste breite Allee; hier hat man
den seltensten Anblik. Hinter sich das Frontispiz
des stolzen Pallastes, einst der Wohnsiz von Königen; sein Ansehen, wie das Ansehen eines alten Mi-
nisters, den sein Herr aus seiner Gegenwart verbannt
hat — zum Theil die Bewunderung aller Kenner,
und zum Theil der Gegenstand des Bedauerns aller
gefühlvollen Herzen. Vor sich, in weiter Entfernung, die prächtige Statue Ludwigs des Fünfzehnten.
Die Allee von grossen alten Bäumen, die die Wolken
nachbarlich grüssen, schränkt gleichsam vorbedächt-
lich den Gesichtskreis ein, um bei der Statue die
herrlichste Perspektive zu bilden. Je näher man dieser
kömmt, desto mehr dehnt sich der Gesichtskreis aus;
das Gehölze verliert sich, und man sieht unvermuthet
auf einem freien Plaz, der sich an den Plaz Ludwigs des Fünfzehnten anschließt. Und der ist der
Nachbarschaft des Wäldchens werth. Man denke sich
einen der herrlichsten Standpunkte: vor sich das
Wäldchen der Champs Elisees, hinter sich die Tuilerien, zur Rechten den prächtigen Pallast der Garde-
Meuble, zur Linken die Seine, und hinter derselben

den stolzen Dom der Invaliden, den unvergleichlichen
Pallast des Fürsten von Salm und eine Menge
prächtiger Hotels; diesen Plaz voll Leben und Thä=
tigkeit; rollende Staatswagen, raſſelnde Karren,
ſchreiende Obſtverkäufer, haranguirende Taſchenſpie=
ler, und in der Mitte des ganzen lebenden Plazzes die
koloſſaliſche Statue Ludwigs des Fünfzehnten zu
Pferde! Nichts bleibt mehr zu wünſchen übrig, als
daß ein mächtiger Zauberſtab mit wohlthätiger Ge=
walt in einer ſtillen Mitternachtsſtunde den guten ge=
liebten Heinrich vom Pont neuf hieher an die Stelle
ſeines Nachfolgers verſezzen möchte.

Wenn man ſeinen Weg in eben der Richtung
verfolgt, ſo kömmt man nun in die Champs Eliſees,
die dem Gehölz der Tuilerien gegenüber ſtehen. Dies
iſt ein Wäldchen, das von unzählig vielen Alleen
durchſchnitten iſt, daher man faſt aus iedem Stand=
punkt den Anblik von vier Alleen hat. Man hat in
demſelben einzelne freie grüne Plätze gelaſſen, wo
Zelte aufgeſchlagen ſind, in welchen man allerlei
Erfriſchungen haben kann. Hier ſieht es ſo ländlich
aus, daß man beinah nicht glauben ſollte, innerhalb
der Barriere zu ſeyn.

Hinter den Champs Eliſees iſt das Bois de
Boulogne, das ebenfalls ſehr häufig beſucht wird,
aber ſchon auſſerhalb der Barriere liegt. —

Nächst dem Palais royal ist der Boulevard
die besuchteste Promenade, ein Spaziergang, der so
viel Eigenes hat, daß man sich schwerlich aus Beschreibungen eine genaue Idee davon machen kann.
Der Boulevard besteht aus einer langen und breiten
Allee, die ehemals die Stadt umschloß, und sie itzt
noch von den Vorstädten scheidet. Neben dieser
Hauptallee sind zu beiden Seiten, an breiten Plätzen,
noch Nebenalleen angelegt, und längs denselben gehen zwo Reihen der schönsten und prächtigsten Häuser
fort. Das Vergnügen, welches man nun eigentlich
la promenade du Boulevard nennt, und welches
Donnerstags am glänzendsten ist, besteht darinn, daß
innerhalb der mittelsten grossen Allee vier Reihen Kutschen auf und nieder fahren, von welchen zwo stille
stehen, und zwo ab- und zufahren. Alle funfzig
Schritte steht eine Wache zu Pferde, die genau darauf
Acht giebt, daß kein Wagen aus dem Gleise, oder
stärker als im Schritt fahre. Zu beiden Seiten in
den Nebenalleen gehen die Fußgänger spazieren. Die
Herren und Damen in den Wägen ergözzen sich an
dem Gewimmel zu beiden Seiten, und die Fußgänger
an den schönen vergoldeten Wagen; daher schwerlich
entschieden werden kann, welche Parthei um des
Vergnügens der Andern da seyn möchte. Hier erscheinen die schönsten und modigsten Wagen; ihre
Anzahl steigt oft auf zwei bis dreitausend. Man
spart die erste Promenade in einem neuen Wagen

gewöhnlich für den glänzenden Tag des Boulevards auf; der Luxus hierinn übersteigt allen Glauben; ich sah einst ein mit Silberblech überzogenes Kabriolet erscheinen *.

Der Boulevard ist das wahre Theater des Volks; hier giebt es unzählig viele Häuser, in welchen der Pöbel für sein Geld auf eine sehr erbärmliche Art amüsirt wird. Da die Darstellung dieser Volksvergnügungen mit mehrerem Recht in die Karakteristik der Sitten paßt, so habe ich sie in iene Rubrik verwiesen, wo meine Leser sie hoffentlich nicht ohne Vergnügen finden werden.

Es wimmelt von Marktschreiern aller Art auf dem Boulevard; hier läßt sich eine Riesinn sehn, die nichts riesenmässiges hat, und nur auf hohen Absäzzen steht; hier gilt ein geschorner Wolfshund kek für einen Löwen; hier erregt eine Meerkazze durch ihre Sprünge die staunende Bewunderung des Pöbels.

Der Boulevard hat die Ehre die prächtige Oper zu besizzen. Nicht weit davon haben Audinot und

---

* Noch während der Minorität Ludwigs des Vierzehnten ritten die Hofleute nach Hofe, und giengen in Stiefeln und Spornen in die Assemblee und zur Tafel. Im Jahr 1658 waren in Paris 320 Kutschen, und ist sind daselbst über 20000. Dulaure.

Nicolet ihre Tempelchen erbaut. Eine unzählige
Menge Kaffe-und Spielhäuser nehmen die geschäftigen Müssiggänger auf, die den Boulevard nur besuchen, um ihre Zeit feil zu bieten. Das Lesen ist
unter diesem Getümmel unmöglich, wo ieder dafür
sorgen muß, mit heiler Haut nach Hause zu kommen.
Eine Klasse von Menschen giebt es indeß, die auf hohen Gerüsten ganz ruhig sitzen, und sich die Zeit mit
Lesen vertreiben, und dies sind — sollte mans glauben! — dies sind die Kutscher.

Ausser diesen Spazierplätzen giebt es noch einige
einsame, weniger besuchte, wo Gelehrte und Künstler
häufig hingehn, ihren Gedanken in angenehmer Ruhe
nachzuhängen, und wo so manche schöne Idee ihr
Daseyn erhalten haben mag. Unter die vorzüglichsten
dieser Promenaden gehört le Jardin du Luxembourg, de l'Arsenal und le Jardin du Roi bei
dem Naturalienkabinet. Lezterer besonders ist einfach
und schön; man baut izt auf einer kleinen Anhöhe, zu
welcher ein Labyrinth führt, einen Tempel, aus welchem man eine der schönsten Aussichten haben wird.

Vielleicht erwarten einige meiner Leser izt eine
Beschreibung der vornehmsten Gärten um Paris, und
wirklich hatte ich schon meine Bemerkungen über dieienigen, die ich selbst gesehen habe, in meine Skizze
eingetragen, als ich ihre gänzliche Entbehrlichkeit bei

der ungeheuren Menge pittoresker Beschreibungen
dieser Gärten gewahr ward. Dies Geständniß kostet
mich eben so wenig, als mich der Entschluß kostete,
meine Bemerkungen zu unterdrükken. Ich konnte unmöglich hoffen mit ihnen Ehre einzulegen, weil nie
das Herz oder die erwärmte Fantasie, sondern stets
die kalte Bewunderung meine Feder geführt hatte.
Saint = Cloud, Meudon, Belle = Vue,
Chantilly, Sceaux — wie wenig vermogten alle
diese Denkmaale der Pracht und des ausschweifendsten Luxus, diese Kinder des konventionellen gallischen
Geschmaks über ein Herz, das nur Gefühl für die
simple, rührende Natur hat, und der Kunst nur dann
den Preis zugesteht, wenn sie sich hinter das Original
verbirgt. Hätt' ich die Wahl, von allen fürstlichen
Gärten wählt' ich die Perle mir, das Heiligthum der
Natur und der Philosophie — Ermenonville!

Aber Ermenonville hat seinen Maler gefunden, —

Nie werde ich den wahren Gedanken vergessen,
der dem Wandrer verräth. wessen heiliger Überrest
unter dem Steine ruht: Içi repose l'homme de
la nature & de la verité. Nie die Aufschrift, die
Rousseau selbst über die Thüre einer einsamen Hütte
gesezt hat: Celui-là est véritablement libre, qui
n'a pas besoin de mettre le bras d'un autre au
bout des siens pour faire sa volonté. Nie den

schönen Einfall, der die Kohlenhütte ziert: Char-
bonnier eſt maitre chez lui. Nie und nie
den Thurm der ſchönen Gabriele und das edle
Herzensgemälde des braven Dominique de
Sarrède, der aus Kummer ſtarb, als er die Nachricht von Heinrichs Ermordung vernahm.

Sollte man glauben, daß Niederträchtigkeit und
Bosheit ſich bis an die heilige Ruheſtätte des Mannes der Natur gewagt, und die ehrwürdigen Uiber-
reſte deſſelben mit ihrem Geifer bedekt haben! Dieſe
äußerſt niedrige, abſcheuliche, alle Gefühle der
Menſchheit empörende Behandlung iſt die Urſache,
daß iedem Unbekannten der nähere Zutritt zu dem
Ruheplaz des ſchuldloſen Weiſen verſagt wird.

Bekanntlich ſtarb R o u ſſ e a u zu Ermenonville.
Der philoſophiſche Beſizzer dieſes ſchönen Gartens,
Markis G i r a r d i n, hatte ihn endlich, bei der drin-
gendſten Noth, vermocht, ſich auf dieſen ruhigen
Landſiz zu begeben, wo er mit äußerſter Delikateſſe
behandelt ward. Man glaubt, daß ihn mehr die
Ankunft Voltairs in Paris, als irgend ein anderer
Beweggrund zu dieſem Entſchluß gebracht habe. Bei
all ſeiner Geduld und Philoſophie war ihm Voltaire
doch verhaßt *, und ſein Triumph in Paris uner-

---

* Vielleicht deswegen, weil Voltaire immer mit Waffen
des Spotts gegen ihn zu Felde zog; eine Behandlung,

träglich. Die Feinde Rousseau's breiteten aus, er
hätte sich mit Gift vergeben, allein die Oefnung des
Leichnams bewies das Gegentheil.

* * *

Zu den öffentlichen Orten, wo sich das Publi=
kum für sein Geld versammelt, gehören auch noch
die Kaffehäuser, ihrer sind sechshundert, deren
Celebrität nach unendlichen Abstuffungen steigt.
Selbst die schlechtesten derselben haben marmorne
Tische, grosse Spiegel und artige Möbeln.

Der Ton, der in diesen Häusern herrscht, ist sehr
einförmig; die Gesellschaft ist gewöhnlich ernsthaft
und still; selten wird das Gespräch laut, und noch
seltner allgemein. Tobak wird nirgend geraucht;
man behält seinen Hut auf dem Kopf, und grüßt
beim Hereintretten nur etwa die zunächst an der Thüre
sizzen. Die vornehmste Unterhaltung auf dem Kaffe=
hause besteht in der Lektüre der politischen und In=
telligenzblätter. Karten werden nirgend gespielt; das
Schach hingegen sehr häufig. Billiards sind nie mit
dem Kaffehause verbunden, sondern in besondern
Häusern angelegt.

die ieder gerade Mann, und vollends eine so zärtliche,
empfindsame Seele, als Rousseau's war, schmerzlicher
als iede andere fühlt.

Es giebt eine Menge Kaffes, die nur für eine ganz spezielle Unterhaltung bestimmt sind; in einigen wird blos Schach gespielt, und in andern werden literarische Diskurse geführt, welche leztere Bureaux d'esprit genannt werden. Ihre blühende Epoche war zu der Zeit der Pirons, Fontenelles, und anderer wizzigen Köpfe; izt sind die meisten und berühmtesten eingegangen. Das Caffé mécanique im Palais royal ist eine platte Erfindung, welche aber sehr interessant hätte werden können, wenn man alles wirklich so eingerichtet hätte, daß man durch Mechanismus bedient werden könnte; so aber ist es nur eine Spielerei, die dadurch vollends lächerlich wird, daß die Aufwärter auch immer zugegen sind. In einem Kaffehause unter den Arkaden des Palais royal werden deutsche Zeitungen gehalten, wie schon die d e u t s c h e A u f s c h r i f t bezeugt.

Die vornehmsten Kaffes, wo man sicher ist, gute Gesellschaft zu finden, sind das Caffé Procope, welches Voltaire, Piron und Fontenelle frequentirten; die vielen Kaffes im Palais royal, vorzüglich das Caffé de foi daselbst, im Garten, und das Caffé de la régence, dem Palais royal gegenüber. In dem lezten spielte Rousseau beständig Schach, daher der Zulauf der Neugierigen so groß wurde, daß man sich genöthigt sah, eine Sentinelle vor die Thüre zu sezzen.

Der Philosoph, der so viel Kredit hatte, daß seine blosse Gegenwart ein Kaffe in Muf bringen, und den Besizzer desselben bereichern konnte, der hatte selbst oft nicht so viel, als er bedurfte, nur um sich des Hungers zu wehren.

D

Mercier und Gretry habe ich einigemal in dem Caffé de la régence, sonst aber nirgend grosse oder berühmte Männer an diesen Orten gesehen, wo einige Klassen von Müssiggängern gleichsam ihre Wohnung aufzuschlagen pflegen.

Die Guinguettes dienen dem Bürger der niedern Gattung zu Erholungsörtern. In iedem derselben ist ein grosser gemeinschaftlicher Saal und Musik; man speist hier zu Mittag, und trinkt sehr wohlfeilen Wein. Der Ton, der hier herrscht, ist der Klasse von Leuten angemessen, die diese Häuser besucht.

Uibrigens erwarte man auf den Kaffehäusern zu Paris keine grosse oder patriotische Idee, wie auf Loyd's Kaffehaus in London!

Hier wäre der schiklichste Ort, etwas von den Spielen der Pariser zu sagen, wenn sich von ihnen etwas sagen liesse. Aber die Einwohner dieser Hauptstadt haben schon allen Geschmak an den kleinen

gesellschaftlichen Freuden des Lebens verloren; Na=
tionalspiele muß man nur in der Provinz suchen. Hier
kennt man nur die verfeinerten geistigen und sinnlichen
Vergnügungen. — Das Hazardspiel, welches ehe=
dem so viele Unglükliche machte, ist sehr scharf verbo=
ten, und es giebt nur Ein sogenanntes Jeu de
Paume auf dem Boulevard, wo man unter dem
Schuz eines Grossen sein Geld der Karte anvertrauen
darf. Sonst sieht man, wie ich schon erwähnt habe,
an öffentlichen Orten fast niemals Karten; hingegen
Schach und Domino wird häufig gespielt, so wie
auch das Billiard. Der Federball ist sehr gemein.
An Sonntagen sieht man fast in allen Häusern und
auf den Gassen Kinder und Mädchen den Federball
spielen. An einigen öffentlichen Orten giebt es eine
Art von Karoussel, woran die Leute aus den geringern
Ständen sehr viel Vergnügen finden. Die Kegel wer=
den nicht, wie in Deutschland, in einer hölzernen Bahn
geschoben, sondern auf geschornem Grase geworfen,
wobei nur drei Kegel oder auch nur Kugeln aufge=
stellt werden.

Die Vornehmen und Grossen, die schon alle
Quellen ihrer Freuden erschöpft haben, suchen die
Nationalspiele des Auslands einzuführen; daher man
zu Paris in gewissen Zeiten wienerische Thierhezzen,
spanische Stiergefechte, sizilianische Kämpferspiele,
italienische Feuerwerke, und englische Hahnengefech=

te und Pferdewettrennen sehen kann. Die wenigsten
von diesen ausländischen Vergnügungen haben indessen Beifall gefunden, und das ist sehr natürlich. Das
Hahnengefecht, das, so viel ich weiß, zum erstenn-
mal im Colisée gegeben wurde, lief sehr kläglich ab,
weil es den französischen Hähnen ganz und gar an
englischer Herzhaftigkeit fehlte, und sie sich eher
tödten ließen, als daß sie einen blutigen Kampf unter einander eingegangen wären. Das Feuerwerk des
Herrn Ruggieri ist gar ein jämmerliches Ding, sowohl an Erfindung, als an Ausführung; indessen
scheint es den Parisern, die nichts bessers gesehen haben, doch zu behagen. Die Stiergefechte und die
Kämpferspiele verursachten allzuviel Ohnmachten, daher sie bald unterblieben. Nur die Thierhetzen und
die Pferdwettrennen scheinen sich bei der Nation zu
erhalten. So wenig Ehre das erstere dieser beiden
Schauspiele dem feinen Gefühl und dem delikaten
Geschmak des pariser Publikums macht, so nützlich
kann das letztere für die Pferdezucht und Pferde-
kenntniß im Königreich werden. Noch eines Versuchs,
ein höchst originales Vergnügen in Paris einzuführen,
will ich, pour la rareté du fait, erwähnen. Ein
gewisser sehr vornehmer Herr, der ausserordentlich für
die englische Nation eingenommen ist, und auch
zuerst das Pferdewettrennen in Frankreich einführte,
hatte von der leidenschaftlichen Liebe der Engländer
für alle Wettrennen gehört, und suchte sich diese da-

her auch so viel, als möglich, zu eigen zu machen. Es wurden daher Wettrennen aller Art angestellt; da der angeführte Herr aber erfuhr, daß die Invaliden zu Chelsea sogar ihre Läuse in die Wette laufen lassen, so dünkte ihn dies ein so starker Zug des Nationalkarakters, daß er, weil es bei dem Läusewettrennen doch mancherlei Inkonvenienzen giebt, an dessen Statt ein H u n d e w e t t r e n n e n anstellte, welches wirklich auf einem seiner Lustschlösser zu Stande kam, und wozu er eine grosse Anzahl der angesehensten Personen zusammengeladen hatte. —

Bei dem allgemeinen Durst nach Vergnügungen, und bei der Schwelgerei, durch welche die Grossen und Reichen eine Quelle nach der andern austroknen, um immer neue aufzusuchen, würde der Arme und Niedere sehr übel wegkommen, und dies gar zu bald eine fürchterliche Krisis herbeiführen, wenn die Polizei diese erstaunliche Ungleichheit nicht immer in ein erträgliches Gleichgewicht zu bringen bemüht wäre. In einer grossen und volkreichen Stadt, wo die Wirkungen aller physischen und moralischen Uibel um so schreklicher sind, muß man durchaus von gewissen politischen Opiaten Gebrauch machen, um das Volk, das sonst unter der Last seines Elends erliegen würde, in eine heilsame Betäubung zu versezzen, und ie feiner und verstekter die Mittel sind, die man zu diesem Zwek anwendet, desto

sicherer

ſicherer wird dieſer erreicht. Da die Religion, oder
vielmehr ihre Hülle noch immer ſo viel von ihrer
ehemaligen Gewalt über den Pöbel hat, daß ſie ihn,
troz der geprieſenen Aufklärung unſrer Zeiten, noch
immer zu Dragonaden und Bluthochzeiten begeiſtern
könnte, ſo benuzt man ſie hier hauptſächlich zu iener
politiſchen Abſicht. Die Umgänge, die kirchlichen
Feierlichkeiten, die Prozeſſionen ſind in den Augen
aller aufgeklärten und denkenden Menſchen nichts
anders, als ein Amüſement für den Pöbel, der dar=
über auf einen Augenblik alle ſeine Noth vergißt.

Ich habe Gelegenheit gehabt, einem der gröſten
religiöſen Feſte, der Fete = Dieu, beizuwohnen. Die
Prozeſſion dieſes Tages hat durchgängig ſo viel Bei=
fall, daß man, welches hier ſehr viel ſagen will, ſchon
mehrere Tage verher davon ſpricht. Über die Art,
wie man davon ſpricht, beweiſt nur gar zu gut, daß
man es als ein bloſſes politiſches Schauſpiel betrach=
tet. Eine Dame, die mir eine Idee von dem Glanz
der Prozeſſion geben wollte, verſicherte mich, daß ſie
noch ſchöner, als die Revue du Roi wäre.

Man behängt an dieſem Tage alle Gaſſen, durch
welche die Prozeſſion geht, mit den Tapeten der
Savonerie, und wo dieſe nicht hinreichen, da bedient
man ſich auch anderer gemeiner Tapeten. Die De=
voten haben Tücher aus den Fenſtern hängen. Die

J

Soldaten, als die unentbehrlichsten Akteurs iedes
geistlichen oder weltlichen Schauspiels, sorgen für
gute Ordnung, daher gar kein Gedränge entsteht;
Kutschen dürfen nicht in das Quartier, in welchem
die Prozession vor sich geht.

Die Zeremonien selbst sind kindisch, und verfehlen
gänzlich allen religiösen Eindruk, den sie doch auch
bei bessern Anstalten auf das Häuflein der Gläubigen
bewirken könnten. Der Pöbel lacht und spottet —
aber das ist einerlei; man wollte ia nicht erbauen,
sondern amüsiren. Das Heer von schönen Abbe's, die
mit den freundlichsten Gesichtern von der Welt nach
den Fenstern kuken, die reichgekleideten Bischöfe —
voll Gefühls ihrer patriarchalischen Würde — der
purpurbemantelte Nachfolger Christi und seine Pagen,
die das Gewand der Demuth, das von seinen Schultern herabfließt, hinter ihm her tragen, der schöne
goldgestikte Paradehimmel, die kostbaren Fahnen, die
herrliche kriegerische Musik, die unzähligen Bedienten
mit Fakkeln, der Wohlgeruch, die Rosen, womit die
Gassen bestreut werden — alles dies zusammen bildet
ein Schauspiel, welchem man h i e r mit Vergnügen
zusieht, weil man überzeugt ist, daß es um der
besten Absicht geschieht, und keine böse Wirkung erzeugen kann; eine solche Prozession in M. oder
Madrit hingegen würde bei dem denkenden Zuschauer ganz andere Betrachtungen hervorbringen.

Eine ganze Woche nach der Frohnleichnamspro=
zeſſion , welche zweimal gehalten wird , giebt man
dem Volk ein anderes öffentliches Vergnügen, das
mir noch weit beſſer gefällt. Herr M i r o i r , einer
der berühmteſten Orgelſpieler in Paris, läßt ſich
während dieſer acht Tage alle Abend in der Kirche
der Abtei Saint Germain des Pres hören.´ Die
Orgel iſt vortreflich , und Herr Miroir eins der
größten Genies in dieſem Fach ; man kann ſich alſo
vorſtellen , daß die Kirche nicht unbeſucht bleibt. Aus
allen Quartieren von Paris ſtröhmen die Kenner und
Liebhaber zuſammen. Die Freudenmädchen, die kei=
nen öffentlichen Ort unbenuzt laſſen, machen zwei
Drittheile der weiblichen Verſammlung aus. Da die
ganze Geſellſchaft gemiſcht unter einander ſizt, ſo ſu=
chen ſie mit Mannsperſonen in Geſpräch zu kommen,
denn ſo lange die unſichtbaren Baßſtimmen donnern,
plaudert und lacht die ganze Gemeine ; kaum aber
fängt der Künſtler an , ſein Inſtrument mit aller
Kraft ſeines Schöpfergenies zu beleben , ſo herrſcht
die allgemeinſte , feierlichſte Stille. In meinem
Leben bin ich noch von keiner Muſik ſo hingeriſſen
worden. Die reiche Fantaſie des Künſtlers ergießt
ſich bald in donnernden Stürmen der Leidenſchaft,
bald mit dem ſanften Geliſpel der Unſchuld und Ruhe,
und er mag wählen , welchen Gang er will , ſo
muß ihm ſein eigenſinniges , ſchwer zu bändigendes
Inſtrument gehorchen. Das ganze Publikum hat

I 2

nur Einen Athemzug. Sobald der Künſtler aufhört
zu ſpielen, ſtürzt die Menge hinaus, um ihn vor
der Thüre zu erwarten, und mit Händegeklatſch zu
bewillkommen. ——

Von den vielen Kunſtgriffen, deren man ſich
bedient, um den Pöbel zu amüſiren, nur noch einen.
Zur Zeit des Karnevals müſſen ſich die Mouchards in
die lächerlichſten und auffallendſten Karrikaturen ver-
kleiden, und ſo in den Gaſſen umher laufen. Auſſerdem aber ziehen ſie ſehr oft mit Guitarren in der
Stadt herum, und ſingen öffentlich allerlei Volkslieder
ab, ein Schauſpiel, welches ich oft mit angeſehen
habe. Der Pöbel lauft ihnen haufenweis nach, und
vergißt in Einem frölichen Augenblik ſeine Leiden.

* * *

Die Freudenmädchen bilden einen ſo auszeichnenden und intereſſanten Zug in der Karakteriſtik
von Paris, daß es dem Sittenmaler unverzeihlich
wäre, wenn er ſie aus mißverſtandner Delikateſſe
übergehen wollte, oder um die Tartüffe des Jahr-
zehends nicht wider ſich aufzubringen. Dieſe leztere
darf der freie, denkende Mann keiner Aufmerkſamkeit würdigen, und jene zu ſchonen, giebt es eine
Bahn, die ſchon von mehreren edlen Männern betretten iſt, und welcher ich — ob mit glüklichem Erfolg? mögen meine Leſer entſcheiden —nachzufolgen

mich beſtreben werde. Sie ſezt eine Uebereinkunft
zwiſchen Leſer und Schriftſteller feſt, bei welcher
beide Partheien ſich wohl befinden. Der erſtere darf
von lezterm fordern: „ Dein Pinſel ſei ſo keuſch, als
der Gegenſtand deſſelben laſciv iſt !,, und der Schriftſteller hat das Recht, über ſein Gemälde die goldnen
Worte zu ſchreiben: „Dem Reinen iſt alles rein !,, —

Paris war von ieher in dem Ruf, für die Bedürfniſſe eines gwiſſen Sinnes am beſten geſorgt zu
haben, und man wagt nicht zu viel, wenn man
behauptet, daß es einen groſſen Theil ſeiner Gäſte
aus allen Ländern dieſen Ruf zu verdanken habe.
Demungeachtet muß man doch geſtehen, daß von
Seiten der Regierung wenig oder gar nichts für
dieſe, ſelbſt in politiſcher Hinſicht ſo wichtige Klaſſe
von Menſchen gethan iſt. Man tolerirt ſie, weil
man ihre Exiſtenz nicht verhindern kann, und weil
das Beiſpiel eines wollüſtigen Hofes der Hyder hundert Köpfe wiedergeben würde, wenn man ihr einen
abgeriſſen hätte; aber das iſt auch faſt alles, was
man thut. Man denkt noch zu ſeicht, um die
philoſophiſchen Grundſäze eines gewiſſen deutſchen
Hofes anzunehmen, der die Polizei dieſer Menſchen-
klaſſe, nach den Entwürfen und Rathſchlägen eines
V o l t a i r e und d'A r g e n s , zu einem Gegenſtande
der Geſezgebung machte. Und dahin muß es kommen, wenn die unſeligen Folgen dieſer ſtrafbaren

Sorglosigkeit nicht ganze Generationen morden, und
selbst den wohlthätigen Wonnebecher der ehelichen
Freuden vergiften sollen. Die Regierungen können
in unserm Jahrhundert durchaus nicht gleichgültig
über diesen Gegenstand bleiben, ohne sich des größten
politischen Verbrechens schuldig zu machen; sie, die
Wissenschaften und Künste und Luxus, und mit ihnen
das ganze Gefolge der Laster und Ausschweifungen
in ihre Staaten lokken; sie, die oft durch ihr Bei=
spiel ein Feuer bei ihren Unterthanen anfachen, das
bisher nur unter der Asche glomm, oder in keuschen
Flammen der Sittlichkeit und ehelicher Liebe loderte.
Entweder bannt den Luxus und seine Geschwister, die
Künste, aus euren Staaten, ihr Fürsten, oder, da
ihr das nicht könnt, so wandert entweder mit euren
Unterthanen in die abgeschiedenen, einsamen Thäler
Kolombonens, und lebt nach patriarchalischer Sitte
von Milch und Brod — oder sorgt in Zeiten dafür,
dem Ausbruch der wilden Fluten zu dämmen, die
wie Gebirgströme sich über euer Land wälzen, und
die Söhne und Töchter eures Landes mit sich in den
Abgrund reissen. Legt den ungroßmüthigen Stolz
ab, als sei dieser Gegenstand zu unedel für eure
Würde; er betrift das Wohl der Blüthe eures Volks,
es sind die Sehnen eurer Stärke, die er angeht.
Aber verbannt auch die eitle Hofnung, durch Keusch=
heitskommissionen ein Uibel zu vertilgen, das schon
seit Jahrhunderten Wurzel gefaßt hat, und das

durch den Luxus erwärmt wird, den ihr doch nicht
vertilgen wollt. ——

Es ist beinah unglaublich, wie weit die Kurz-
sichtigkeit in manchen Fällen geht. Es existirte ehedem keine Schwefelhölzerkompagnie in Paris, die
nicht in formam artis gebracht wäre, und ihre Zunft-
gesezze und Polizeigesezze, und Vorsteher und Aelte-
sten gehabt hätte; sogar die Blumenstrausverkäufe-
rinnen (bouquètieres) machten eine eigene Gesellschaft im Staate aus, die nach Gesezzen und Vorschriften regiert ward, und die grosse, ansehnliche,
wichtige Klasse der Freudenmädchen, die aus 40,000
Köpfen drunter und drüber besteht, hat bis dahin
noch nicht einmal die mindeste Aufmerksamkeit der
Polizei oder Regierung erregt —— denn, daß
man alle Monate einige Duzzend Mädchen ein-
sperren läßt, das könnte man in gewisser Rüksicht eher Grausamkeit, als Vorsicht und Wachsamkeit nennen. —— Wie lange die Gleichgültigkeit
über diesen Gegenstand dauern wird, läßt sich schwerlich bestimmen. Vielleicht erwartet irgend ein men-
schenliebender, patriotischer, edler Mann nur die Gelegenheit, um ein Wort zu seiner Zeit zu reden, und
den Gewalthabern im Reich mit lebendigen und starken Farben die Folgen ihrer Sorglosigkeit zu schildern.

Doch, ich lenke nach dieser koßmopolitischen
Betrachtung wieder ein. —— Also, wie gesagt, hier-

zigtausend Hauben etwa haben die Ehre, zu der Klasse der Geschöpfen zu gehören, die ihr eigenstes Eigenthum zu einem Gegenstande der öffentlichen Konkurrenz machen. Diese Anzahl ist zu groß, als daß es in derselben nicht unzählig viele Abstuffungen ie nach dem Gesichtspunkt gäbe, aus welchem man das Ganze betrachtete. Der meinige nöthigt mich, die besagten vierzigtausend Hauben in vier Klassen zu bringen, die sich iede von der andern durch wichtige Bestimmungen wesentlich unterscheiden.

In die erste Klasse gehören dieienigen Mädchen, welche die Wollust noch nicht zu einem Gewerbe machen, sondern nur Besuche von sehr vornehmen und reichen Herren annehmen. Diese nennt der Franzose Courtisannes und das Theater, besonders die Oper, füllt diesen Orden gewöhnlich aus seinem Mittel. — Wie der Abendstern unter seinen Gebrüdern, so strahlt unter ihren Schwestern Guimard la Celèbre hervor. Seit mehr als dreißig Jahren der Neid aller Schönen in Paris, betritt sie izt mit glücklichem Erfolg die kühne Bahn der Ninon. Schon zwei und funfzig Jahre alt, ist sie noch immer die erste Tänzerinn der Oper, wo sie das Fach der zärtlichen Liebhaberinnen mit unbeschreiblich viel Wahrheit und Natur übernimmt. Auf dem Theater scheint sie durch Hülfe der unmerklichsten Kunst iünger als zwanzig, und ihr feiner proportionirlicher Körperbau

ift nichts weniger als ein Verräther dieser Kunst.
Von so viel Grazie und Anmuth entzükt, und durch
die lebendigste Darstellung der verschönerten Natur
hingerissen, hätt' ich, aller beglaubten Erzählung zu
Troz, für die Jugend und Einfalt der reizenden
Schäferinn schwören mögen. — Auch sind die Kenner in den Logen nicht blind gegen diese Vorzüge
gewesen; Mademoiselle Guimard besizt unermeßliche
Reichthümer. Lange Zeit war sie das Mädchen der
Mode. Das hohe Militär, die angesehensten Ma-
gistratspersonen, sogar die Klerisei bewarben sich
um ihre Gunst. Unter den Kompetenten der lezten
Klasse hat uns die Chronique scandaleuse den Namen
des Herrn von Jarente, Bischofs von Orleans,
aufbehalten. Seine Liebe für die schöne Guimard
gieng so weit, daß er ihr Hotel fast zu seiner Wohnung machte. Er war es, der durch seine ver-
schwenderische Freigebigkeit den Grund zu ihren großen Reichthümern legte. Dieß gab der wizzigen Ar-
noux Gelegenheit zu dem bekannten Bonmot: Je ne
conçois pas, comment ce petit ver à soie est si
maigre, il vit sur une si bonne feuille! * In
den ersten Jahren ihres Glüks machte Mademoiselle

---

* Zum Verständniß dieses Einfalls muß man wissen, daß
  Mdlle. Guimard eher mager, als fett ist, und daß
  der Bischof damals eben die Feuille des bénéfices
  erhalten hatte.

Guimard einen treflichen Gebrauch von den Schä-
zen, die wie Ströme in ihr Haus flossen. Sie leitete
sie in die Hütten der Armuth, die sie selbst aufsuchte,
und wo sie durch ihre Gegenwart und ihren gros-
müthigen Beistand das Elend zu trösten suchte.
Diese edlen Handlungen blieben der Welt nicht unbekannt; Paris feierte sie durch seinen lauten Beifall, und der Dichter M a r m o n t e l durch eine
schöne Epistel.

Indessen konnten weder Reichthum, noch Talente, noch Gönner die Schwester der Grazien für
Neid und Kabale sichern. Unter ihren vielen Neben-
buhlerinnen zeichnete sich Mademoiselle D e r v i e u x
durch die Heftigkeit ihrer Verfolgungen aus. Beide
Partheien übergaben bald die Waffen in die Hände
ihrer Partisane, und nun begann der lächerlichste
Krieg, den ie die kleine Welt Paris erlebt hatte.
Abbe's wafneten sich gegen Abbe's, und Verse gegen
Verse. Man nahm von allen Seiten so viel Theil
an dieser Boutade, daß alles, was über diesen Gegenstand zum Vorschein kam, begierig verschlungen
wurde. Die ausführliche Geschichte dieses Streits,
nebst einer kleinen Sammlung von Aktenstükken können meine Leser in dem verbotenen, verbrannten und
verdammten Espion du Boulevard, Tom. ?,
finden, wohin ich verweisen muß, weil ich mit Recht
besürchten müßte, durch ein näheres Detail meine

Skizzen von allen deutschen Toiletten erkommunizirt zu sehen.

So lange die Guimard glänzt, schimmert iede Schönheit nur schwach; aber sie wird nicht lange mehr glänzen. Neben ihr drängt sich ein Stern am Horizont herauf, der in seinem schönsten Morgen den Abend der Guimard begrüßt, und schon drängen sich die Erdensöhne um die Altäre der neuen Gottheit, indeß die ältere bei den Ruinen der ihrigen einsam trauert. Mademoiselle Saint Huberth ist der Abgott des Publikums auf dem Theater und im Konzert; aber strenger in der Wahl ihrer Verehrer, und oft von dem Dämon der wunderlichsten Kaprize beherrscht, ermüdet sie den grossen Haufen ihrer Anbeter, und erbittert den Kleinen, der seines Uebergewichts sich bewußt, nur zu siegen gewohnt ist. Da der Geschmak dieser vortreflichen Künstlerinn sehr fein, und ihre Fantasie so reich und mannigfaltig ist, so gilt in Modesachen ihr Urtheil, wie das Urtheil des Pabstes. Sie war die Erfinderinn der Hüte à la Marlboroug, von Paris bis Petersburg getragen.

Eine dritte Schönheit, die einst ihr Gebiet so sehr vergrösserte, und ihren Namen so berühmt machte, daß sie der Ehre genoß, in die Jahrbücher des Vergnügens als Stifterian einer neuen Epoke eingetragen zu werden, war die Operntänzerinn

Dervieur. Ihr Kredit, der sich schon zu einer glänzenden Höhe geschwungen hatte, fiel aber auf einmal, als die berüchtigte Geschichte mit dem famösen Juden Peixotto bekannt wurde. Dieser Mann, der bizarreste Wollüstling des Jahrhunderts, dessen Name, zugleich mit dem Prozeß seiner Ehescheiduug, durch ganz Europa flog, liebte Mblle Dervieur, und ward, troz seiner ausnehmenden Häßlichkeit und seines bizarren Geschmaks, wiedergeliebt; denn Peixotto war unermeßlich reich. In den Tete-a-Tetes fielen denn bisweilen äusserst wunderliche Szenen vor, die, vermittelst der Domestiken und Nachbarn, gar bald zur Kenntniß des Publikums gelangten. Unter allen lächerlichen Szenen aber war die Pfauenszene die lächerlichste; sie gefiel so wohl, daß man sie bald in Versen brachte, und durch Kupferstiche verewigte, schadete aber auch zugleich dem Kredit der Kourtisanne so sehr, daß sie seit der Zeit sehr still und eingezogen in ihrem prächtigen Hotel lebt. Die nähern Umstände, sowohl dieser Geschichte, als auch des wirklich sehr interessanten Ehescheidungsprozesses, der damals in ganz Europa Aufsehen machte, findet man in Espion anglais.

Von den berühmten Mädchen der neuesten Periode sage ich nichts, weil die meisten unter ihnen blühen und sinken, wie die Ephemeren, und nur äusserst wenige auf das Prädikat einer klassischen

Schönheit Anspruch machen dürften. Und diesen mag ein späterer Schriftsteller ein Recht wiederfahren lassen, welches um so unpartheiischer seyn wird, ie weniger Einfluß der Gegenstand alsdann auf das Kolorit des Gemäldes haben kann.

Zu der zweiten Klasse der Freudenmädchen rechne ich diejenigen, welche von Mannspersonen unterhalten werden. Ihrer sind etwa zehntausend, und der Pariser nennt sie Etretenues. Dieser Gebrauch, einer der unseligsten Folgen des Luxus, ist so allgemein und so wenig verächtlich, daß ein solches Mädchen sogar in guten Gesellschaften gelitten ist, und ganz und gar kein Geheimniß aus ihrer unrechtmässigen Halbehe macht. Sie nennt ihren Freund gewöhnlich mon amant, und fremde Leute, wenn sie in den Fall kommen, in Beiseyn einer von beiden Personen von der andern zu sprechen, bedienen sich zuweilen sogar der Worte epouse, marri. Die männliche Hälfte dieser unsittlichen und unpolitischen Verbindungen ist durch kein Gesez verpflichtet, nach einer Trennung für das mitleidenswerthe Geschöpf zu sorgen, welches oft das Opfer niedriger Ränke ist. Ein Polizeigesez, welches die höchstschädlichen und abscheulichen Gesellschaften zu förmlichen Halbehen, ungefähr nach Art der englischen Soldatenehen, veredelte, würde sehr heilsam seyn, und wenn die ganze Wirkung desselben auch nur die wäre,

daß die Kontrakte auf Wochen und Monate unter=
blieben, nach welchen die Mädchen sich wie Fiacres
vermiethen.

In die dritte Klasse gehören die Freudenmäd=
chen, welche entweder selbst für ihren Unterhalt sor=
gen, oder bei ehrwürdigen Matronen in Dienst ste=
hen. Diese nennt man in Paris Filles; sie besuchen
schon die Promenaden und Schauspiele, um auf
unser Geschlecht Jagd zu machen; doch sind sie
durchgehends sehr gut, oft prächtig, gekleidet, be=
sizzen gemeiniglich einen ausgebildeten Verstand und
Belesenheit, die sie sich in ihren vielen müssigen
Stunden zu erwerben suchen, und erwarten den An=
trag der Mannspersonen, den sie nie zuerst thun.
An öffentlichen Orten affektiren sie eine Sprödig=
keit, die den Ungeweihten ihrer Geheimnisse oft zu=
rükschrekt, sobald man aber einen bedeutungsvollen
Blik auf sie wirft, geben sie deutlich genug zu ver=
stehen, daß sie nicht unerbittlich sind. Wenn man
sie anredet, antworten sie mit kurzen, einsylbigen
Worten; ihren Arm verleihen sie nicht iedem, so
wie sie auch Anträge auf eine gute Art ausschla=
gen, die ihnen nicht gefallen. Ihre Unterhaltung
ist lebhaft und geistreich, und kettet sich an ieden
Gegenstand, den man auf die Bahn bringt. In
ihren Zimmern ist man so sicher, als irgendwo, und
wenn man sie spät in der Nacht verläßt, so sorgen

ihre Bediente für einen Fiacre. Sie schlagen keine Lustparthie aus, von welcher Art sie auch sei. Man kann mit ihnen auf einen oder mehrere Tage aufs Land fahren, und da sie sich in iede Gesellschaft zu finden wissen, so gewähren sie stets die angenehmste Unterhaltung. Die grosse Anzahl unverheiratheter Männer macht diese Klasse von Mädchen einer grossen luxuriösen Stadt höchst nothwendig; tausend Zweige des Erwerbes, eine unzählige Menge Künste und Handwerke werden durch sie in Thätigkeit gesezt, und so manches Souper, das ohne sie traurig und langweilig seyn würde, wird durch ihre Gegenwart belebt und entzükkend. So lange die blühenden Jahre währen, leben diese Mädchen gemeiniglich auf einen glänzenden Fuß; sobald das Alter sie aber verhindert, Eroberungen zu machen, sind sie der schreklichsten Dürftigkeit Preis gegeben, welcher sie dadurch auszuweichen suchen, daß sie den ehrenvollen Posten einer Vorsteherin irgend eines Tempels der paphischen Göttinn annehmen, oder sich als maquereuse gebrauchen lassen.

Die lezte Klasse von Freudenmädchen bilden die gemeinen Dirnen, welche ohne Erziehung, Talente und Geschmak, nur zur Befriedigung einer augenbliklichen groben Wollust dienen. Sie werden in Paris unter der Benennung Grisettes begriffen, und ihre Anzahl ist die stärkste. Tages über lassen sie

ſich nirgend ſehen, aber ſobald es dunkel wird, durch=
ſtreichen ſie die Gaſſen, und reden iede Mannsperſon
an, die ihnen begegnet. Einige poſtiren ſich an die
Thüre ihres Hauſes, wo ſie, wie Sentinelles, mit
groſſen Schritten auf = und abmarſchiren; andere ſu=
chen durch die Macht der Beredſamkeit zu ſiegen,
und ſchildern mit den brennendſten Farben die geheim=
men Freuden, die ſie gewähren; noch andere lauern
an den Fenſtern, und ziſchen ieder Mannsperſon zu,
daher ein ſolches Geräuſch in manchen Gaſſen ent=
ſteht, daß ein Unwiſſender glauben ſollte, ſie wären
nur von Heimchen bewohnt. Die Rue Saint = Ho=
nore iſt der vornehmſte Tummelplaz dieſer verächt=
lichen Kreaturen. — Oft wagen ſie es auch, die
kleinen Schauſpiele zu beſuchen, wo man ſie mit ih=
ren männlichen Nachbarn in den ſchamloſeſten und
vertraulichſten Stellungen ſieht. Es gereicht der pa=
riſer Polizei eben nicht zur Ehre, daß dieſen Miß=
bräuchen nicht geſteuert wird, die ſo ſehr um ſich
greifen, daß kein ehrliches Frauenzimmer es mehr
wagen darf, die kleinen Schauſpiele zu beſuchen. —
Die elenden Geſchöpfe aus dieſer Klaſſe wohnen alle
in Chambres garnies, und müſſen, weil ihre Ren=
ten ſo unſicher ſind, ieden Abend ihren Miethzins
abtragen; bleibt dieſer einmal aus, ſo werden ſie
augenbliklich aus dem Hauſe geiagt. Alle Monate
ſtellt die Garde eine Unterſuchung unter den Griſettes
an, und dieienigen, welche eine gefährliche Krank=

heit

heit beſizzen, werden nach Bicetre transportirt. Dieſe
Viſitation gab mir einsmals Gelegenheit einem ſonderbaren Auftritt beizuwohnen. Eines Abends, da
ich nach Hauſe gieng, und eben zur Hausthüre hin-
eintrat, warf ſich ein Mädchen, welches hinter derſelben geſtanden hatte, plözlich in meine Arme. Ihre
Kleidung war äuſſerſt verſtört, ihr Haar flog wild
um ihren Nakken; mit Thränen in den Augen und
in der Sprache der Verzweiflung flehte ſie mich um
Rettung und Erbarmen an. Noch gänzlich unbekannt mit den Kunſtgriffen dieſer feilen Buhlerinnen,
fühlt' ich mich ſchon durch die Erzählung ihrer Unglüksfälle gerührt, als der Wirth des Hauſes erſchien, der ſie denn in die Stube nöthigte. Hier
wiederholte ſie ihre künſtlich geſponnene Erdichtung,
wodurch ſich aber Leute nicht täuſchen lieſſen, die ſolcher Auftritte ſchon gewohnt waren. Die Wirthinn
ſchlug ihr das Nachtquartier unter dem Vorwande
ab, daß kein Plaz mehr im Hauſe wäre. Ein ſei-
denes Mäntelchen und ein paar Kleidungsſtükke, die
ſie in der Angſt noch zuſammengerafft hatte, waren
der ganze Reichthum dieſer Unglüklichen, welche
wahrſcheinlich die Nacht unter freiem Himmel zugebracht hat. —

Ehe ich dieſen Artikel verlaſſe, muß ich noch
einen Gegenſtand berühren, deſſen Schlüpfrigkeit
meine Feder nicht zurükhalten darf, da ſie einmal ein
ſittliches Gemälde unternommen hat. Die franzöſiſche

K

Nation, und besonders die Einwohner der Hauptstadt, sind sehr zu unnatürlichen Ausschweifungen
geneigt; ein Vorwurf, den der Nation schon so
manche patriotische Schriftsteller gemacht haben, und
den man durch den Einfluß des Klima, die geringe
Schönheit des Frauenzimmers, die Nähe von Italien, die Folgen einer weichen, weibischen Lebensart, und hauptsächlich durch die Furcht für anstek-
kende Krankheiten, zu beantworten sucht. Und in
der That haben die Pariser noch immer einige Ent-
schuldigungen mehr, als die Berliner.

Ein genaues Detail aller Verirrungen des
menschlichen Geistes von dieser Seite zu zeichnen,
würde eine unschikliche und unnöthige Wiederholung
der Galanterien von Berlin seyn, die mit
gewissen Modifikationen auch Galanterien von Paris
heissen könnten. Ich schränke mich daher nur auf
Einen Gegenstand ein, der vorzüglich in die Karakteristik dieser leztern Stadt zu gehören scheint.

Das weibliche Geschlecht, das hier unendlich
thätiger, unendlich mehr in alle Geschäfte des Lebens
verwikkelt ist, als irgendwo, hat daher auch bald
die schüchterne Schaam verloren, die der schönste
Reiz und oft nur der einzige Bürge für die Tugend
desselben ist. In eben dem Verhältniß, in welchem
die Vertraulichkeit beider Geschlechter gegen einander
stieg, in eben dem Verhältniß nahm auch die

Sehnsucht, das Verlangen nach engern Verbindun=
gen ab. Die Leichtigkeit, sich iede Art von Wollust
oder Vergnügen zu verschaffen, die innerhalb den
Grenzen der Natur blieb, machte diese bald gleich=
gültig und minder gesucht, und die Furcht, durch
den nähern Umgang mit dem männlichen Geschlecht
vergiftet zu werden, verwandelte endlich diese Gleich=
gültigkeit in Abneigung, welche zwar nicht allgemein
wurde und werden konnte, sich aber doch so sehr
ausbreitete, daß man die Weiber dieser Art schon
zu einer besondern Sekte zu rechnen anfieng. So
entstand allmälig iene für die Menschheit so entehren=
de und fürchterliche Zunft *, oder vielmehr, so
lebte sie wieder aus der Vergessenheit auf, in welcher
sie, seit den Zeiten der Griechen und Römer, begra=
ben gelegen hatte. Ihre Anhänger sind so zahlreich
geworden, daß man dem weiblichen Geschlecht den
Vorzug in Theorie und Praxis aller ersinnlichen
Ausschweifungen vor dem männlichen Geschlecht zu
sichern muß. Man urtheile nur aus diesem Umstande
auf den Geist des Ganzen!

Die Vestalen haben vorzüglich zwei Ver=
sammlungsörter in Paris. Aber der vornehmste Tem=
pel der Vesta ist in dem Hause der Madame de F.
Die Existenz desselben ist ein so merkwürdiges mo=

---

* Die Zunft der Tribaden, oder wie sie sich selbst
nennen, der Vestalen.

K 2

ralifches Phänomen, als nur immer Williams deis
ſtiſcher Tempel und ein ſo ſtarker Zug in der Karakteriſtik unſers Jahrhunderts, daß die richtige Darſtellung aller Grundſäzze und Gebräuche dieſer ausgearteten Menſchengattung ein ſchäzbares Ver-
mächtniß für die Philoſophen der Nachwelt ſeyn
würde. Die Idee dieſer Ausſchweiſungen gränzt an
das non plus ultra der menſchlichen Erfindungs-
kraft; ſie iſt ein Baſtard der feinſten Theorie der
ſinnlichen Empfindungen und der wildeſten, aus-
garteſten Fantaſie.

Die Verbündeten werden in Poſtulantes oder
Noviʒen, und in Femmes oder Geweihte eingetheilt.
Alle von dem Geſez der Veſta ausgeſchloſſene Frauen-
ʒimmer werden Profanes, und diejenigen, die ſich
ʒur Aufnahme gemeldet haben, Deſirantes genannt.
Leʒtere ſind natürlich der Aufnahme nur dann fähig,
wenn ſie gewiſſe Eigenſchaften beſiʒzen, die meine
der Naturgeſchichte kundige Leſer ſehr leicht errathen
werden. In dem Fall, daß das profane Subiekt
tauglich iſt, wird es folgender Geſtalt eingeweiht.
Die Deſirante wird in den Verſammlungsſaal geführt, unterdeß ʒwei Geweihte Wache halten: dieſer
Saal iſt ſehr ſchön, und hat eine völlig runde Form.
In der Mitte deſſelben ſtehen vier Altäre, auf welchen ſtets das veſtaliſche Feuer unterhalten wird.
Den vornehmſten Altar ʒiert die Büſte der S a p p h o ,

als der Schuzheiligen des Tempels; neben ihr
prangt der Ritter d'Eon, deſſen Büſte ein Meiſterſtük der Bildnerei ſeyn ſoll, und von dem berühmten Houdon gefertigt iſt. Rund umher an der
Wand ſtehen die Büſten der Griechinnen, deren
Sappho in ihren Liedern erwähnt hat. Die Prie-
ſterianen ſizzen auf kleinen Ruhebetten; auf iedem
derſelben eine Geweihte und eine Novize. Die erſtern
tragen eine feuerfarbne Levite und einen blauen Gürtel; die leztern eine weiſſe Levite und einen roſen-
farbnen Gürtel.

Zuerſt wird in Beiſeyn der Deſirante, über ihre
Zulaſſung zu den Prüfungen, geſtimmt. Alsdann
wird ſie in einen Zuſtand verſezt, der den prüfenden
Blikken der geweihten Kennerinnen keine Hinderniſſe
macht; eine der älteſten Prieſterinnen lieſt die Uiberſezzung eines lateiniſchen Gedichts des Johanns von
Nevizan vor *, welches das Formular iſt, nach welchem die Unterſuchungen angeſtellt werden. Dies
Gedicht fordert dreiſſig Schönheiten von einem vollkommenen Mädchen; wenn die Deſirante ſechszehn
derſelben beſizt, iſt ſie der Aufnahme fähig. Sie
wird alsdann mit gewiſſen unbekannten Feierlichkeiten zur Novize geweiht, und legt einen Eid ab, dem
vertrauten Umgange mit dem männlichen Geſchlecht

*Triginta hæc habeat quæ vult formoſa videri
Fœmina! Sic Helenam fama fuiſſe refert &c·

gänzlich zu entsagen, und sich dem Genuß reinerer
und gefahrloser Freuden zu widmen. Den Beschluß
der Weihe macht ein Mahl, welches durch Allegorien
und Gesang unterrichtend für die Novize wird.

Die Proben für die Postulantes, welche in die
höhere Klassen aufgenommen werden sollen, sind sehr
schwer. Man verschließt sie in ein Kabinet, das
durch die lebendigsten Vorstellungen den Gedanken
an die Liebe des männlichen Geschlechts rege machen
kann, und in dessen Mitte die Statue einer gewissen
römischen Gottheit in all ihrer Energie aufgestellt ist.
Am Fuß dieser Statue ist ein Kohlfeuer, welches, sobald man vergäße, es durch gewisse Materialien zu
unterhalten, oder sobald man zuviel von denselben
hineinthäte, verlöschen würde. Die Novize ist daher genöthigt, in jedem Augenblick etwas von diesen
Materialien hineinzuwerfen, und wenn sie sich durch
das Spiel ihrer Fantasie verleiten ließe, dies nur
einige Minuten zu unterlassen, so würde das Feuer
verlöschen, und ein Beweis ihrer Zerstreuung und
Schwäche werden. Diese Prüfungen dauern drei
Tage. Bei der Stuffenweihe der Novizen halten die
Priesterinnen Reden; eine gewisse berühmte Schauspielerinn, die Deutschland auch in seinen Gränzen
gesehen hat, ist als eine vortrefliche Rednerinn bekannt geworden, und ihre Reden sind gedrukt.

Dieser seltsame Bund hat die Ehre, Damen aus
den höchsten Ständen unter seine Priesterinnen zu

zählen; doch, was die Klätscherinn Fama von —
und — sagt, darf die bescheidene Feder des
Schriftstellers nicht nacherzählen.

Mademoiselle A — r hält alle Donnerstage einen
Klub, dessen Zwek mit dem des vestalischen Tempels
übereinkommt, und sich nur durch gewisse Abwei=
chungen in den Zeremonien unterscheidet. Ce Sénat
auguste, sagt ein famöser Schriftsteller, est composé des T. les plus renommées & c'est dans
ces assemblées que se passent des horreurs que
l'écrivain le moins délicat ne peut citer sans
rougir. — Und also auch kein Wort weiter von
der ausgearteten Menschheit!

* * *

Ich beschliesse diese Rubrik mit einer kurzen
Nachricht von dem izigen Zustande der französi=
schen Bühne, so wie mich eigene Erfahrungen und
fremder Unterricht belehrten.

Das französische Theater (Théatre
français) hat den Rang vor allen übrigen Bühnen,
und wird als das erste Theater der ganzen Nation an=
gesehen. Hier soll sich der Geschmak und die Kunst
mit dem Genius der Nation vermälen, hier sollen die
Meisterstükke der dramatischen Dichtkunst durch die
vollkommenste Darstellung den Hof und die Stadt
ergözzen und unterrichten, einer Welt von Fremden

der Barometer der Kunst und des Geschmaks, und der Provinz das edelste Muster der Nachahmung seyn.

Vor Korneille und Moliere hatte Frankreich gar kein Theater. Die Bühne war der Sammelplaz elender Marktschreier, die unter dem Namen der Brüderschaft des Leidens geistliche Gegenstände dramatisirten und vorstellten, aber bald von andern Schauspielern verdrängt wurden, die das Publikum mit lustigern Dingen unterhielten, und sich les Enfans sans souci, und ihre Vorstellungen Moralités nannten. Diese Theater waren oft das Organ der Politik, aber Geschmak und Kunst waren nirgend weniger zu Hause. Nun standen jene beiden Männer auf, und schufen das Théatre français. Die Kunst gieng mit Riesenschritten der Vollkommenheit entgegen; Dichter und Schauspieler wetteiferten, sie der Vollendung näher zu bringen, und es gelang ihnen so gut, daß alle Nationen die französische Bühne für die Schule und den Richterstuhl der dramatischen Kunst und des ächten Geschmaks erklärten. Das goldne Zeitalter Ludwigs des Vierzehnten, die glükliche Zusammenkunst so vieler grossen Genies, die Prachtliebe und Verschwendung des Königs, der Hang der Nation zu Vergnügungen, alles vereinigte sich, einer Kunst Nahrung zu geben, die nur im Schoosse des Luxus erzeugt wird, und nur durch ihn zur Reife gedeiht.

Der rasche Gang, mit welchem die französische Bühne ihrem Ziel entgegen eilte, ließ keinen Wunsch mehr übrig. Sie war die erste, welche den verheißnen Lorbeer ärndtete. Ihre Söhne und Schüler weideten sich an den erwärmenden Stralen, die der Glanz ihrer Vorgänger auf sie warf, und vergaßen darüber, daß die Kunst nothwendig s t e i g e n muß, wenn sie nicht s i n k e n soll. Das betäubende Händegeklatsch der entzükkenden Pariser und die Stimme des Vorurtheils im Auslande wiegte die Söhne der Kunst allmälig in jene behägliche Sorglosigkeit, die den Fortschritt der Bühne hemmte, unterdeß die barbarischen Nachbarn des Königreichs mit langsamen, aber desto sichererm Schritt einen Hügel nach dem andern erklommen, und schon die Morgenröthe des guten Geschmaks aufgehen sahen. Der Ruf dieser Revolution drang endlich auch bis ans Ufer der Seine; die Kunstjünger erwachten aus ihrem Schlummer, aber zu spät! Rund um sich her sahen sie den Italiener, den Britten, den Deutschen im Glanz der Morgensonne stehen; sie rieben wohl fleißig die Augen, und fragten sich untereinander, ob das Wahrheit oder Täuschung sei, was sie sähen? Einige Männer, mit grossen Brillen auf der Nase, sahen auch hin, und überredeten nun die Nation, es sei ein Gesicht, das wohl von dem Widerschein der Sonne, die sie umglänzte, herrühren könne. Die Nation jauchzte diesem Einfall zu, und seitdem ist es Glaubensartikel in den

französischen Dramaturgien, daß die Ausländer eigentlich nur wie Irrwische in Sümpfen leuchten,
deren Schein verschwindet, so bald der gallische Apoll
mit seinen Sonnenrossen am Horizont erscheint.

Wir sind der Geschichte des französischen Theaters, von seiner Entstehung bis auf den gegenwärtigen Augenblik, gefolgt; izt wollen wir den Umriß
seiner izigen Gestalt zu zeichnen versuchen. Ein
Rükblik auf die goldne Epoke der Kunst wird uns
den Weg dazu bahnen.

Die dramatische Dichtkunst der Franzosen, selbst
in ihrem glänzendsten Period, hält keine Vergleichung
mit den größten Meisterstükken der Engländer und
Deutschen aus. Dies ist eine Wahrheit, die
manchem meiner Leser kühn, oder neu, oder unerwiesen scheinen wird. Sie ist keins von alle dem; wo
die Vergleichung so leicht, und die Gründe für so
überwiegend sind, da heischt es wenig Kühnheit oder
Hang zum Paradox, um einen solchen Saz zu behaupten; neu ist dieser so wenig, daß schon viele
Männer von Einsicht und Kenntniß das nämliche behauptet haben; und unerwiesen mag er meinen Leser
so lange scheinen, bis sie die Gründe, die ich zur
Unterstüzzung desselben beibringe, werde gelesen
haben.

Um alles, was ich zur Beantwortung der drei
gerügten Einwürfe anführen könnte, in Eins zusam-

menzufaſſen, und mir zugleich die Bahn für meine
ferneren Bemerkungen zu bereiten, ſezze ich folgende
Stelle aus dem Aufſaz eines würdigen Gelehrten
her, dem Niemand, der ihn kennt, die reiſſe Kenntniß von unſerer Literatur und von der franzöſiſchen
Bühne abſprechen wird *. Dieſe Stelle ſagt alles,
was ich nur hätte ſagen mögen, und wo ich von der
Meinung des Verfaſſers abgehe, da werde ich in der
Folge Gelegenheit haben, die Meinigen beizubringen.

„Was ſind denn iene bonnes pieces.françai-
„ſes, wovon ſo viel Aufſehens gemacht wird? Laſſet
„ſie uns doch ein bischen näher beleuchten! Die glän-
„zendſte Periode des franzöſiſchen Theaters war doch
„wohl das Zeitalter Ludwigs des Vierzehnten und
„Fünfzehnten; denn von dem gegenwärtigen kann
„gar nicht die Rede ſeyn, weil die wenigen beſſern
„franzöſiſchen dramatiſchen Schriftſteller der gegen-

* Dieſer Aufſaz ſteht im fünften Heft des Pfalzbairi-
ſchen Muſeums von 1786, und rührt, auſſer allem
Zweifel, vom Freiherrn von Knigge her. Er führt
die Aufſchrift: Impertinenz eines franzöſiſchen
Schriftſtellers, und widerlegt das ſeichte Gewäſche
des Franzoſen über unſer Theater ſo kräftig und
warm, daß ich der Verſuchung nicht widerſtehen
konnte, ihn zum Theil hier einzurükken. — Die
Impertinenzen ſind hauptſächlich folgende: Il n'a
peutêtre manqué à Mr. Leſſing & à Mr.

„wärtigen Zeit nicht nur ſich nach ausländiſchen Mu=
„ſtern zu bilden anfangen, ſondern auch auf alle Art
„die Ueberſezzungen fremder Schauſpiele begünſtigen.

„ — — Die ſchönſten Trauerſpiele von Voltaire,
„Corneille und Racine haben alle einerlei Schnitt.
„Im erſten Auftritte plagt meiſtentheils der Konfi=
„dent den Helden ſo lange, bis er ihm den Plan des
„ganzen Stüks erzählt hat. Die ſchöne Verſifikation
„und einige hübſche Sentenzen ausgenommen, die,
„wie Purpurlappen, aller Orten angeheftet ſind, wo
„ſie auch nicht paſſen, und oft gar nichts ſagen, iſt
„das Ganze wahrlich nicht von ſo groſſem Gewicht.
„Keine Wahrheit in Zeichnung der Karaktere, kein
„warmes Kolorit, keine raſche Handlung, kein In=
„tereſſe, das uns mit ſich fortreiſſen könnte, alles
„langweilig, ſchläfrig, Menſchen von konventionel=
„ler Schepfung, nicht wie ſie in der Natur ſind,

Weiſſe, pour égaler ce que nous avons de
plus grand dans le genre dramatique, que
d'être nés à Paris. — Nul encouragement de la part des princes, aucune re-
compenſe, aucune diſtinction à eſpèrer,
peu de bon acteurs, un parterre, inca-
pable de ſentir le merite d'une bonne
pièce & conſequemment d'éclairer le
poète, &c.

„sondern wie der Wohlstand befiehlt, daß man sagen
„solle, daß sie seien. — Moliere und Marivaux sind
„todt; Frankreich hatte keine Komiker mehr! Und ist
„nicht selbst in den vortreflichen Stükken dieser Män=
„ner sehr vieles übertrieben, Wahrscheinlichkeit aus
„den Augen gesezt? — Im ernsthaften Drama sind
„uns die Franzosen gewis nicht vorgekommen, und
„höchstens die wenigen Stükke von Baumarchais,
„Diderot und Falbaire ausgenommen (in Merciers
„Dramen herrscht zu viel Deklamation und zu wenig
„Handlung) haben sie nichts aufzuweisen, das unsern
„Werken in der Art gleich käme…„ —

Welcher Franzose, der unsere Literatur kennte,
und unpartheiisch genug wäre, hätte wohl das Herz,
gegen diese Vorwürfe aufzutretten, und sie zu wider=
legen? Ist es nicht wahr, daß ihre schönsten Trauer=
spiele ein monotonisches Gewinsel sind, welchem kein
Deutscher, der an raschen Gang der Handlung, an
lebendiges fortreissendes Interesse, an starke rührende
Züge, an unerwartete grosse Katastrophen gewöhnt
ist, mit wahrem Vergnügen zuhören kann? Ist es
nicht wahr, daß die Franzosen, sie, die so strenge
über W a h r s c h e i n l i c h k e i t halten, die W a h r =
h e i t so oft aus den Augen sezzen? daß sie, die so
äusserst empfindlich gegen die Vernachlässigung der
E i n h e i t e n sind, oft der N a t u r so sehr vergessen?
Sind die Helden ihrer Tragödie wohl etwas anders,

als Hirngeschöpfe der Dichter, eingezwängt in die
Schnürbrust des Wohlstands, und ausgerüstet mit
hohen Sentenzen? Ist wol etwas unnatürlicher, als
das Versegeleier, das man dadurch erträglich zu
machen sucht, daß man die Szene hundert Meilen
weit an den Ganges, oder Säkeln hinauf in Zeiten
versezt, die der gewöhnliche Mann entweder gar
nicht kennt, oder wovon er sich die seltsamsten Vorstellungen macht? Ist es wohl zwekmässig, den
grossen Haufen der Bürger in das Schauspiel zu führen, um ihn über Regentenpflichten und Herrscher-
tugenden zu unterrichten, um ihn mit einer Handlung zu unterhalten, an welcher er gar keinen Theil
nehmen kann, weil die Personen, die er handeln
sieht, weder Stand, noch Vaterland, noch Sitten
mit ihm gemein haben? Ist wohl etwas unerträgli-
cher, als das Einerlei, das in allen französischen
Trauerspielen herrscht, die sorgfältige Vermeidung
iedes komischen Zuges, der nimmer fortschreitende
Gang, der pathetische und feierliche Dialog, die
rednerischen Monologe?

Was sind ihre Lustspiele — wenige grosse Meisterstükke ausgenommen — anders als einseitige Behandlung Eines Karakters, wo alle übrige Personen
um eines Einzigen willen da sind, und wo das
Publikum für Langeweile vergehen möchte, sobald
dieser Eine vom Schauplaz tritt? Wo wird das

unnatürliche Versgeplauder unnatürlicher, als in der
Komedie? Wie viele Lustspiele giebt es, wo das
Interesse der Handlung allein im Stande wäre, den
Zuschauer zu fesseln, wenn man einzelne komische
Züge abrechnete? ——

Ich würde kein Ende finden, wenn ich meine
Vorwürfe verfolgen wollte; das Angeführte ist indessen hinlänglich, die aufgeworfene Frage zu entscheiden. Nur einem sehr scheinbaren Einwurf will
ich noch begegnen, der sogar von Männern gemacht
wird, denen eine Stimme im Tribunal zukömmt,
und den alle Franzosen sogleich bei der Hand haben,
sobald man ihnen die mannigfaltigen Schwäche ihres Theaters vor Augen rükt. Es heißt nämlich:
wenn die Bühne das Gepränge aller Sitten, Gebräuche, Eigenheiten, Nationalgebrechen und Tugenden eines Volks tragen soll, so muß sie natürlich
sehr viel eigenes haben, das anderen Nationen, die
sich wesentlich in Karakter und Verfassung unterscheiden, auffallen, und sogar mißfallen kann;
dies müßte man aber alsdann dem Theater nicht
zur Last legen, das nur für diese und nicht für andere Nationen da sei. —— Dieser Einwurf schützt bei
weitem nicht gegen alles, was man wider das französische Theater anführen kann, und selbst da, wo
er eine Schuzwehr seyn soll, ist er es nicht. Denn
was kann die Kritik dazu, daß der Franzose ein

eignes Medium hat, wodurch er die Gegenstände betrachtet, daß er Natur auf der Szene nicht leiden mag, daß er lieber die Gedanken des Dichters in Versen verwässert, als in starke erschütternde Prose zusammengedrängt, hört; daß er den Menschen nicht so, wie er ist, sondern wie er gefällt, auf dem Theater sehen mag? — Die Nation mag immer ihre Meisterstükke haben, die nur ihr gefallen können; das ficht der Kritiker nicht an; aber obiektive Meisterstükke sind das nicht, und von denen ist die Rede, und dafür dringt der Franzose seine dramatische Werke den andern Nationen auf.

Überdem liegen iene Züge nicht im Karakter der Franzosen; sie sind blos nur ein unseliges Gemengsel von Regeln und Theorien auf das Theater verwiesen, wo sie seither noch immer Stand gehalten haben, ohne sich durch die Bemühungen neuerer und älterer Schriftsteller vertilgen zu lassen.

„Schön ist's, wenn die französische Delikatesse „durch Pariser Bluthochzeiten, durch Dragonaden, „durch türennische Länderverwüstungen durch Kö-„nigsmorde, durch unschuldige Hinrichtung des ar-„men Kalas beleidigt wird; sie dulde es nicht, daß „Hospitäler Mörderhölen werden; daß auf den Ga-„leeren mancher Unschuldige Todesmartern leide; „aber sie wolle nicht die seufzende Unschuld und das „Unter=

„unterdrükkende Laster, die Wut der Leidenschaften
„und die Verirrungen des menschlichen Herzens auf
„ihren Bühnen, da wo der Ort ist, starke Bilder
„von der Art aufzustellen, um den schlummernden
„Bösewicht aus seinem Gewissensschlafe zu wekken;
„sie wolle nicht dies alles nur hinter dem Schleier,
„verschönert, gemildert sehen, und selbst im Trauer-
„spiele nur amüsirt seyn. Sie dulde es nicht, daß
„eine glükliche, friedliche, treue Ehe in Paris zum
„Gespötte diene, daß sogar Weiber nicht mehr Lieb-
„haber, sondern Mätressen halten; aber sie möge
„Marwoods und Milwuths auf der Bühne sehen;
„sie fühle die Wunden, die der Nation P. und B.
„versezt haben, und erstarre vor dem durch ihre
„würdigsten Männer geschilderten Verderbniß der
„Sitten; aber sie fahre nicht zusammen über ieden
„kühnen unschiklichen Ausdruk, und verlange nicht,
„daß auf dem Theater der Bootsknecht reden soll,
„wie der Markis.„ —

Diese Nebeneinanderstellung beweist hinlänglich,
daß die Mängel des Theaters nicht Mängel im Karakter der Nation sind, und daß das französische
Theater sehr reich an auszeichnenden Karakteren, an
starken und schreklichen Situationen seyn könnte,
ohne dem Zuschauer etwas anders zu zeigen, als was
er täglich im Leben vorgehen sieht. Der alltägliche
Einwurf, als seien die Franzosen gewohnt, alles

durch ein mildernbes, sanfter kolorirendes Medium
zu sehen, fällt nun durch einen ganz natürlichen
Schluß weg; denn wie kann das auf dem Theater
schokiren, woran unser Auge schon durch lebenswie-
rige Erfahrung gewöhnt, und womit es so vertraut
geworden ist. Dieser Schluß ist so wahr, daß ihn
die tägliche Erfahrung bestätigt. Das delikate pariser Publikum hat einen ausserordentlichen Hang zu
grossen, schreklichen Schauspielen; die Dramaturgen
und Psychologen mögen sich heiser schreien, daß die
Nation ihren Karakter auf dem Theater nur in
mattgeschliffenem Spiegel sehen mag; die Nation
beweist das Gegentheil. Sie liebt starke, kräftige
Züge, und findet immer mehr Geschmak daran, seitdem sie die englische und deutsche Bühne etwas näher kennt, und die Natur in ihrem unverhüllten Reiz
gesehen hat. Folgende Anekdote, die ich aus einer
sehr bewährten Quelle entlehne, mag für die Wahrheit des Gesagten sprechen.

Als Garrik in Paris war, gerieth er mit einem der ersten französischen Schauspieler in einen
lebhaften Streit über eben den Gegenstand, den wir
izt untersuchen. Garrik pries seine Nation glüklich,
daß sie nicht zurükbebte vor der Darstellung der
nakten Wahrheit auf dem Theater, und spottete der
französischen Bühne; die die Natur nicht anders als
drappirt leiden mag. Der Franzose, der seine Na-

tion sehr schlecht kannte, behauptete im Gegentheil,
dies sei ein Vorzug der französischen Bühne. Beide
Partheien blieben, wie es gewöhnlich geschieht, bei
ihrer Meinung. — Kurz nach Garriks Rükkunft in
England ward auf dem londner Theater das bekannte
fürchterliche Stük Beverlei gegeben, und beinah zu
gleicher Zeit erschien dies nämliche Trauerspiel, in
Saurins Uibersezzung, auf dem französischen Theater in Paris. Garrik schrieb an seinen ehemaligen
Gegner:

> Le croiriez-vous, mon cher M. on a donné
> Beverley, & contre mon attente la pièce
> n'a pas réussi.

Der französische Schauspieler gab zur Antwort:

> Le croiriez-vous, mon cher Garrick, on a
> donné Beverley, & contre mon attente la
> pièce a été bien reçu.

Garrik schrieb flugs nach Paris:

> Je crois, que nous devenons Français, &
> que vous devenez Anglais; je ne sais, ce
> que chacune des nations peut y gagner,
> mais je sais bien ce qu'elles peuvent
> perdre.

Diesen Schwung der Nation suchen izt alle patriotische Schriftsteller zu befördern. Uiberzeugt, daß

der ſittliche Endzwek der Bühne nur durch nakte,
kräftige, rührende, erſchütternde Darſtellung der
Wahrheit erreicht werden kann, arbeiten ſie mit
gemeinſchaftlichen Kräften, das Vorurtheil zu ver=
bannen, welches der Natur bisher den Eintritt in
den Tempel Thaliens verſagte, wenn ſie nicht à la
françaiſe ajuſtirt war. Merciers Don Karlos,
Dubuiſſons Thamas=Koulikan und Agnes Ber=
nauerin, Beaumarchais Figaro, Ramonds
Guerre d'Alſace, u. a. m. haben die Bahn gebro=
chen, auf welcher nun ſchon mehrere Schriftſteller
mit glüklichem Erfolge fortſchreiten. Die neueſte vor=
trefliche Uiberſezzung des Shakespeare, und Frie=
dels Théater allemand mögen auch das Ihrige zu
dieſer Revolution beigetragen haben; wiewohl das
leztere Werk von einer andern Seite ſo viel Tadelns=
werthes hat, daß dies kleine Verdienſt verſchwindet.
— Die Franzoſen ſehen alſo einer neuen, groſſen und
unerhörten Revolution ihres Theaters entgegen, die
gewiß früher oder ſpäter eintreffen wird.

Aber wieviel läßt ſich von der folgenden Schrift=
ſtellergeneration hoffen? Warlich, wenn wir den
Gang der dramatiſchen Dichtkunſt ſeit Ludwig dem
Vierzehnten berechnen, ſo müſſen wir aus der Analo=
gie auf eine trübe Zukunft ſchlieſſen. Der izige Zu=
ſtand der Bühne gleicht einer Ohnmacht, aus wel=
cher ſie nur dann und wann erwacht, um zu zeigen,

daß sie noch lebe. Ihr Jugendfeuer ist erloschen, ihre Manneskraft dahin; sie vermag kein Werk mehr zu erzeugen, das den Stempel der Unsterblichkeit trüge; sie adoptirt daher die Produkte des Auslands. — Das ists, was schon im Jahr 1768 ein grosser Kenner * von der französischen Bühne sagte: „In „ieder Kunst giebts eine höchste Stuffe, dann wan= „dert sie wieder bergab. Das Lustspiel artet nun „zurük; keine neue Arbeit ist mit dem Menschen= „feinde, dem Geizigen und dem Tartüff zu verglei= „chen. Man hat zuweilen diese Meinung die „Schuzrede der Ohnmacht genannt; die Sitten, sagt „man, ändern sich täglich, und bieten also neuen „Stoff zur Schilderung dar; aber, wenn auch Ton „und Lebensart, und Wiz und Mode ewig wechseln, „so erhält sich dennoch die Natur, welche immer „die nämliche war; ihre grossen Züge sind verbraucht. „In Frankreich trit man iezt nur auf Nuanzen, auf „Eigenheiten kleiner Zirkel, auf einzelne seltne Va= „rietäten. Der Wohlstand richtet alle Geister und „Herzen nach Einem Leierstük hen ab. Ihre Mei= „ster haben in der Fülle gepflükt; sie lesen iezt nur „dürftig nach, und sammeln taube Früchte.„

So steht es also um die d r a m a t i s c h e K u n s t, und das wären die Aussichten, die sie zu hoffen

---

* Sturz, in seinem eilften Briefe, im ersten Th. sei= ner Schriften.

hätte! Iʒt wollen wir den Zuſtand der Schau-
ſpielkunſt zergliedern.

Wenn die Kunſt des Schauſpielers treue, ge-
fühlte, lebendige Darſtellung der Natur ſeyn ſoll, ſo
iſt ſie, meinem Urtheil nach, nirgend weniger als in
Paris zu Hauſe. Es iſt wahr, dies dreiſte Urtheil
widerſpricht der Stimme eines ganzen Volks, und ich
beſizze nicht ſo viel Selbſtliebe, es demungeachtet für
untrüglich zu halten; aber ich habe auch nicht ſo viel
Verläugnung, das ſorgfältige Reſultat meiner Empfindungen und Beobachtungen für falſch zu erklären. Hier gilt keine Autorität, und wenn es die Autorität einer ganzen Nation wäre.

Wenn es wahr iſt, daß die ewige Natur dieſelbe
bleibt, und daß ihre Sprache von einem Pol zum
andern einerlei iſt, und nur durch Klima und Nationalkarakter nüanzirt wird, ſo muß ſie Jedem
allenthalben gleich verſtändlich bleiben, dem Lapländ-
der in Paris, und dem Pariſer im Lapland; weil
die Natur in Paris und in Lapland dieſelbe bleibt.
Warum verſtanden die Spanier die Minenſprache der
Amerikaner? und wie kam es, daß die Otaheiter
keinen Dollmetſcher brauchten, um die Engländer zu
verſtehen? Der Kontraſt kann doch ſchwerlich weiter
getrieben werden, als er es zwiſchen dieſen Nationen
war. Wenn man das Eigne, Abentheuerliche der
franzöſiſchen Bühne, welches man den franzöſiſchen
Theateranſtand nennt, für eine bloſſe Modifikation

in der Sprache der Natur halten wollte, wie sehr müßte alsdann die Mimik der Otaheiter von der unsrigen abstehen, da die französische, durch so geringe Verschiedenheiten in Nationalkarakter und Klima, schon so stark von der unsrigen abweicht?

Wenn es eine Sprache der Natur giebt, die allenthalben gleich verständlich ist, so muß es auch Grundbestimmungen und Geseze für dieselbe geben. Und wenn es Nüanzen (nicht Modifikationen) in derselben giebt, so müssen diese durch Nationalkarakter und Klima bestimmt werden.

Diese Säzze, die hoffentlich Niemand leugnen wird, sind es, auf welche ich die Gründe für meine Behauptung stüzze.

Das Théatre français scheint einen eignen Ko= dex für die Schauspielkunst zu haben, der sich aber nicht durchaus auf die Geseze der allgemeinverständ= lichen Natursprache gründet. Er weicht zuweilen so sehr von diesen ab, daß ich manchmal, wenn ich zu weit von den Schauspielern entfernt war, und diese leise sprachen, in der Mimik eines Akteurs ganz eine an= dere Handlung oder Leidenschaft las, als mein Nach= bar, der Pariser. Bei den meisten Schauspielern trug sich dies fast beständig zu, so oft ich die nämliche Beobachtung machte; je grösser der Schauspieler aber war, desto seltner wurde der Fall, und bei Herrn Mole oder Mademoiselle Saint=Val hat er sich

nicht ein einziges Mal zugetragen. Die grossen
Künstler haben also eine durchaus allgemein ver-
ständliche, deutliche, lebendige Mimik? —
und das pariser Publikum erkennt sich doch auch für
grosse Künstler? — Ich schliesse hieraus, daß iene
Nationalnüanzen u n ä ch t, und nur eine elende Bei-
hülfe schwacher Künstler sind.

Dies zu schliessen habe ich aber noch einen andern Grund. Die Nüanzen, die ein Volk seiner
Geberdensprache zusezt, müßten doch aus dem Nationalkarakter desselben, aus seiner Regierungsver-
fassung, aus seinen Sitten, aus seinen Gebräuchen
hergenommen seyn; dies ist aber ganz und gar nicht
der Fall bei den Franzosen. Wo existirt denn wohl
der französische Theateranstand, das Armenspiel, der
Tänzerschritt, der beklamatorische Sentenzenton, das
unnatürliche und abscheuliche Steigen und Fallen der
Stimme im Affekt, das mir iedesmal Ekel erregt
hat — wo existirt denn das alles in der Gesellschaft,
unter den Menschen in Frankreich? Ein Theater-
held im Zorn ist ganz ein anders Geschöpf, als ein
Zorniger im gemeinen Leben; ein König im Trauerspiel geberdet sich so albern, als wohl nimmer ein
König von Frankreich gethan hat; ein Verliebter
stellt sich ganz anders, als er thun würde, wenn er
es wirklich wäre, u. s. w. Jemehr ein Schauspieler
von den Eigenheiten der französischen Bühne hat, des-

weiter entfernt er sich von der Natur und von der
Wahrheit des Spiels; und um so geringer ist sein
Werth als Künstler. Das gestehen selbst alle ver=
nünftige Franzosen ein.

Wie falsch und übereilt ist also Sturzens Ur=
theil in diesem Fall, so treffend und schön sonst seine
meisten Bemerkungen sind. — „Alle Fremde, sagt er,
„spotten gern über den französischen Theateranstand.
„Man findet darinn eine taktrichtige, widernatürliche
„Zierlichkeit, eine hochtrabende Menuettenmanier,
„die auf den Tanzboden gehört. Allerdings übertrei=
„ben sie, für den nördlichen Geschmak,

  — nicht nur für den nördlichen, sondern für
den Geschmak iedes unverwöhnten Volks, das
Gefühl für treue Darstellung der Natur hat.
Selbst Franzosen, wenn sie aus der Provinz
kommen, und sich nicht durch Vorurtheil
blenden lassen, finden das übertrieben, und
müssens so finden, denn sie sehen Men=
schen auf dem Theater, wie man sie nir=
gend in Frankreich, nirgend in der Wirklich=
keit, findet. —

„in Stellung, Gang und Deklamation; aber man
„überlegt nicht, daß sie nicht für uns, sondern für
„ihre Landsleute spielen. Jedes Volk ist gewohnt,
„durch ein eignes Medium zu sehen; man täuscht
„und rührt uns nur, wenn man die Vorstellung in

„unfere Sehwinkel stellt, und unfern Sitten
„näher bringt.

    — Wo geschieht das auf der französischen
Bühne? —

„Vollkommene Wahrheit alter oder ausländischer
„Sitten wird weder von dem Dichter, noch von dem
„Schauspieler erreicht;

    — von lezterm immer mehr, ie mehr des
    Künstlers Geberdensprache und Deklamation
    natürlich, das heißt, allgemeinverständlich —
    und immer weniger, ie minder sie dies ist —

„sie ist auch zu fremd für unsere Empfindung. Eine
„karthagische Prinzessinn, wie sie vielleicht damals
„halbnakkend durch die Felder strich, würde in unsern
„Zeiten nirgend gefallen, und Shakespear kannte sein
„Publikum, als er Römer und Dänen zu Englän-
„dern machte. Auch Clairon ist Französinn; aber
„sie mässigt, durch ihren Geschmak, was sich zu sehr
„von der allgemeinen Natur entfernt;

    — hier spricht der Verfasser wider sich selbst;
    entweder die Clairon könnte für Franzo-
    sen keine grosse Schauspielerinn
    seyn, oder — es steht mißlich um das Me-
    dium aus, das sich der Verfasser mit allzu-
    viel Bereitwilligkeit schuf. —

„ſie verachtet die pariſer Theatergrimaſſen, das tra-
„giſche Schluchzen, das Wiegen der Arme und den
„Heldinnentritt. „ —

Ausgemacht und bewieſen iſt es alſo, daß die
franzöſiſche Bühne um vieles von der Einfalt der Natur abweicht, daß ſie übertreibt, daß ſie ſich eigene
Regeln für ihre Unnatur feſtgeſezt hat; das vermag
kein Franzoſe zu leugnen, und das thut er auch
nicht. Aber er verſucht zu vertheidigen, was er nicht
leugnen kann. Die Gründe, mit welchen er es
thut, ſind eben ſo ſeicht, als das ganze Gebäude.
Das Theater, ſagt der franzöſiſche Schauſpieler, iſt
ein Spiegel des menſchlichen Lebens; aber er iſt nicht
treu, er verſchönert die Gegenſtände, veredelt das
Niedrige, verſtärkt das Schwache, und miſcht die
Farben ſo, daß immer ein gefallendes Kolorit entſteht. Der Dichter liefert ſein Werk in die Hände
des Schauſpielers. Dieſer muß vollenden, was iener angefangen hat; wenn er den gewöhnlichen
Menſchen auf die Bühne bringen wollte, ſo würde er
die Arbeit des Dichters verhunzen; er muß in der
Darſtellung des Karakters eben ſo ſehr veredeln, ver-
ſchönern, verſtärken, koloriren, als es der Dichter
bei der Schöpfung deſſelben that.

Dieſe Vertheidigung lautet ſehr ſcheinbar; allein
bei der Zergliederung zeigt ſich ihrer Schwäche. Abgerechnet, daß das Schauſpiel eben k e i n verſchöner-

tes Bild des menschlichen Lebens seyn soll, woher hat
denn die französische Bühne den Grundsaz: daß auch
der Darsteller verschönern müsse. Schon das
Beiwort zeigt den Widerspruch an. Darstellen soll
er, darstellen den Karakter, welchen der Dichter schuf,
nicht verschönern; genau so darstellen, wie ihn der
Dichter schuf. Wo wollten wir wohl hinaus, wenn
der Grundsaz richtig wäre: daß der Schauspieler
verschönern, verstärken, u. s. w. müsse? Wer vermögte alsdann der Kunst ihre Grenzen vorzuschreiben? Wer würde es? — der Schauspieler? der ist
dazu nicht berufen; der soll weiter nichts, als den
Karakter fassen, den der Dichter schuf, und ihn
getreu darstellen. Was hiesse alsdann wohl Wahrheit des Spiels, wenn iener Grundsaz gelten
sollte? Enthielte dieser Ausdruk nicht Unsinn? Was
würde aus den dramatischen Meisterstükken wohl werden, wenn alle Schauspieler sich unter die Fahne der
französischen Bühne begeben wollten? Der Dichter,
der bei unsäglichem Fleiß und unablässigem Studium
der Natur endlich die Grenzlinie herausgebracht hätte, die den Umriß seines theatralischen Karakters
bezeichnet, würde den Schauspieler weit über dieselbe
hinausfahren, und seinen Karakter outriren sehn;
oder er würde sichs gefallen lassen müssen, daß sein
Roscius die feinen Nüanzen seines Schöpfungswerks
verwischte, in der guten Absicht, den Karakter zu
arrondiren. Was für Uebertreibungen, was für Ver-

ſtümmelungen würden die Folge dieſes Grundſazzes
ſeyn, wenn er allgemeiner würde! Unſere deutſchen
Schauſpieler, die dem Dichter leider oft genug die
Klage abnöthigen, ſeinen Karakter outrirt oder ge=
ſchwächt zu haben, thun es izt doch noch in der beſten
Meinung von der Welt, und fehlen nur deswegen,
weil ſie entweder den Dichter nicht verſtehen, oder
den Karakter ſchief gefaßt haben; aber, Himmel!
was würde dann erſt werden, wenn ienes kezzeriſche
Princip die reine Lehre unſers Schauſpielerkatechis-
mus vergiftete? ——

Das Eigne der franzöſiſchen Bühne, oder, wenn
man lieber will, die Nüanzen der allgemeinen Dar=
ſtellung, ſind unglüklicher Weiſe gerade das Wider=
ſpiel der Natur. Ihren Karakter hier vollſtändig an=
zugeben, wäre unnüz; denn vielleicht iſt mancher
derſelben ſchon, indem ich dies ſchreibe, gegen einen
andern vertauſcht. Es bedarf zu dieſer Revolution
nichts mehr, als daß ein Akteur oder eine Aktrize
einmal zufälliger Weiſe eine neue Wendung in Mi=
mik oder Deklamation gebrauche, und daß dieſe Bei=
fall erhalte; und ſogleich wird alles, bis auf den
Schauſpieler der Bedientenrollen herab, ſich vor dem
Spiegel üben, die glükliche Wendung anzunehmen,
die das Lächeln einer Comteſſe und das Händegeklatſch
einer verwöhnten Menge in den Rang der N a t i o =
n a l n ü a n z e n auf der franzöſiſchen Bühne erhob.

Die bleibendſten Züge ſcheinen mir indeſſen folgende
zu ſeyn. — Die ſtudirten Coups de Théatre ; ſie
ſind beſonders im Trauerſpiel üblich, wo ſie bei affekt-
vollen Stellen benuzt werden, und beſtehen hauptſächlich darinn,daß der Schauſpieler ſeine Stimme immer
mehr verſtärkt, und immer ſchneller redet, wobei
ſeine Geſtus ſehr lebhaft werden, und alsdann plözlich mit der Stimme ſinkt, und die lezten Worte des
Periods halbleiſe und langſam ausſpricht. Dieſe
Coups de Théatre haben ſehr viel mit den Kaden-
zen in der Muſik gemein, woher ſie mir auch zu ſtammen ſcheinen ; die Senſation, die ſie auf das Publikum machen, iſt auſſerordentlich ; denn ſobald der
Schauſpieler zu reden aufhört, entſteht das betäu-
bendſte Händegeklatſch, das wenigſtens fünf Minuten
währt. Während dieſer Pauſe lächelt das beklatſchte
Subiet denn ganz freundlich nach den Logen hin,
oder plaudert mit ſeinem Nachbar. Dieſe Coups
de Théatre ſind ſehr mannigfaltig ; ich habe nur
Einen Fall angegeben, weil man ſich nun alle andere
ſehr leicht denken kann. — Das Armenſpiel. Iſt
leider auch auf ſo manchem deutſchen Theater üblich,
daher man ſich leicht eine Idee davon wird machen
können. Luſtig zu ſehen iſts, wie bei Stellen, die
Gröſſe der Seele, Macht und Hoheit ausdrükken, die
armen Pigmäen ſich winden und zerren, um nicht
unter der Stärke ihres Karakters zu erliegen ; dann

beugen

beugen ſie ſich gewöhnlich mit dem Körper auf die
linke Seite über, wie wenn man etwas ziehen will,
werfen den Kopf in den Nakken, und ſchleudern als=
denn den rechten Arm mit ſolcher Gewalt von ſich,
daß man eine Verrenkung befürchten muß; und in
dieſer Stellung bleiben ſie einige Minuten ſtehen, um
dem betäubten Haufen Zeit zur Erholung zu laſſen,
und das Bravo! abzuwarten. — Der feierliche
deklamatoriſche Ton im Trauerſpiel. Er ent=
fernt Leben und Intereſſe von der Bühne; da iſt
nichts als langweiliges Peroriren, ohne Gefühl;
ewiges Einerlei in der Stimme und in der Aktion,
nur zuweilen von einem glänzenden Coup unterbro=
chen. Dieſer Fehler iſt vielleicht der unerträglichſte.—
Der Tänzerſchritt, die Kopfverdrehun=
gen, das weinerliche Gewinſel der Leiden=
den u. ſ. w. erklärt ſich von ſelbſt. Nur des aben=
theuerlichen Coſtüme's muß ich noch erwähnen. Die
Heldinnen aller Zeiten und Völker tragen ihren Kopf=
puz nach der modigſten Form; die griechiſchen und
römiſchen Heerführer haben eine Friſur grecque
quarrée, die unter dem Helm hervorblikt, und wenn
dieſer zuweilen abgenommen wird, entſteht eine ſo le=
bendige Karrikatur, daß ich mich ſelten des Lachens
erwehren konnte. Die Franzoſen geben ſämmtlichen
Helden der alten Zeit eine Art Reifrökke, die bei iedem
Schritt, den Hektor oder Agamemnon thut, die

M

Schenkel des Helden fächeln; woher die Idee stam-
men mag, ist mir unbegreiflich. Der unzähligen
übrigen Unnatürlichkeiten mag ich nicht erwähnen,
um nicht ins Ermüdende zu fallen. —

Und diese Erbärmlichkeiten will man zu vertheidigen suchen? Wie sehr muß nicht der Geschmak
verwöhnt, und das natürliche Gefühl erstikt seyn,
um solche Dinge nur erträglich zu finden! — Warlich, wenn auf dem französischen Theater mehr allgemeine Natur herrschte, und diese durch den liebenswürdigen Geist, der bekanntlich die Nation belebt,
nüanzirt würde — ich wollte der Erste seyn, der
gallischen Thalia Weihrauch zu opfern! Aber daß
man Albernheiten und Unnatürlichkeiten für den
Esprit der Nation auf der Bühne verkauft, das ist
ein Mißbrauch, der die Galle des Patrioten rege
machen, und ihn zur Verschwörung wider die Existenz des Ungeheuers befeuern und stählen sollte.

So viel im Allgemeinen von dem Zustande der
Schauspielkunst. Eine kurze Darstellung dessen, was
die französische Bühne verloren hat, und noch besizt,
mag den Umriß vollenden.

Die Kunst und der ächte Geschmak haben in
diesem Jahr einen herben Stoß erlitten. Bei der

lezten Schliessung, am 15ten April 1786, traten
Herr und Madam P r e v i l l e, Herr B r i s a r d und
Mdlle F a n i e r — alle Stüzzen der natürlichen Darstellung und Feinde und Bekämpfer der Unnatur —
vom Théatre français ab. Wenige Jahre vorher
starb der grosse l e K a i n, und also hat die französische
Bühne, wie sich f r a n z ö s i s c h e D r a m a t u r g e n *
selbst ausdrükken, nur noch H o f n u n g e n übrig.
M o l e ist izt der Grundpfeiler der ächten Kunst;
wenn auch dieser hinstürzt, so fürchte ich, steht der
gute Geschmak so leicht nicht wieder auf.

Jn dieser lezten, betrübten Zeit vereinigt sich
eine Gesellschaft Dramaturgen, um die Geschichte —
des Verfalls? — des französischen Theaters zu verzeichnen. Sie bedauren, daß man nicht früher, nicht
zur Zeit Ludwigs des Vierzehnten ein solches Jnstitut
errichtet habe, und darinn haben sie Recht; denn es
müßte äusserst interessant für den heutigen Künstler
seyn. Der Werth dieses kritischen Wochenblatts ist
gering, so allgemein es auch gelobt wird. Die Verfasser tadeln nie, sondern preisen alles im Posaunenton an; wie kann ein solches Werk nüzlich und unterrichtend werden? Für den Ausländer, der sich
durch das Raisonnement der Franzosen nicht blenden
läßt, ist dies Journal indessen, in mehr als einer
Rüksicht, merkwürdig; vorzüglich aber als Beleg

* Die Verfasser der Costumes des grands Théatres de Paris.

M 2

zur Kenntniß des Kunſtſtudiums, der Kritik und des Geſchmaks unſerer Zeiten. Es führt den Titel:

> Coſtumes des grands Théatres de Paris.
> Ouvrage periodique. 4to. Prix de l'abon-
> nement pour l'année 36 liv. en province
> 42 liv. — Wöchentlich erſcheint ein Heſt mit
> einem illuminirten Kupfer, von Janinet,
> das einen Schauſpieler oder eine Schauſpie-
> lerinn in ihren Forcerollen darſtellt.

Das Werk ward ſo praleriſch angekündigt, daß ich alle Luſt verlor, das erſte Heſt zu leſen. Mit einer Gaſconnade, die ſich eher für Marktſchreier ſchikt, ſtoſſen die Verfaſſer ins Horn: Il n'exiſte point d'Ouvrage, à la fois plus agréable & plus utile, que celui-ci! Es ſähe wohl traurig ums Menſchen-geſchlecht aus, wenn dieſe thörichte Pralerei wahr wäre.

Die Vergleichung der Urtheile von zwei Kriti-kern zweer Nationen iſt immer intereſſant, und wird es hier durch den Gegenſtand doppelt. Wir wollen den Deutſchen, Sturz, und die franzöſiſchen Ver-faſſer der Coſtumes, einander gegenüber ſtellen, und ſie über den Werth der berühmten Subiekte befragen, die das Theater verlaſſen haben, und über welche die Stimme des Publikums nun mit ſo gröſſerm Rechte ſprechen darf.

Le Kain.

Er ward durch Voltaire bewogen, das Theater zu betretten, welches im Jahr 1751 geschah. Er war eher häßlich als schön; demungeachtet riefen die Weiberchen in den Logen doch, wenn er als Tankred oder Orosman auftrat: ah, comme il est beau! Le Kain starb 1778 in seinem 49sten Jahre.

Die Verf. der Costumes: Le Kain wird mit Garrik verglichen, aber der französische Schauspieler besaß einen sicherern Geschmak, und sein Ausdruk war daurender und sich gleicher. Mit einer eben so leidenschaftlichen Seele, als Garriks, verband er eine tiefere Aufmerksamkeit; er mußte ieden Augenblik auf dem Theater für seine Rolle zu benuzzen, (Il avait l'esprit de tous les momens). Er wird, ohne Ausnahme, für den größten Schauspieler in Frankreich gehalten.

Sturz: Le Kain, als Nero, hat meine Erwartung äusserst betrogen; der wollüstige Tiran war kein Pedant, sondern ein wohlerzogener Bösewicht, nach griechischen Sitten gebildet. Hier stozt er, wie ein High-Steward, und entwikkelt langsam iede Bewegung, als beugte man Gelenke von Blei; im Eifer gleicht er einem Kämpfer, und in der Ruhe sezt er sich, wie das Modell einer Zeichnungsschule, zurechte; so urtheilen hier vernünftige Männer, und Alembert sagte noch neulich, daß er Mahomets Rolle

erwürgt. Aber Voltairens Freundschaft und die
Mode dringen ihn dem Kennerpöbel auf; er iſt, behaupten ſie, unnachahmlich in ieder Leidenſchaft, das
heißt, er zürnt mit geballter Fauſt, und klagt mit einem lauten Gebrülle.

Preville.

Betrat 1753 die Bühne, die er 1786 verließ.
Seine Gröſſe zeigte ſich in ihrem Glanz in Molieres
Stükken.   *

Die Verſ. der Coſtumes: Sein vorzügliches
Erbtheil war iene freie, geiſtreiche Munterkeit, die
ſich mit dem guten Ton ſo wohl verträgt. Ohne ie
trivial oder burleſk zu werden, ohne ie ein Wort zu
ſeiner Rolle hinzuzuſezzen, wuſte er ſtets der Weisheit und ſelbſt dem Neide ein Lächeln abzuzwingen.

Ein freier und naiver Anſtand, eine natürliche
und lebendige Aktion, ein feines Ebenmaas in allen
Bewegungen, eine Phiſiognomie, in welcher ſich mit
ungemeiner Wahrheit iede angenehme oder ſtarke Empfindung ſpiegelt, dies waren die Kunſtgriffe, die
er beſaß, um allen Köpfen, und in ieder Situation
zu gefallen.

Kein Schauſpieler hat ie das Gebiet ſeines Talents ſo weit ausgebreitet, als Preville. Zwar ſtrebte
er nicht, wie Garrik, zugleich nach dem Kothurn;
das wäre auf der franzöſiſchen Bühne, und nach unſerer Idee vom Trauerſpiel, unmöglich; aber er ver-

band mit seinem Hauptfach, worinn sein Genie sich in seiner ganzen Grösse zeigte, eine wunderbare Fülle von Karakteren. Sein ganzes Talent können nur diejenigen würdigen, die ihn nicht nur wechselsweise den Bourru bienfaisant, den Seint - Gérant im Celibataire und den Médecin malgré lui haben spielen sehen, sondern die ihn auch in jeder einzelnen Vorstellung dieser Stükke gesehen haben; denn es war, wie man beinah zu sagen verführt wird, jeden Tag ein neuer Schauspieler, der seinen Vorgänger von Gestern übertraf.

Sturz: Preville ist ohne Zweifel der König aller Krispine, und, in seinem eingeschränkten Fach, der Garrik dieses Volks. Bei ihm scheint nichts gelernt, nichts geübt, nichts nachgeahmt zu seyn; seine Rolle, glaubt man, ist sein tägliches Leben; er ist zu Hause, wir mit ihm; er vergißt die Zuschauer, wir die Bühne; jede Wendung, jede Mine ist ein launiger, drolliger Einfall, voller gutmüthigen Erzschelmerei. In ihm webt Molierens Geist lebendig, und die Natur hat seinen Körper für seine Gaben gebaut. Wenn er auftritt, so fühlt man sich in der Zeit der wahren Komedie; alles athmet helle Frölichkeit. Er reizt nicht zum verbissenen Lächeln; er gefällt dem kalten Kritiker nicht allein, sondern alle, denen das Zwerchfell nicht fest sitzt, aller Geschlechter, Alter und Stände jauchzen ihm Beifall durch ein tobendes Lachen.

Madam Preville.

War ebenfalls eine sehr verdienstvolle und ge-
schäzte Schauspielerinn. Sie übernahm Liebhaberinnen im Lustspiel, und Vertraute in der Tragödie.

Brifard.

Deſſen Fach groſſe Rollen, Helden und Könige, und der in der Partie de chaſſe de Henri IV. der Abgott des Publikums wurde, trat
ebenfalls in Geſellſchaft der ſchon genannten Schauſpieler und der Demoiſelle Fanier vom Theater ab.

Es war allerdings ein groſſer Verluſt für mich,
daß ich keines dieſer berühmten Süiets habe bewundern können; vorzüglich verdrüßlich aber war es mir,
daß ich nur wenige Tage zu ſpät kam, um ihrem
Abſchied vom Theater beizuwohnen. Das pariſer
Publikum, das ſeine Künſte enthuſiaſtiſch ſchäzt, wenn
es einmal ihren Werth hat kennen lernen, drängte
ſich an dieſem Tage in nie geſehener Menge hinzu,
um ſeinen Lieblingen das lezte Bravo! zurufen zu
können. Um vier Uhr wurden die Büreaux eröfnet, und in zehn Minuten war das ganze Theater
voll. Die Muſiker übergaben ihre Pläze den Zu-
ſchauern; es war keine Muſik. Ein Schauſpieler
trat im Namen der Abgehenden auf, und nahm vom
Publikum Abſchied. Alles war in der feierlichſten
Stille und Rührung.

Diese würdige Schüler Thaliens leben izt in einer philosophischen Ruhe, die ihnen der vieljährige Beifall einer glänzenden Hauptstadt gesichert hat, und aus welcher sie nur zuweilen geweкt werden, um Ludwig den Sechszehnten zu vergnügen. —

Verwaiset und verarmt, wie es die französische Bühne iezt ist, suchen die Dramaturgen der Zeit durch ihr übertriebenes Lob dem Publikum mittelmässige Subiekte für Wunder der Kunst aufzudringen, und ihre Absicht, die dem Nationalstolz und der Eitelkeit der Franzosen schmeichelt, geht durch. Man befrage nur irgend ein Kennerlein über den Zustand des Theaters, und man wird mit Erstaunen vernehmen, wie die Kunst mit Riesenschritten ihren Fortgang gehe, und alle Zeiten und alle Völker überfliege. Mole ist mehr denn Preville; le Kain war nicht werth, la Riven die Schuhe zu lösen, und Mademoiselle Contat, o die hat noch keine Vorgängerinn gehabt! Aber was sagen die wahren Kenner? —

Mole ist unstreitig ein grosser Schauspieler, der das kalte, bedächtliche Lob aller ächten Kunstverständigen hat und verdient, und eben deswegen finde ich Sturzens Urtheil über ihn hart und ungerecht. Er hascht nicht bloß den Geist seiner Rolle, sondern er faßt ihn vollkommen; er hat nicht bloß ein gewandtes, gefälliges Spiel, sondern er weiß seinen Karakter so treu zu geben, daß er die höchste Täuschung bewirkt. Aber freilich läßt er

Wünsche übrig. Wenn er als Liebhaber, als Ehe=
mann, wenn er im Trauerspiel das wäre, was er
als Gek ist, so würde er alle Forderungen befriedi=
gen. Als Fat ist er unnachahmlich. Im Inconstant,
einem Stük, das er selbst auf die Bühne gebracht,
und dessen Glük zu machen er sich vorgesezt hat, ist
sein Spiel in der Hauptrolle der Bewunderung aller
Kenner werth. Dem Uebergang von einem Wunsch,
von einer Begierde, von einem Vorsaz zum andern,
der in diesem Lustspiel so oft vorkommt, mußte er eine
wunderbare Mannigfaltigkeit zu geben, die von dem
Reichthum seiner Fantasie zeugte. Als Graf Alma=
viva im Figaro ist er steif und trokken; sein Spiel in
dieser Rolle kontrastirt um so mehr, da er es beständig
auf dem Theater mit zwei vortreflichen Schauspie=
lerinnen zu thun hat.

De la Rive, der erste tragische Schauspieler,
den das französische Theater izt hat, wird allgemein
geschäzt; entfernt sich aber viel zu weit vor der all=
gemeinen Natur, als daß er dem Ausländer gefallen,
oder ihn rühren könnte. Sein Spiel ist allzufeierlich,
und hat sehr oft eine alberne Gravität; seine Dekla=
mation ist monotonisch und unnatürlich, kurz, ein
solcher Schauspieler konnte nur auf dem pariser Thea=
ter sein Glük machen.

D'Azincourt scheint in Preville's Fußstapfen
zu tretten, und erwirbt sich viel Celebrität. Sein
Spiel ist frei und natürlich, und er studirt und faßt

seine Karaktere; aber seine Physiognomie ist widerlich, und seine kreischende Stimme erregt Ekel. Ich begreife nicht, warum das pariser Theater, das so stark besoldet, sich nicht mehr Mühe giebt, vollkommnere Subiekte aufzufinden, und schon mit Leuten zufrieden ist, die nur mittelmässige Eigenschaften und Erfordernisse des Theater haben. D'Azincourt hatte das Glük, die Rolle des Figaro zu erhalten, wodurch er sich hauptsächlich einen Namen gemacht hat. Er befriedigt in der Darstellung dieses schweren Karakters das pariser Publikum vollkommen, läßt aber dem Ausländer noch sehr viel zu wünschen übrig. Als Krispin reizt er eher zum Mitleid, als zum Lachen.

Dúgazon, ein mittelmässiges Subiekt, das iedoch durch sein launiges Spiel und seine komische Gravität gefällt. Als Brid'oison im Figaro traf er genau die Linie, die der Dichter diesem Karakter in der Einleitung vorgezeichnet hat, er ergötzte durch sein Spiel, ohne die Aufmerksamkeit allzusehr auf sich zu ziehen, oder seinen Karakter zum Gespötte zu machen. — Unter den übrigen männlichen Subiekten verdient nicht ein einziges die Bemerkung des Beobachters.

Mademoiselle Saint-Val ist eine vortrefliche Schauspielerinn, die die Zierde iedes Theaters seyn würde. Ihr schönes Organ macht ihre Stimme sanft und lieblich; ihr Spiel ist Natur und gefällt, trotz

des Mangels aller Schminke. Demungeachtet iſt ſie
eben nicht der Liebling des Publikums, ſo ſehr ſie
verdiente, es zu ſeyn.

Mademoiſelle Raucourt ward, als ſie 1773
das Theater betrat, mit Enthuſiasmus empfangen,
nachher ward das Publikum kalt, und zulezt unge=
recht gegen ſie. Ihre Forcerolle iſt Medea, in dem
Stük gleiches Namens von Longepierre.

Mdlle Raucourt, ſagt ein franzöſiſcher Kritiker,
„hat eine edle Bildung und ſtarke Geſichtszüge, die
„durch Schönheit und Jugend belebt werden. Eine
„leichte Anlage zum Fettwerden giebt ihren Bewe=
„gungen Grazie und Wirkung. Aus ihren Augen
„blizt ein geiſtreiches Feuer, und ihr Gang, den
„bald die Furcht lähmt, bald die Wut beflügelt, iſt
„edel und ſchön. Ihre Stimme iſt rein und ſono=
„riſch „ (zu deutſch: fällt ſtark in den Baß)„ deren
„Wirkung im Zorn erſchreklich wird„ (aber als=
dann ſchreitet ſie über die Grenzen der Weiblichkeit,
und wird virago). „Schon ſo früh in Melpomenens
„Heiligthum eingedrungen, läßt ſie uns für die Zu=
„kunft weder Wünſche, noch Zurükerinnerung üb=
rig.„ — Das iſt nun à la françaiſe geſchwazt;
das pariſer Publikum muß ſehr leicht zu befriedigen
ſeyn, wenn es bei dem Spiel der Mademoiſelle Rau=
court keine Wünſche hat.

Mdlle Contat ist iezt der Liebling aller Stände. Ihr Fach sind die grossen Koketten, die Frauen
nach dem bon Ton, und die intriganten Soubretten.
Sie hat ungemein viel Anlage, und wird sicherlich
eine glänzende Höhe erklimmen, wenn das betäubende
Lob ihren Eifer nicht erschlafft, und sie in den Wahn
eitler Grösse wiegt. Von den schwärmerischen Lobes-
erhebungen, die man an dies Mädchen verschwendet,
nur folgende aus den angeführten Costumes zur
Probe: „Mdlle Contat hat eine solche Höhe errun-
„gen, daß kein Sterblicher sich rühmen kann, ihr
„Vorgänger gewesen zu seyn; sie ist die Schauspie-
„lerinn aller Zeiten und aller Darstellungen; Phy-
„siognomie, Grazie und Kunst vereinigen sich, sie
„zu einer vollkommenen Künstlerinn zu machen, wür-
„dig, in Gesellschaft iener grossen Süiets zu gehn,
„mit welchen iedes Jahrhundert geizt — elle de-
„vient sublime ... c'est Thalie elle même!---„

Und das ist eine Stelle aus einem der ersten
dramatischen kritischen Werke, wofür die Costumes
allgemein angenommen werden. Man fühlt sich versucht, das Buch aus der Hand zu werfen, das uns
in dem unverschämten, grospralerischen Ton blosse
Anlagen und ein wenig Studium für das non plus
ultra der Kunst verkauft. Aber der Taumel ist allgemein, in den die Contat das Publikum versezt.
Selbst Beaumarchais sagt in seiner Einleitung zum

Figaro, bei Gelegenheit des Karakters der Susanne: C'est là que l'Actrice, qui n'a point vû Mdlle Contat, doit l'étudier pour le bien rendre.

Mademoiselle O l i v i e r, ein äufſerſt naives, talentvolles Mädchen, das der Bühne groſſe Hofnungen giebt. Der Karakter eines einfältigen unſchuldigen Mädchens, den man bisher von dem franzöſiſchen Theater verbannen mußte, weil er dem Publikum fremd war, und man kein Subiekt für die Darſtellung hatte, mag nur immer wieder hervorgezogen werden. Mdlle Olivier wird ihn darſtellen, und er wird und muß gefallen, wenn man auch ſeine Exiſtenz nicht kennt oder verläugnet. Als Cherubin im Figaro riß die funfzehniährige Künſtlerinn mich durch den naiven Anſtand, das treue und gefällige Spiel und den tiefen Sinn, den ſie in daſſelbe zu legen wußte, zur lebhafteſten Bewunderung hin.

Hier ſchlieſſe ich meine Skizze vom franzöſiſchen Theater, die in mehreren Rükſichten unvollkommen iſt, und es auch bleiben wird. Ich bin nicht darauf ausgegangen, Fehler und Mängel aufzuſpüren, und keine Brille hat die Gegenſtände meiner Beobachtung vergröſſert, oder verkleinert, oder gefärbt. Wenn ich für Franzoſen ſchriebe, ſo würd' ich als Patriot, nach Maaßgabe meiner Kräfte und Einſichten, Rathſchläge angegeben haben, deren Würdigung dem Publikum, und deren Ausführung dem Theater der Nation heimgefallen wäre; für Deutsche war dies unnöthig. Nur eine Bemerkung will ich nicht unterdrükken, die vielleicht manchem meiner Leser schon eingefallen seyn mag. Die französische Bühne würde höchst wahrscheinlich unendlich gewinnen, wenn sie eine Nebenbuhlerin hätte, der sie den Rang streitig machen müßte. Dies ist die Klage und der Wunsch aller einsichtsvoller Männer; aber die Vorrechte und die hergebrachte Ordnung des französischen Theaters dulden es nicht, daß irgend ein anderes sich emporschwingen könne. Wieviel hat nicht das Théatre italien kämpfen müssen, ehe es zu seinem iezigen Bestande kam? und wie lebhaft vereinigte sich nicht alles gegen das Theater des Palais royal, welches doch einen so mächtigen Beschüzzer hatte? Die Strenge, mit welcher die französische Bühne über die Erhaltung ihrer Vorrechte wacht, geht bis zur Despotie. Sie untersucht alle kleine Stükke, welche auf den Théatres forains gespielt werden sollen, und wenn sie ein gutes darunter findet, so unterdrükt sie es, oder verzögert die Vorstellung so lange, bis es das Anziehende verloren hat, welches oft blos durch die Benuzzung des Lokale oder der Zeitumstände seine Existenz erhält.

Zum Beschluß noch folgendes Resultat, das ich aus dem Dulaure entlehne, und welches meinen Lesern beweisen mag, von wie geringem Werth oft das Urtheil selbst des aufgeklärtesten und gebildetsten Publikums in dramatischen Sachen ist.

Molieres Geiziger fiel den ersten Tag.

Der Menschenfeind erlebte vier Vorstellungen.

Les plaideurs, von Racine, zwei Vorstell.

Le diſtrait, von Regnard, vier Vorſt.

Turcaret, von le Sage, neun Vorſt.

Hingegen

La Gouvernante, von Nivelle de la Chauſſee, ſiebzehn Vorſt.

Le préjugé à la mode, zwanzig Vorſt.

Le roi de Cocagne, von le Grand, achtzehn Vorſt.

La Loterie, von Dancourt, ein und dreiſſig Vorſt.

Le diable boiteux, von Dancourt, fünf und dreiſſig Vorſt.

Le chevalier à la mode, von Doncourt, vierzig Vorſtell.

Dúlaure ſezt noch le mariage de Figaro hinzu; es iſt aber doch etwas hart, dies Stük in eine Klaſſe mit den verfaulten und vergeſſenen Ephemeren der Dancourts und le Grands zu ſezzen. Die lezte Vorſtellung, der ich in Paris beiwohnte, war die neun und achtzigſte.

Das

Das Théatre français ist ein herrliches, ganz neues Gebäude. Seine Lage ist erwünscht; fünf Gassen gehen auf dasselbe zu, es steht ganz isolirt, und wird durch zwei Arkaden mit den nebenstehenden Häusern verbunden. Der Vorsaal ist mit Voltairs Statue in Marmor, von Houdon, geziert. Der Dichter ist als Greis, in einem Lehnstuhl sitzend, abgebildet. Zwei breite Treppen führen in einen andern Vorsaal, wo Moliere's, Piron's, Voltair's, Crebillon's, Racine's, Corneille's, Regnard's, Detouche's, Düfreny's und Fontaine's Büsten aufgestellt sind.

Der Saal für die Zuschauer ist rund. Diese Form ist schön, hat aber auch ihre grossen Fehler. Es giebt Logen, wo man ganz und gar nichts sehen kann. Die Deke ist — ein seltsamer Einfall! — mit den zwölf Himmelszeichen geziert; ein Umstand, der Stoff zu unendlich viel witzigen Epigrammen gegeben hat. Der Widder, der Stier, die Zwillinge, die Jungfrau waren ominöse Figuren, die manchen Ehemann roth und manches Fräulein blaß machten. Der Saal wird durch eine Menge Lichter erhellt, die in immer kleinern Kreisen in der Mitte der Deke hängen, und deren Wirkung durch eine an der Deke angebrachte Metallplatte ungemein verstärkt wird. Das Parterr hat Bänke, und der Vorhang ist, wie überall, mit Lilien geschmükt.

N

Die O p e r, l'Opéra l'Academie, royale de musique , hat ihre Stiftung dem Abbe P e r r i n zu danken. Ihren Glanz ist sie f r e m d e n Tonkünstlern schuldig *.

[* Folgende kurze Darstellung des i z i g e n Zustandes d e r M u s i k i n F r a n k r e i c h füllt eine Lükke, die ich, aus Mangel an Kenntniß, lassen mußte, und wird meinen Lesern um so willkommner seyn, da das vortrefliche Werk, aus welchem ich sie entlehne, wahrscheinlichst nur in den Händen der Kenner ist.

„Frankreichs Oper, von einer wichtigen königlichen Stiftung unterstüzt, durch einen täglichen Fortgang über 120 Jahre versichert, mit Tänzen, Dekorationen, Kleidungen von Costüme geziert — Frankreichs Oper lag in tiefem Schlummer. Lulli's, Rameau's Gesänge lernte ieder Greis stükweis brummen, iedes Kind suchte sie nachzulallen.

Die französischen Ohren mußten nun gewekt, erschüttert und aufmerksam gemacht werden.

Hiezu war G l u c k bestimmt. Er kam und griffs mit Feuer an, brachte seine J p h i g e n i e i n A u l i s nach Paris , die nach Racinens Tragödie zum Singspiel geschaffen war. Es galt nun, eine Epoke zu stiften, die Widersprüche haben mußte. Alle Gelehrte, Aesthetiker , Kenner vom ersten Rang, und, vergessen wir nicht die großmüthigste Schüzerinn der schönen

Künste, würdige Tochter der unsterblichen Theresia — sahen die Schönheiten des deutschen Tonsezzers ein, der das schlaffe Rezitativ erhoben, das feile, modernde Ritornell ausgemerzt, alle, und besonders die blasende Instrumente beschäftigt, Bilder, musikalische Gemälde aufgestellt, den reissenden Strom der Leidenschaften, statt der frostigen Alletags Zwischenspiele, fortgesezt und gezeigt hat, was die Musik vermag, wenn sie dramatisirt wird. Von gleicher Wirkung waren seine folgenden Opern, Jphigenie in Tauris, Armide, und seine italienischen Opern, Alzeste und Orpheus wurden übersezt, und für die französische Bühne eingerichtet, die man immer mit Beifall wiederholt hat.

Von dieser Zeit an sind alle alte Opern vom Theater verbannt. Niemand will die alte französische Musik, die trokne, steife, mehr ertragen.

Nach dieser Epoke ist der berühmte Piccini von Neapel hieher geholt worden, dessen Roland 75 Vorstellungen mit allgemeinem Beifall gehabt hat. Die Produkte dieses sanften gefälligen Tonsezzers und andere Kompositionen von Philidor und Gretri wechseln izt mit den Gluckischen ab.

Alle Ballette werden ins Dram eingeflochten, und hierdurch unterscheidet sich die französische Oper zu ihrem Vortheil von den italienischen, wo ein paar kalte und frostige Kastraten, wechselsweis, ohne De-

korationen, ohne analoge Tänze, ohne karakteriſtiſche
Kleidung, ihre Paſſagen abſingen, und die Geläufig-
keit ihrer Kehle zeigen. Die Oper in Paris hat
Sch auſpieler, die das Dram keinen Augenblik
vergeſſen. Welche Verſchiedenheit von Eindruk zwiſchen Sänger, die agiren ſollen, und zwiſchen Akteurs,
welche ſingen!

Was den franzöſiſchen Operiſten vom vorigen
Stile noch anklebt, iſt, daß ſie bisweilen, vom Ge-
genſtande des Ausdruks ganz durchdrungen, die
Stimme zu ſtark angreifen, und uns mit gewiſſen
Trillern an das Alterthum erinnern.

Der Enthuſiasmus der Pariſer für die Oper iſt
einzig. Er verleidet der Nation faſt alle Konzerte,
gewöhnt an Ausdruk, an ſprechende Harmonik, an
bedeutenden Geſang; voll von Theaterkenntriß will
ieder mitempfinden, nicht mehr bewundern. Oder,
gefällt etwas, ſo iſt es gerade das Gegentheil vom
Starken. Abgeſtimmt von der Größe der muſikali-
ſchen Dramaturen, huldigen die Damen, deren Ent-
ſcheidung hier mehr als irgendwo gilt, einem kleinen
unbedeutenden Rondo ihren warmen Beifall, und
deſto ſicherer, ie naiſer, galanter, auch faber und
tändelnder er vorgetragen wird. Ihr Geiſt iſt zu ſehr
mit der hinreiſſenden Wirkung der Oper beſchäftigt;
ſie laſſen ihre Seel' im Theater, und bringen nur die
Ohren ins Konzert mit.

Die äufferſte Grenze dieſer ſonderbaren Liebha=
berei verträgt ſich freilich mit der verfeinerten Kon=
zertmuſik nicht, die zwar ohne Worte, oder ohne ge=
wiſſen Gegenſtand des Ausdruks und der Schilde=
rung, aber durch eine wohlgeſezte Harmonie und glän=
zende Fertigkeit in Ausübung eines Inſtruments auch
ihre Verdienſte hat, und nun in Paris misgekannt wird.

Von Liebhaberinnen fürs Klavier, die ſtark ſpie=
len, giebt es eine unnennbare Anzahl in Paris. Da=
men, die im Stande ſind, mit iedem Klaviermeiſter
um die Wette eine ſchwere, vielleicht auch mit ihm
ſeine eigne geſezte Sonate abzuſpielen, giebt es nicht
wenige. Und kaum wird in Europa eine Stadt ſo
viele Liebhaberinnen zählen können, die alle ſo ſchön,
ſo empfindſam — dafür ſind ſie geſtimmt — ſo zärt=
lich ſprechend, wolluſtathmend, mit ſo naiſem An=
ſtande daher moduliren können.

Das Phantaſiren, die Ausführung eines gege=
benen Thema auf dem Klavier iſt gänzlich unbekannt.

Die Singſchule iſt nicht in Flor, ich will nicht
ſagen, ganz unbekannt. Tändelnd, angenehm, reizend
etwas abzuſingen, mit Ausdruk zu deklamiren, fällt
keinem Frauenzimmer ſchwer; aber die Bildung der
Stimme, die Tonvereinigung, das Scheinbare, Bril=
liante und Glänzende in der Fertigkeit, das reine
Adagio, iene Muſik, die das Herz, ohne Bezug auf
die Dichtkunſt, zur Uebergabe fordert, liegt nicht in
ihrer Kehle. Ihre Sprache, die die Voyelles naſales

hat, scheint ein unüberwindliches Hinderniß zu seyn; es sei denn, daß man eine neue Singschule stiftete, und die Sänger an eine italienische Aussprache gewöhnte. Die Opernsängerinnen, oder besser zu sagen, die Aktrizen im musikalischen Schauspiel, singen hoch und tief, und halten sich an keinen Umfang; dahingegen kennt man keine Altistinn, die sich besonders zu den tiefen Tönen bekenne.

Sehr tiefe Stimmen, wahre Baßstimmen, giebt es in Frankreich nicht. So harmonisch sind ihre Ohren noch nicht, als ihr Herz empfindsam ist; es fällt der Nation durchaus schwer, etwas, was sie auch metrisch behalten, in reinen Tönen nachzusingen. Ihre Kirchenmusik kann hieran schuld seyn, die mit gezwungenen Mannsstimmen bisweilen in ein Zetergeschrei ausartet.

Man tritt der Nation nicht zu nah, wenn man sie über den Mangel grosser Meister beklagt, durch welchen Abgang freilich alle Bildung leidet, besonders, wenn noch eine natürliche Indisposition als Hinderniß mitwirkt. Man höre nur die Gondelfahrer in Venedig zusammensingen, einander harmonisch akkompagniren, und das Ausschreien in Paris zum Verkauf, das auf vierzig verschiedene Gattungen gezählt wird, und worunter kein Einziges nur einen Schatten von einer musikalischen Kadenz enthält.

Die Provinzialstädte sind gar arm an Musik; in den größten derselben trift man selten ein Orchester an, wie es in Deutschland im kleinsten Ort besser zusammengebracht werden kann.

Das Orchester der Oper ist sehr stark. Es besteht aus 30 Geigen, 6 Bratschen, 12 Violonzellen, 4 Kontrabässen, 6 Fagotten, und allen möglichen Blasinstrumenten, ausgenommen die Serpent, die nur im Choral in den Kirchen gebraucht wird.

Die grosse Anzahl von Violonzellen thut herrliche Wirkung, und der Baß wird dadurch sehr deutlich. Der Direktor giebt mit einem Stabe den Takt, und führt das Orchester durch Zeichen, welche mehr Pünktlichkeit zu Stande bringen, als alle vorgeschriebene Piano's. —

Um schön singen zu hören, muß man nach Italien reisen, ein musikalisches Dram sieht man nur in Paris, und nur Deutsche sind fähig, mit Tönen zu malen, und auf der Bühne alle Leidenschaften stark durchdringend, aber immer von den Lippen der Grazien ertönen zu lassen. „

Abbe Vogler, in den Betrachtungen der Mannheimer Tonschule. Dritten Jahrgangs 10—12. Lieferung. 1781.]

Jedesmal, wenn ich in der Oper war, fiel mir Thespis mit seinem Karren ein. Welch ein ungeheurer Abstand! welche unendliche Verfeinerung! Es gehörten Jahrhunderte dazu, ehe man in dem Raffinement so weit kam, alles, was die Sinne bezaubern

und das Herz gefangen nehmen kann, zusammenzu-
bringen, und mit vereinter Gewalt wirken zu laſſen.

Faſt alles, was ich in Paris geſehen habe, war
unter den enthuſiaſtiſchen Beſchreibungen, die ich davon geleſen hatte, die Oper allein übertraf bei weitem meine Idee von derſelben. Wenn es dem Fremden, der noch keine Hauptſtadt geſehen hat, irgendwo
zu verzeihen iſt, wenn er von ſtummem Erſtaunen
geſeſſelt wird, ſo wär' es hier. Alles iſt dem Glanz
der Königsſtadt angemeſſen. Die täuſchendſten Dekorationen, die die lieblichſten ſowohl als fürchterlich-
ſten Naturbegebenheiten mit einer ſo verſtekten Kunſt
nachahmen, daß die Natur darüber eiferſüchtig werden könnte; eine an Verſchwendung grenzende Pracht
in Kleidungen und Zierrathen; ein Heer von Operiſten und Figuranten, deren manchmal drei bis vier-
hundert auf dem Theater ſtehn; Tänzer und Tänzerinnen, wie man ſie nirgend ſieht; ein Orcheſter,
das keine Wünſche übrig läßt — und nun eine Saint
Huberty als Armida!

Nur die Sänger und Sängerinnen entſprechen
den übrigen Vollkommenheiten der Oper nicht ganz.
Mademoiſelle S a i n t   H u b e r t y iſt eine vortreffliche
Schauſpielerinn, und wenn ſie nicht bei der Oper und
zur Oper erzogen wäre, ſo würde ſie eine B r a n d e s *

---

* Es verſteht ſich, daß ich hier die Mutter meine. Wer dieſe vortrefliche Frau gekannt, oder auf dem Theater geſehen hat, der wird mir gewiß beipflichten.

geworden seyn; aber als Sängerinn ist ihr Verdienst nicht ausserordentlich. Sie hat, was man eine Opernstimme nennt, und artikulirt ungemein vernehmlich und schön, und dies, und ihr hinreissendes leidenschaftliches Spiel läßt gerne vergessen, was man noch fordern könnte; aber sie singt nicht nur auf dem Theater, sondern auch im Konzert, und auch da noch ist sie prima Donna!

Gleich neben dieser Königinn der Oper steht Mdlle Maillard, die aber bei all ihrem guten Willen die Saint Huberty nie erreichen wird; welche sie übrigens in Geberdensprache und Artikulation der Stimme genau kopirt. Ausser diesen beiden Sängerinnen und der Demoiselle Joinville, die nur ein mittelmässiges Subiekt ist, giebt es keine mehr bei der Oper, die in grossen Rollen gebraucht würden, wohl aber ein unzählbares Heer von Choristen und Figurantinnen.

Unter den männlichen Operisten steht ohne Zweifel Herr Lais oben an. Ausser seiner schönen Stimme hat er auch das Verdienst, ein guter Schauspieler zu seyn. Obschon er auch zu Heldenrollen gebraucht wird, so paßt er doch unendlich besser zu komischen. Eine seiner Meisterrollen ist der Panurge in der Oper Panurge sur l'isle des lanternes. Nächst ihm, Herr Rousseau, ein Sänger, der schon sehr viel von der französischen Affektion hat. Er spielt gewöhnlich die Liebhaber. Das Heer der übrigen ist unbe-

deutend. Auch die männlichen Schauspieler der
Oper singen im Konzert.

Auf allen pariser Theater wird getanzt; aber
der prächtige Tanz der Oper ist über alle Verglei=
chung weg. Dies ist einmal eine Kunst, in welcher
die Franzosen alle Nationen hinter sich zurüklassen.
Wer ein Ballet in der Oper zu Paris gesehen hat,
der verlangt wohl nicht leicht, ein anderes auf irgend
einem andern Theater zu sehen. Diese Tänze kosten
ungeheure Summen; die Pracht der Kleidungen und
die starken Besoldungen haben ihres Gleichen nicht.

Lange Zeit war V e st r i s der Stolz der Oper;
Vestris, der Narr genug war, von sich selbst zu sa=
gen: ich kenne nur drei grosse Menschen, den König
von Preusen, Voltaire und mich! Als dieser Diou
de danse, wie er sich gewöhnlich nennt, merkte, daß
man in Paris kälter gegen ihn wurde, gieng er nach
London, und sein Ruf gieng vor ihm her. Eben an
dem Tage, da er zum erstenmal tanzen sollte, war
Parlamentssizzung, und — sollte mans glauben? —
die patriotischen Britten suspendirten die Versamm=
lung des ersten Konziliums im Königreich, zu einer
Zeit, da das Vaterland in einer der schreklichsten Kri=
sen war — um Vestris tanzen zu sehen! Indessen litt
der Triumph dieses übermüthigen Mannes eine fatale
Unterbrechung. Der Preis der zweiten Logen war,
zum Vortheil Vestris, auf den der ersten gesezt, und
dies erbitterte das Volk. Kaum war er aufgetretten,

als er ausgepfiffen, und mit Orangen bombardirt wurde. Zweimal versuchte er hervorzutretten, aber vergebens. Zum drittenmal führte ihn ein Parlamentsglied hervor, und alles ward stille. Vestris kniete in der demüthigsten Stellung vor dem Publikum nieder, und entschuldigte sich, so gut er konnte. Dieser Auftritt dauerte fünf Minuten, als das Volk, ausgesöhnt und befriedigt, ihm durch ein allgemeines Bravo! seine Vergebung ankündigte. Er tanzte zur höchsten Zufriedenheit Aller, und gewann an diesem Abend 1200 Pfund Sterling. Er ist nach der Zeit noch einmal in England gewesen, von wo er, während meines Daseyns, nach Paris zurükkehrte.

Unter den übrigen Tänzern haben die Herren Gardel, Nipelon und Dauberval einen Namen. Ersterer wird von Kennern Vestris gleich geschäzt.

Die Tänzerinnen der Oper haben sich von ieher durch ihre Liebesgeschichten berühmt und reich gemacht. Mdlle Guimard ist ein Wunder von Grazie, Anmuth und Leben, daher sie auch gewöhnlicher la reine des graces, oder Terpsicore genannt wird. Ihre Schilderung in einer andern Hinsicht habe ich schon oben gegeben. Nächst ihr ist Mdlle Dervieux berühmt.

Die Oper kann sich rühmen, eine Philosophin zur Tänzerin zu haben. Und dies ist Mdlle Thes-

d o r e, durch ihren ſittſamen Wandel und durch einige
Geiſtesprodukte bekannt. Als ſie das Theater betretten
wollte, ſchrieb ſie ihren Entſchluß dem Philoſophen
Rouſſeau, und bat ihn um Rath. Der Weiſe ſchenkte
ihr eine vortrefliche Antwort.

Die Kinder, welche für die Oper erzogen wer=
den, nennt man Eleves de l'opéra, woher die Be=
nennung Academie royale de muſique ſtammt.
Wenn ein Kind ſeinen Eltern entläuft, und ſich bei
der Oper engagirt, ſo haben dieſe kein Recht mehr
auf daſſelbe.

Ludwig der Sechszehnte hat Preiſe für die beſ=
ten Opern feſtgeſezt, um dem ſinkenden Geſchmak
aufzuhelfen. Die Oper koſtet dem Könige ſehr viel,
weil die Einnahme bei weitem nicht zureichend für
den ungeheuren Aufwand iſt.

Im Jahr 1781 brannte das vorige prächtige
Opernhaus ab, und Herr le Noir führte unterdeſſen
in 71 Tagen ein neues Gebäude auf, das ſo lang
zum Opernhauſe dient. Die Oper iſt unterdeſſen ſo
herablaſſend, in Geſellſchaft der Spectacles forains
auf dem Boulevard zu wohnen.

Uiberaus beſchwerlich iſt es für die Zuſchauer
im Parterr, daß es keine Bänke hat. Man muß,
wenn man einen guten Plaz haben will, wenigſtens
zwei Stunden vor Anfang hineingehen, und das er=
müdet auſſerordentlich. Oft entſteht ein plözliches

Gedränge, welches gewöhnlich von Taſchendieben veranſtaltet wird, die ſich der Gelegenheit zu Nuzze machen. Einen artigen Einfall darf ich nicht ver=geſſen, den Jemand im Parterr hatte, um der Mü=digkeit zu entgehen. Er ſchraubte eine Art von Siz an ſeinen dikken Stok, ſtüzte einen Stab darunter, und ſezte ſich darauf. Dieſe Erfindung fand allge=meinen Beifall.

Das dritte Theater der Hauptſtadt iſt das Théatre italien oder, wie wir es im Deutſchen nennen könnten, die Operette. Dieſe Geſellſchaft war Anfangs nur das Privatſchauſpiel eines Fürſten, und beſtand aus gebornen Italienern. Ludwig der Vierzehnte ſchenkte ihr anſehnliche Privilegien, die ſie zur Vervollkommnung ihres Theaters benuzte. Dennoch ſpielte ſie nur Extemporalſtükke, nach einem Plan, den man vorher gemeinſchaftlich entworfen hatte. Jeder Schauſpieler konnte aus ſeiner Rolle machen, was er wollte, und dies war das Fach, in welchem ſich der berühmte C a r l i n ſo ſehr durch ſei=nen Wiz und ſeine Einfälle hervorthat *.

* Carlin erhielt folgende Grabſchrift:
 Ci gît Carlin, digne d'envie,
 Qui, bouffon charmant, ſans effort,
 Nous fit rire toute ſa vie,
 Et nous fait pleurer à ſa mort.

Im Jahr 1761 vereinigte sich diese Gesellschaft mit der Opéra comique, einem Schauspiel, welches der Neid des Théatre français bisher in einer beständigen Mittelmässigkeit zu erhalten gewußt hatte. Die beiden vereinigten Schauspiele behielten den Namen Théatre italien, obgleich kein Italiener mehr die Bühne betritt; sie erhielten von der Academie royale de musique die Erlaubniß, kleine Stükke, mit Gesang untermischt, aufzuführen, die in Frankreich Pièces en vaudevilles genannt wurden, und hernach auch in Deutschland, unter den Namen Operetten, so viel Beifall erhielten. Seit der Zeit ist dies Theater wegen der billigern Preise, wegen der schönen Musik und der treflichen Schauspieler, das besuchteste und beliebteste. Die Kürze und Munterkeit der Stükke, das spizzige und boshafte Vaudeville, und der Umstand, daß dies Theater das einzige ist, welches die Natur noch nicht ganz verbannt hat, machen es zu einem ächten Nationalschauspiel, ob es gleich einen fremden Namen trägt.

Unter den männlichen Schauspielern der Italiennes giebt es wenige für die Kunst merkwürdige Subiekte. Aber die weiblichen Karaktere sind herrlich besezt. Madam Dügazon wird als die erste Schauspielerinn dieses Theaters angesehen. Ihre Naivetät, die Wahrheit ihres Spiels, und ihr schöner Gesang sichern ihr die beständige Achtung des Publikums.

Indeſſen debütirte kurz vor meiner Abreiſe von Paris
eine neue Schauſpielerinn aus der Provinz, die mit
Enthuſiasmus empfangen ward, und izt gewis ſchon
eine groſſe Celebrität erlangt hat. Aber das Spiel der
Madam Saint = Aubin iſt auch das Spiel der
Natur ſelbſt; ich wünſche dem Publikum von Herzen
Glük zu dem Beſiz einer ſo talentvollen Aktrize, die
einen mächtigen Einfluß auf den Geſchmak deſſelben
haben kann, beſonders, da ihre ſchöne, ſeelenvolle Bildung ihr eine ſichere Herrſchaft verſpricht.

Das Gebäude des Théatre italien macht der
franzöſiſchen Bühne den Vorzug in Anſehung der
Schönheit ſtreitig. Es iſt ein ſchon oft gerügter Fehler, daß die Façade gegen einen Impaſſe gerichtet iſt,
da das Hintertheil des Gebäudes auf dem Boulevard
ſteht. Hiedurch hat das Publikum eine groſſe Bequemlichkeit und das Boulevard eine groſſe Zierde verloren. Die Urſache dieſes Fehlers liegt in dem albernen Stolz der Schauſpieler, die ihr Theater durchaus
nicht im mindeſten den Spektakles des Boulevard
aſſimiliren wollten. Das iſt der Stolz eines neuen
Edelmanns; er fürchtet, man dürfte ſich ſeiner Herkunft erinnern.

Auſſer dieſen drei groſſen Theatern giebt es noch
eine unzählige Menge kleiner Schauſpiele, die alle
unter den beiden Benennungen der Spectacles du
Boulevard und der Spectacles forains begriffen

werden. Diese kleinen Theater sind der Tummelplaz
der Koketten und Freudenmädchen, und werden des=
wegen nach Verhältniß am stärksten besucht. Sie sind
aber sämtlich, äussern Schmuk ausgenommen, über=
aus mittelmässig. Die Variétés amusantes im
Palais royal sind des Besuches werth, und man geht
mehr als einmal hinein. Unter der Leitung und dem
Schuz des Herzogs von Orleans machte dies Schau=
spiel einen sehr hofnungsvollen Anfang, und hätte mit
der Zeit Nebenbuhlerinn der Comedie française
werden können, wenn diese nicht eifrigst darauf be=
dacht wäre, ihren Flug zu lähmen, und ihrer Ver=
besserung Grenzen vorzuschreiben; eine Maßregel,
welche die Regierung, zu grossem Schaden der Kün=
ste und des Publikums, unterstüzt.

Das Theater des Herrn Audinot, welches in
den Affiches unter der sonderbaren Benennung:
Les grands danseurs du roi, angekündigt wird,
und das Theater des Herrn Nicolet: Ambigu-
comique genannt, haben ihren Unternehmern an=
sehnliche Reichthümer verschaft, wiewohl die Stükke,
die hier vorgestellt werden, so läppisch und mittelmässig
sind, daß ich nicht begreifen kann, wie ein so verwöhn=
tes Publikum diese Kost genießbar findet. Man sieht
hier Farcen, die zum Gähnen bringen, und Drame,
die Lachen erregen. Sehr oft spielen Kinder, und dann
ist die Unterhaltung noch erbärmlicher. Ungeachtet
dieser

dieſer Mängel ſieht man dieſe Säle niemals leer, und
manche Schauſpieler dieſer kleinen Theater haben ge-
waltigen Ruf, und ſind der Abgott des Publikums.
So machte vor einigen Jahren der bekannte V o l a n-
g e den Pariſern die Köpfe ſchwindelnd, und izt wird
ein gewiſſer M a y e u r in Kupfer geſtochen, gefeiert
beſungen und geſchenkt. Er erhält zehntauſend Livres
Gehalt. — Die petits Comédiens de S. A. S.
Mgr. le comte de Beaujolois verdienen, der
Seltenheit wegen, einmal beſucht zu werden. Die
Stükke werden von Kindern durch Pantomimen vor-
geſtellt, und in den Kouliſſen werden die Rollen
abgeleſen oder abgeſungen. Die Ausführung iſt
ziemlich täuſchend. — Das Spectacle des Aſſociés
wird durch Preis, Einrichtung und Schauſpieler eine
Beluſtigung für die niedrigſte Klaſſe des Pöbels.

Wiſſenſchaftliche Anſtalten.

Paris iſt der Mittelpunkt aller Kommunikationen
für den Gelehrten und Künſtler. Dieſem Zuſammen-
fluß iſt das Daſeyn der unzähligen Geſellſchaften,
Klubbs und Societäten zuzuſchreiben, welche die
Mittheilung literariſcher Kenntniſſe erleichtern, befördern und wohlthätiger machen. Ihre Anzahl iſt
überaus groß; täglich entſtehen neue, und viele ſinken, ehe ſie ihre Blüthe erreicht haben, ins dunkle
Grab der Vergeſſenheit. Die groſſen königlichen Anſtalten für Mittheilung und Ausbreitung der Wiſſenſchaften ſind allgemein bekannt; ich ſchränke mich
daher auf einige der neueſten, minder bekannten Einrichtungen ein.

Unter dieſen hat ſeit einiger Zeit das Muſée de
Paris vorzüglich viel Aufſehens gemacht. Herr
Court de Gebelin, ein Proteſtant, war Stifter dieſes Inſtituts. Die Entſtehung deſſelben fällt
ins Jahr 1780. Privatſtreitigkeiten verurſachten bald
nachher eine Trennung, die aber nur von kurzer
Dauer war. Die Wiedervereinigung, in Gegenwart
eines anſehnlichen Publikums, war feierlich und
rührend. Neue Geſeze und beſſere Ordnung ſichern izt
die Geſellſchaft für ähnliche verdrüßliche Zufälle.

Der Zwek dieſes Inſtituts iſt nach den Regle-
mens du Muſée de Paris, 1785; die Beförderung der Wiſſenſchaften und ſchönen Künſte. Die
Mittel, deren ſich das Muſee hiezu bedient, ſind,
mit ihren eignen Worten, folgende:

Le Muſée s'eſt propoſé de donner aux
jeunes gens de l'encouragement & de l'inſtru-
ction, en leur procurant les moyens de re-
cevoir des obſervations critiques ſur leurs
ouvrages & de faire connoître leurs talens au
Public.

2. De préſenter les principaux avanta-
ges des aſſociations littéraires aux gens de
lettres de la Capitale, dont le nombre eſt
très-ſupérieur à celui des places que les Académies peuvent leur donner.

3. De lier les Savans, les Littérateurs
& les Artiſtes; ceux de Paris, par des Aſſem-
blées; ceux des Provinces & des pays étrangers par une correſpondance active ſoutenue.

Die Anzahl der Mitglieder beläuft ſich gegenwärtig auf hundert und zwanzig. Sie machen die
erſte Klaſſe des Muſee, verſammeln ſich wöchentlich

einmal, und monatlich zu einer öffentlichen Sizzung.
Bei den wöchentlichen Versammlungen lesen einige
Mitglieder freiwillig Aufsäzze ab, und die Anwesen-
den, die darüber zu urtheilen im Stande sind, thun
es in Gegenwart des Autors. Ehedem mußte dieser
sich entfernen, wenn er seine Abhandlung gelesen hatte, der Präsident sammelte die Kritiken, und theilte
alsdann das Resultat derselben dem Autor mit. Diese
Einrichtung soll den Grund zu den Streitigkeiten gelegt haben, die die Gesellschaft trennten, und die
izige, die schon über zwei Jahre besteht, hat noch
keine Klage erzeugt.

Die zweite Klasse bilden die Associés, welche
keine Verbindlichkeit haben, an den Arbeiten der Gesellschaft Theil zu nehmen; in die dritte Klasse gehören die Muséennes, oder die weiblichen Mitglieder; in die vierte, die Interprètes, welche die Briefe, die in fremden Sprachen an das Institut gesandt
werden, dollmetschen, und die Gesellschaft mit den
wichtigsten literarischen Erscheinungen anderer Völker bekannt machen müssen. Die fünfte Klasse besteht
aus Correspondans, die in Associés correspondans dans le royaume, in Voyageurs und in
Correspondans dans les pays étrangers eingetheilt werden. Unter diesen leztern sind berühmte Na-

men *. Die Orte, in welchen das Mûſée Korreſpon=
denten hat, ſind folgende: Altona, Amſterdam, Bag=
dad, Berlin, Boſton, Coimbra, Côln, Deſſau,
Erlangen, Spanien, Florenz, Friedberg, Fulda,
Genf, Gotha, Harlem, Haag, Ingolſtadt, Leip=
zig, Leogane auf der Inſel St. Domingo, die Le=
vante, Leiden, Lüttich, Liſſabon, London, Loth=
ringen, Mannheim, Maynz, Modena, Neapel,
Parma, Pavia, Polen, Pondichery, Rom, Ruß=
land, Stokholm, Tornea, Turin, Utrecht, Wien.

Die Claſſe philharmonique iſt izt aufgeho=
ben. Die Claſſe des Aſpirans beſteht aus iungen
Leuten, welche Hofnungen für die Wiſſenſchaften
blikken laſſen. Was ich ſonſt noch über die Einrich=
tungen des Muſée hinzufügen könnte, mag meinen
Leſern folgender Brief ſagen, den ich von einem Mit=
gliede der Geſellſchaft, nebſt den Geſezzen und Sta=
tuten derſelben erhielt.

Paris, ce 22 Mai 1786.

Vous verrez, Monſieur, les Réglemens
d'une partie du Muſée de Paris, qui étoit

* Die Geſellſchaft ſollte doch mindeſtens die Namen ih=
rer Korreſpondenten richtig buchſtabiren. In dem
Tableau du Muſée ſteht Schreibez. ſtatt
Schreber, und Giverwell, ſtatt Giörwell,
u. ſ. w.

reſtée dans le chef-lieu, ou la ſociété avoit été fondée. Une partie de ces Réglemens a paſſé dans les nouveaux, qui ont été faits cet hiver, après la réunion des deux claſſes, qui s'étoient ſéparées, il y a deux ans. Ces nouveaux Réglemens ne ſont point encore imprimés & ne le feront pas inceſſament. Vous retrouverez ici du moins l'eſprit qui anime la ſociété en général & en particulier, qui eſt le déſir de concourir par les travaux de chaque Membre & par les Correſpondans au progrès des ſciences & des arts.

Quant au Tableau des Membres de la ſociété, vous n'en verrez qu'une partie, parceque l'autre s'étoit feparée & faiſoit corps à part lors de l'impreſſion; il en eſt de même des Correſpondans. Dès qu'on pourra ſe procurer les nouveaux Réglemens & la liſte, on vous les féra paſſer, en quelque endroit que vous ſoyez.

On a été obligé de ſe ſaparer de la claſſe Philharmonique, parceque ſon émulation, bien louable aſſurément, prenoit au moins la moitié de nos ſéances publiques & empê-

choit nos membres d'offrir à l'Assemblée une
partie considerable des fruits de leurs efforts
ou de leurs récherches.

J'ai l'honneur &c.

l'Abbé Tricot.

Ich habe das Vergnügen gehabt, einer öffentlichen Sizzung beizuwohnen. Das Publikum ward
hiezu durch Billette eingeladen. Wie erstaunt war
ich, als ich in den Saal trat, und mehr weibliche
als männliche Zuhörer da versammelt fand. Damen
in einer gelehrten Gesellschaft!* Dies Unwesen, denn
so kann man es mit Recht nennen, hat das Uibel
zur Folge, daß ernsthafte, durchdachte, gelehrte Aufsäzze immer seltner werden, weil iedes Mitglied sich
bemüht, den alles entscheidenden Beisall der Schönen
zu erlangen, der natürlich nur leichten, schöngeschrie-
benen und schöndeklamirten Aufsäzzen zu Theil wird.
Wenn ein Mann mit einer ernsten wissenschaftlichen
Abhandlung auftritt, so gähnt die grössere Hälfte der
Zuhörer schon, und man weiß, wie anstekkend das
Gähnen ist. Während der Vorlesung wird wenig
Aufmerksamkeit bezeugt, und wenn der verdiente
Mann abtritt, so zeigt das schwache Klopfen einiger
Stökke, daß nur wenige ihn zu beurtheilen verstanden,

* Dies ist nichts Unerhörtes. Sogar die Versammlungen
der Akademie der Wissenschaften werden von Frauen-
zimmern besucht.

und daß selbst diese es kaum wagen, im Angesicht eines schönen Publikums dem Geschmak desselben zu widersprechen. — Unter den fünfzehn Aufsäzzen, die an diesem Tage verlesen wurden, waren nicht weniger als a ch t blosse poetische Kleinigkeiten, die höchstens in ein Musenalmanach, aber nicht bei einer gelehrten Gesellschaft, Figur machen könnten. Zum Schluß machte ein gewisser Herr Dúpont einen Versuch, so geschwind zu schreiben, als man redet: er lief aber zu seiner Beschämung und zur Schadenfreude des Publikums sehr übel ab. Die so nüzliche Kunst der Tachngraphie, die in neuern Zeiten fast nur von den Engländern betrieben worden ist, hat seit wenigen Jahren in Frankreich Lehrer und Schüler gefunden. Herr Coulon de Thevenot ist unter den erstern der berühmteste. In seinem Hörsaal sah ich sogar Mädchen, unter denen es einige zu einer erstaunenswürdigen Fertigkeit gebracht haben.

Das Lycée, welches auch unter den Namen Musée, rue S. Honoré, bekannt ist, hat den Zwek, Leuten, welche schon ein gewisses Alter erreicht haben, und Lükken in ihren Kenntnissen finden, Gelegenheit zu geben, diese auf eine ihrem Alter und Stande angemeßne Art auszufüllen, ohne sich eben zur Unwissenheit zu bekennen. „Das Vorurtheil — heißt es in dem vortreflichen Program, das die Errichtung dieses Instituts dem Publikum ankündigte —

„das Vorurtheil verwehrt dem Mann in Geschäften
„den Zutritt zu den öffentlichen Hörsälen der Jugend,
„man muß also für Anstalten sorgen, die, bei glei=
„chen Vorzügen, von Allem pedantischen Flitterstaat
„frei, und von dem Vorurtheil anerkannt wären.
„Dort würde Ein Trieb, Ein Gegenstand in dem
„Schoß der guten Gesellschaft Männer versammeln,
„die das Bedürfniß eines Unterrichts fühlten, und
„Frauenzimmer, die sich über Tändeleien zu erhe=
„ben wünschten. — Wissenschaften, abgesondert von
„der Trokkenheit, mit der sie in den Schulen vor=
„getragen werden, und von der Dunkelheit und
„Schwierigkeit, mit der sie das reife Alter in den
„Studierzimmern behandelt, näher gebracht den ge=
„meinnüzzigen und angenehmen Künsten, verbunden
„unter einander, ohne iemals vermischt zu werden,
„erläutert von Männern, die die Nation kennt, und
„die die Beweise ihrer Tauglichkeit schon längst bei
„derselben niedergelegt haben — warlich diese Ge=
„genstände sind eher ermunternd als abschrekkend für
„ieden, der das Bedürfniß fühlt, belehrt zu werden.

„Das Lycee kann der Sammelplaz aller derer=
„ienigen seyn, welche ihre gesammelten Kenntnisse
„vermehren, oder sich auch zuerst in das Heiligthum
„der Wissenschaften einführen lassen wollen. Der
„Besuch dieser Hörsäle wird eben so wenig ein Be=
„kenntniß der Unwissenheit, als ein Beweis von

„Prätention, sondern vielmehr Folge und Probierstein
„des literarischen Geschmaks seyn, dessen sich das
„achtzehnte Jahrhundert mit Unrecht rühmte, wenn
„der edelste Theil der Nation nicht mit Begierde die
„angebotne Hülfe zu nuzzen suchte. Die Kürze der
„Zeit, die iedem Kursus bestimmt ist, und die Noth=
„wendigkeit, iede Wissenschaft gründlich nach ihren
„ersten Grundsäzzen zu lehren, sezzen dem Zwek
„keine Hindernisse entgegen, wenn er von geschikten
„Männern bearbeitet wird. Denn eben dies ist die
„Kraft des ächten Talents, und die kleine Anzahl
„der vortreflichen Grundlehren, die wir in verschie=
„denen Fächern besizzen, sind hievon ein überzeugen=
„der Beweis. Der chronologische Grundriß der Ge=
„schichte von Frankreich des Präsidenten Henault, das
„anatomische Lehrbuch des Herrn Winslow, die An=
„fangsgründe der Physiologie des Herrn von Haller,
„und verschiedene andere Schriften bestätigen diese
„Wahrheit. Diese Werke vereinigen gedrängte Kürze,
„Klarheit und iedes Erforderniß eines Lehrbuchs;
„sie sind voll scharfsinniger Bemerkungen, wohlun=
„tersuchter Thatsachen, neuer Beobachtungen; dies
„und einzelne Lichtstralen halten den unterrichteten
„Leser hinlänglich für alles Bekannte schadlos, das
„ihm etwa einigen Uiberdruß verursachen könnte. „

Diese Stelle karakterisirt den Geist und die Ab=
sicht des Instituts besser und glaubwürdiger als ich es
gekonnt hätte. Meine Leser werden hoffentlich meiner

Verſicherung, daß dieſe vortrefliche Anſtalt nach dem Urtheil aller Kenner, ihrem Zwek vollkommen entſpricht, um ſo mehr Zutrauen ſchenken, wenn ſie hier das Verzeichniß der Lehrer und das Tableau der Lehrſtunden ſehen.

Geſchichte wird wöchentlich einmal geleſen. Lehrer in dieſer Wiſſenſchaft iſt Herr Marmontel, Secrétaire perpétuel de l'Académie françaiſe, Hiſtoriographe de France. Herr Garat, Adiunkt.

Literatur, wöchentlich zwei Stunden. Lehrer: Herr de la Harpe, de l'Académie françaiſe.

Mathematiſche Wiſſenſchaften, wöchentlich zwei Stunden. Lehrer: Herr de Condorcet, Secrétaire perpétuel de l'Académie royale de Sciences & de l'Académie françaiſe. Herr de la Croix, Adiunkt.

Phyſik, wöchentlich zwei Stunden. Lehrer: Herr Monge, de l'Académie royale des Sciences. Herr Deparcieux, Neffe des Akademiſten.

Chymie, Naturgeſchichte und Botanik, wöchentlich zwei Stunden. Lehrer: Herr de Fourcroy, D. M. de l'Académie royale des Sciences & de la Société royale de Médecine. Herr Gengembre, Adiunkt.

Anatomie und Physiologie, zwei Stunden wöchentlich. Herr Sue, de l'Académie royale de Chirurgie.

Englische Sprache, zwei Stunden wöchentlich. Herr Roberts, Professeur de l'école royale militaire.

Italienische Sprache, wöchentlich zwei Stunden. Herr Dibove.

Spanische Sprache, zwei Stunden wöchentlich. Herr Abbe Pelicer.

Deutsche Sprache, wöchentlich zwei Stunden. Herr Marterer, Professeur de l'école royale militaire.

Herr Pilatre de Roster war Stifter des Lycee, welches unter dem besondern Schuz des Duc de Provence und des Comte d'Artois errichtet wurde. Es ward sehr bald das Rendezvous der Gelehrten und Dilettanten aus allen Ständen. Duchessen und Comtessen sizzen hier mit ihren Schreibtafeln, und zeichnen die Bemerkungen der Lehrer auf. Die Chimie ist durch dies Institut eine Modewissenschaft geworden; bei meiner Abreise von Paris war sie aber schon gesunken, und man glaubte allgemein, daß die Physik ihre Stelle einnehmen würde. — Das Publikum in Paris herrscht über die Mode, wie ein Despot im Serail, und die Wissenschaften sehen sich

wechſelsweiſe bald zur Baſſenwürde erhoben, und
bald zum Sklavenkittel verdammt.

Man kann ſich leicht vorſtellen, daß dem Licee
nichts an Pracht und Verſchwendung abgeht. Zimmer, Inſtrumente, Sammlungen, alles iſt dem Glanz
dieſes Inſtituts angemeſſen. Herr Bontems iſt
Direkteur, bei welchem man ſich, wegen der Erlaubniß zum Eintritt melden muß. Dieſer iſt ſehr ſchwierig, und wird nur auf einzelne Stunden erlaubt.
Ich traf es ſo gut, daß eben damals, als ich um
die Erlaubniß anſuchte, von ſiebenzig Zuhörern, die
für die Stunde unterzeichnet hatten, nur zehn zugegen waren. ——

Ein anderes literariſches Inſtitut iſt der Salon
de correſpondance gratuite pour les Sciences
& les Arts. Herr Pahin de la Blancherie
eröfnete vor einigen Jahren im Hôtel Villayer,
rue S. André des Arts, dieſen ſogenannten Salon,
wo Künſtler ihre Werke aufſtellen könnten, damit ſie
zur Kenntniß des Publikums kämen, und der zugleich
zu einem Sammelplaz der Gelehrten dienen ſollte,
wo man mit allen neuen literariſchen Produkten bekannt werden, und über Sachen des Geſchmaks und
der Literatur ſprechen, rathſchlagen, und Vorleſun-
gen halten könnte. Der anfängliche Zwek der Stiftung gieng noch weiter. Er ſollte eine Vereinigung
und wechſelſeitige Verbindung unter den Gelehrten

aller Zonen und Länder bewirken: eine Absicht, die dem Herzen ihres Urhebers eben so viel Ehre macht, als sie an sich unmöglich oder schwierig ist.

Diesem beifallswürdigen Plan haben sich unendliche Hindernisse entgegen gestellt, die Herr de la Blancherie durch ausdaurenden Eifer zum Theil zu überwinden gewußt hat. Itzt geht das Institut, bei seinem eingeschränktern Zwek, seinen langsamen Schritt zur Vervollkommnung fort. Das Wesentliche desselben besteht in folgendem.

Herr de la Blancherie giebt wöchentlich ein kritisches Blatt, unter dem Titel: Nouvelles de la Republique des Lettres, heraus, welches alle neue Produkte der Wissenschaften und Künste in allen Ländern anzeigen soll. Ein Unternehmen, welches weit über die Kräfte eines Einzigen geht, und auch nur in dem Kopf eines Franzosen zur Existenz reifen konnte! Die Anzeigen sind äusserst unvollständig, mangelhaft und seicht. Das Journal steht weit unter den Mittelmässigen in Deutschland. Mit diesem Institut ist ein Bureau gratuit verbunden, wo man über alle den Zwek dieser Anstalt berührende Dinge Nachweisungen erhalten kann. Jeder Interessent hat das Recht, dem Institut seine Freunde zu empfehlen, so wie der Herr de la Blancherie wiederum Empfehlungsbriefe an die Interessenten austheilen kann. Ob diese mit gleichem Eifer für das Wohl der gelehrten Republik ſich ihrer Pflicht entledigen, iſt ſehr zweifelhaft; der Stifter des Salon hingegen kommt ſeinem Verſprechen auf das genaueſte nach, ein Um-ſtand, von welchem ich durch eigne Erfahrung über-zeugt bin, da Herr de la Blancherie mich auf die Empfehlung eines ſeiner Abonnenten in Deutſchland ſehr freundſchaftlich empfangen, und mit der verbind-lichſten Art ſehr viele reelle Vortheile verſchaft hat.

Wöchentlich einmal, am Donnerſtage, ſteht der Salon iedem Gelehrten, Künſtler und Liebhaber un-entgeldlich offen. — Den Fond zu dieſen Anſtalten bilden theils die Subſkriptionen für die Nouvelles, theils die Beiträge, die von den zwei Klaſſen der Protecteurs und Aſſociés eingeſammelt werden, und von welchen die erſteren vier und die andern zwei Louis iährlich, und zwar drei Jahre nacheinander geben, worauf ſie von allen Beiträgen befreit ſind.

Ich habe mehrmals den Verſammlungen im Salon beigewohnt, und ich muß geſtehen, nie bin ich unbefriedigt weggegangen. Entweder machte ich die Bekanntſchaft eines braven Mannes, oder ich lernte ein neues wichtiges Buch, oder eine neue merk-würdige Erfindung kennen.

Der Salon, wie alle gelehrte und literariſche Inſtitute, wird auch von Damen beſucht. —

Ein Vorzug der groſſen Städte, um welche man ſie mit allem Recht beneiden könnte, ſind die häufi-

gen und erleichterten Gelegenheiten, sich Kenntnisse
aller Art zu erwerben. Auch hier giebt es eine
unendliche Menge Lehrmeister in allen Wissenschaften,
Sprachen und Künsten; aber die wenigsten entsprechen der Erwartung, die man sich von ihnen machen
dürfte. Selten ist ihre Existenz ausserhalb der Barriere bekannt. Der größte Haufe besteht aus elenden
Halbgelehrten, die ihr kümmerliches Leben auf diese
Art zu fristen suchen; es giebt unter dieser Klasse von
Menschen Bettler der unverschämtesten Art.

Die Kartons, wodurch diese Leute dem Publikum ihre Existenz ankündigen, und ihren Unterricht
feil bieten, sind Muster eines marktschreierischen
Stils. Hier, eins der bessern Gattung zur Probe:

Monsieur l'Abbé Curioni, Membre de
plusieurs Académies et Auteur de la
Grammaire italienne, réduite en six
leçons, enseigne sa langue, en un mois,
à toute personne instruite. L'expérience
qu'il en a fait tous les jours, lui donne
assez de confiance pour n'exiger d'hono-
raires, que quand on aura vû par soi
même l'effèt de ses promesses.

Il a aussi composé une Methode très-
facile, très-précise & très-amusante pour

les Dames & pour toute perſonne, qui ne ſait pas le latin. Il la donne gratis à ſes éléves.

Mr. l'Abbé Curioni tient toujours ouvert chez lui un Cours gratuit de proſe & de poeſie italienne.

Iſt das nicht der wahre Stiel eines Marktſchreiers, der ſein Laudanum gern verkaufen möchte? Und, wie geſagt, dies iſt noch bei weitem keins der ärgſten.—

Eine Einrichtung, die ich in allen Ländern nachgeahmt wünſchte, die der Gelehrſamkeit wahren Vorſchub thut, und dem Literator das koſtſpielige Sammeln der Privatbibliotheken erſpart, ſind die Cabinets litteraires, Häuſer, die für eine geringe Entree iedem offen ſtehen, und wo man mit allen literariſchen Neuigkeiten, mit den wichtigſten ſowohl als frivolſten, auf die beſte Art bekannt werden kann. Hier findet man gute Geſellſchaft und angenehmen Zeitvertreib oder nüzliche Beſchäftigung mit geringem Aufwande.

Eine unzählige Menge Journale und Broſchüren bedekken die Tiſche. Dieſer Uiberfluß ſcheint, bei dem Mangel fremder Literaturkenntniß, einen eigenen literariſchen Reichthum zu verrathen. Aber groſſentheils ſind die periodiſchen Schriften mit elenden Kleinigkeiten angefüllt, und nur ſehr wenige haben

P

bloß wissenschaftliche Gegenstände zumVorwurf. Die
kritischenJournale sind zahlreich, aber selten von
Werth; Frankreich hat noch kein Werk von dem
Umfange oder dem Zwek der allgemeinen deutschen
Bibliothek, oder der allgemeinen Literaturzeitung.
Der Rezensentenstil ist hier eben so gut, als in
Deutschland, zu Hause. Gelehrte Streitigkeiten sind
nichts seltenes. Das gelehrte Publikum, und alles,
was sich dahin rechnet, theilt sich gewöhnlich in zwei
feindliche Partheien; diese sind die Akademiker und
ihre Anhänger, und die Nichtakademiker. Die erstern ergreifen gewöhnlicher die Parthei zu schweigen; ein eben so vernünftiges, als leichtes Mittel,
dem Streit ein Ende zu machen. Diese kleinen Zän-
kereien, so kurz ihr Dasеуn auch ist, beschäftigen
doch, während desselben, das ganze Publikum, welches ihnen Interesse giebt. Solang sie dauern, muß
man zu einer von beiden Partheien greifen; dadurch erhält man Feinde, aber auch Freunde, und
ohne dies zu thun, würde man ein höchst uninteressan-
tes Geschöpf in einem Cabinet de lecture seyn.

Die gänzliche Unwissenheit in allem, was außer-
halb der Grenze des Königreichs vorgeht, hindert
nicht, daß der Artikel der ausländischen Literatur
nicht einen ansehnlichen Theil aller kritischen Schriften ausmachen sollte. Man raisonnirt, oder vielmehr, man deraisonnirt über die Produkte des Auslands mit einer Dreistigkeit, die ieden Unbefangenen

in Erstaunen sezt. Man liest die Werke fremder
Nationen nicht, aber man beurtheilt sie. O der wun=
derlichen Launen des menschlichen Geistes!

Vielleicht findet diese Nachricht, ihrer Unglaub=
lichkeit wegen, keinen Glauben. Und dennoch ist es
so wahr, daß es mehrere Journale giebt, die mit
Uiberseyzungen deutscher Rezensionen angefüllt sind.
Ich zitire hier nur als Beispiel den Esprit des Jour-
naux und die Mélanges de Litterature.

Unbegreiflich ist es, wie diese Lektüre die Fran=
zosen amüsiren kann, sie, die in einer gänzlichen
Unwissenheit unserer Literatur leben. Wie weit diese
geht, ist bekannt; und welcher vernünftige Deutsche
wird sich darüber ärgern? Aber was den patrioti=
schen Eifer iedes ehrlichen Deutschen zu lichten Flam=
men auflagen muß, das sind die impertinenten absur=
den Urtheile, welche diese Blinden über unsere
Literatur wagen, und deren man, zum höchsten
Aerger, in iedem Buchladen, in iedem Kaffe, in ie=
dem Bureau täglich ein Schok verschlukken muß.
Da raisonnirt ein Kerl, der nicht einmal den zwei
Zeilen langen Tittel eines deutschen Buchs ohne zwan=
zig der abscheulichsten Verstümmelungen abschreiben
kann *, auf ganzen Seiten über dasselbe. Da werden

P 2

---

* Jedermann hat die lächerlichen Beweise dieser Behaup=
tung in Händen. Man weiß, daß Gleim zu einem Fluß
im Preussischen gemacht worden ist; daß Leßing

Reflexions, Sommaires gedruft, wo man Uiberſichten über die deutſche Literatur erhält, wo ein gewiſſer Franzos mit einem deutſchen Gelehrten geſprochen haben will, der ſelbſt eingeſteht, daß unſere Sprache nicht ganz aller Ausbildung unfähig wäre, wenn wir nur ein Tribunal für den guten Geſchmaf hätten. Eine Akademie, eine Akademie fehle uns noch! u. ſ. w.

In der Jdee der Franzoſen von dem, was die Deutſchen geleiſtet haben, herrſchen unbegreifliche Widerſprüche. Hin und wieder hört man ein vernünftiges Urtheil, das aber durch einen Schwall von faden Raiſonnemens unterdrüft wird. Zum Beiſpiel,

le Singe genannt ward, u. ſ. w. Neulich las ich den Titel eines Buchs angezeigt, welcher mit dem Wort Denkwürdigkeiten anfieng; der franzöſiſche Journaliſt hatte DENKWUER Digkeiten geſezt, und alſo vermuthlich die lezten drei Sylben für ein beſonderes Wort angeſehen. Statt Friedrich Jonathan Fiſchers Geſchichte des deutſchen Handels: Friedrich Jonathan &c. Alle Titel, die ſich mit U i b e r anfangen, werden bloß mit dieſem Wort angezeigt, u. ſ. w. — Wenn wir aber über derlei Dinge lachen wollten, ſo müßten wir uns ſelbſt rein fühlen in unſerm Gewiſſen; und das ſind wir nicht. Exempla ſunt odioſa; aber ſiehe Allgemeine Literatur Zeitung v. J. 1785. T. I. S. 10.

daß diese Widersprüche sich sogar in einem und demselben Journal vereinigt finden, setze ich folgende Stellen aus der Gazette litteraire secrète de Paris Ann. 1781, her.

La Litterature allemande remplirait très-agréablement pour nous les mortes saisons de la nôtre, si nous avions l'avantage de posseder içi beaucoup de Traducteurs (hätte besser heissen können, la langue & le génie de la nation) du mérite de celui à qui nous devons les trois pièces suivantes : le page, comédie d'Engel, la pitié filiale, du même, et les Juifs, comédie de Lessing. Vous y trouverez avec plaisir ce naturel, dont nous écarte toujours plus le faux bel-esprit, cette expression simple, vraie, trouvée sans qu'on la cherche, qui ne dit ni trop, ni trop peu, qui coule de source & que ne soupçonnent pas les traducteurs ordinaires, ce qui a fait si justement dire du très-petit nombre de ceux qui se distinguent, que pour être capable de bien traduire, il faut l'être de bien composer &c.

In eben diesem Journal, dessen Verfassern man doch gesundes Urtheil zutrauen sollte, liest man folgendes Gewäsche.

Le gout des belles-lettres commence (dies ward im Jahr 1781 geschrieben!) à se repandre en Allemagne, c'est une vérité incontestable. On voit épars ça & là sur cette vaste contrée (sollte man nicht denken, der Verfasser stelle sich Deutsch= land als das Chaos vor der Schöpfung vor? quelques hommes, qui s'efforcent à gravir les bords du Parnasse; mais il faut avouer, qu'on ne doit pas encore se presser de célébrer (würde das der Franzmann ie thun?) les progrès qu'y a fait la Litterature. — Quant (sollte heissen Kant) à Kœnigsberg est le seul, qui possède le rare talent de rendre sa langue harmonieuse. (Ey, wie die Franzosen uns doch auf unerkannte Verdienste aufmerksam machen!) Si ce coup de lumière (des Königs von Preussen seichte Broschüre: sur le Lit. allem.) pouvoit pénétrer à travers les fourrures épaisses, qui recouvrent la science des Universités (Franzmann, die Sünde kann kein Fegefeuer büssen) & dissiper les ténèbres, qu'elles (die Universitäten zu Göttingen, Jena, Halle, u. s. w. entrétiennent, l'Allemagne verroit luire pour elle à son tour les beaux jours du siècle de Louis XIV. & pourroit aspirer à LA GLOIRE & aux jouissances que la France leur doit.

Und wer ist nun Schuld daran, daß die Franzosen eine so erbärmliche Idee von unserer Literatur haben? Wer anders, als die allzeitfertigen Ubersezzer. Die haben hauptsächlich Schuld. Ehe sichs Deutsche, zu ihrer Schande! einfallen liessen, unsere Produkte in eine fremde Sprache zu übersezzen, ehe die unsterblichen Meisterstükke unserer grossen Genies in eine ihrem Fluge, ihrer Gewalt, ihrer Laune, ihrem Donner unangemessene, auf Stelzen gehende, in Schnürbrust gepreßte Sprache gezwängt wurden, kannten sie uns nicht, und liessen uns in Frieden. Jezt urtheilen sie nach den verstümmelten Dollmetschungen. Jenes erregte unsere Verachtung, dies unsern Unwillen.

Schon vor mehreren Jahren sagte der erste Dichter Deutschlands eben dasselbe in seinem Merkur. Er tadelte mit Wärme die erniedrigende Gefälligkeit unserer Nation, ihre schönsten Produkte verstellt und entblättert dem Ausländer anzubieten. Und in wessen Munde war diese Klage gerechter, als in Wieland's, dessen Lieblingswerk, die unschäzbare Musarion, auch kombabisirt und travestirt ist. Wenn die Franzosen die mortes saisons ihrer Literatur mit der unsrigen ersezzen wollen, so mögen sie unsere Sprache lernen, wie wir die ihrige lernen; eine Revolution, die ohnehin bald eintreffen wird, und die sich schon auf mancherlei Weise vorbereitet. Man

fängt schon hin und wieder an, das Studium der
deutschen Sprache für nützlich zu halten, und Schriftsteller, die sich nicht entschliessen können, sie zu erlernen, lassen sich unsere besten Meisterstükke dollmetschen. Die Folgen dieser Sinnesänderung werden erst in einem halben Jahrhundert sichtbar seyn.
Die englische Sprache, die, wegen der mannigfaltigen politischen Verhältnisse, Frankreich von jeher
interessirte, wird weit eher allgemein werden, als
die schwerere deutsche, bei der noch die fatalen gothischen Karaktere hinzukommen, die dem französischen
Auge schon allein ein Stein des Anstosses und Aerger-
nisses sind.

Ein merkwürdiges Phänomen am Himmel der
gallischen Literatur scheint sehr viel Bezug auf diese
Revolution zu haben. Herr Beffroy de Regny,
unter dem angenommenen Namen des Cousin
Jacques, tritt seit einiger Zeit in einer der französischen Sprache bisher ganz fremden Gattung von
Prose auf. Seit langer Zeit räumte man den Franzosen ein, daß sie sehr witzig scherzen, sehr fein
spotten, sehr elegant tändeln, sehr delikat schmeicheln
könnten; aber wer hätte wohl geglaubt, daß sie bald
auch Versuche wagen würden, ihre Gemälde und
Karaktere mit englischer oder deutscher Laune zu koloriren?

Die Lunes du Cousin Jacques find der erste, und, wenn ich urtheilen darf, nicht ganz mißlungene Versuch dieser Art. Sie haben allgemeine Sensation erregt; von der Düchesse bis zur Nätherin herab ließ alles, lobt alles den launigen Cousin Jacques. Und der Kousin, dem dieser schmeichelnde Beifall nichts mehr, als ein wenig Studium der der deutschen Literatur gekostet haben mag, lächelt hinter seinem Vorhang über das entzükte parifer Völkchen, das ihn feiert, mahlt, in Kupfer sticht, und, was das beste ist, kauft. In wenig Jahren wird der Kousin hinter seinem Vorhang hervortretten, und mit seinem runden Beutel unter dem Arm sich dem dankbaren Publikum zu geneigtem Andenken empfehlen.

Es ist nicht zu leugnen, daß der Kousin Jacques eine ganz originale tournure d'esprit hat — wie er sich denn selbst gar bescheidentlich auszudrükken pflegt; aber daß er seinen Pinsel in eine gewisse kräftige deutsche oder englische Brühe getaucht hat, ist nur gar zu sichtbar. Sein hauptsächlichstes Verdienst besteht darinn, eine Quelle zuerst benuzt zu haben, die für das ganze Heer gallischer Schriftsteller so gut als nonexistent war; und auch das verdient Dank, grossen Dank. Aber wie steht es um den Ruhm aus, von welchem der Kousin sich wohl schon ein hohes Alter geträumt haben mag? der wird

finken, sobald seine Herren Kollegen, die literarischen
Spürhunde, ihm auf die Bahn gekommen seyn wer=
den. Alsdann wird imitatorum pecus schon dafür
sorgen, daß der Kousin kein Phönix der französischen
Literatur bleibt. Und in so fern kann ich es ihm
nicht übel nehmen, wenn er seinen substantiellen
Magen hält, denn seinen vergänglichen Ruhm und die
Zeit, die Zeit benutzt. Der Cousin Jacques schreibt
monatlich ein Heft von mehr als 150 Seiten, und
unser Asmus schrieb deren vier in seinem ganzen
Leben. —

Als der König von Preussen dem Herrn de la
Baux den Auftrag gab, seine Cours zu schreiben,
sagte Jemand in Deutschland: die Franzosen haben
uns unsere Literatur g e g e b e n, izt wollen wir ih=
nen die ihrige w i e d e r g e b e n. —

Der B u c h h a n d e l in Frankreich hat bei wei=
tem die Vollkommenheit des deutschen nicht. Ihm
fehlt die wohlthätige Zirkulation; alles drängt sich
in die Hauptstadt zusammen. Da es keine festgesezte
Zeit zu einem allgemeinen Tausch und Umschlag
giebt, so muß der Buchhändler, vorzüglich der aus
der Provinz, mit Kosten und Weitläuftigkeit seine
Waaren einzeln versenden. Dieser Mangel gebiert
auch den, daß man selten ein vollständiges Verzeich=
niß aller neuherausgekommenen Schriften erhalten

kann. Jeder Buchhändler sucht sich ein Plätzchen aus, wo er seine neuen Verlagswerke anzeigt, daher sie oft gar nicht zur Kenntniß des Liebhabers gelangen. Die Buchhändler in Paris sind ein Theil der Universität, und haben ansehnliche Vorrechte. Ein befremdender Anblik ist es, in den größten und berühmtesten Buchhandlungen Frauenzimmer zu sehn, welche die weitläuftigen und zum Theil gelehrten Geschäfte dieses Handlungszweiges mit seltner Aktivität und Geschiklichkeit betreiben.

Zur Karakteristik.

Einzelne Bruchstükke.

Man spricht in Paris sehr schön. Man drükt sich fast allgemein sehr gut aus, und pronunzirt unverbesserlich. Im Munde eines angenehmen Mädchens wird dieser Vorzug ein gefährlicher Reiz. Ausnahmen machen, nicht der gemeine Mann, nicht der ungelehrte Franzose, sondern der süsse Damoiseau und der affektirte Höfling. Diese sind die gefährlichsten Feinde ihrer Sprache, weil ihr Beispiel anstekkend ist. Ihre Schuld ist es, daß man fast allgemein das S am Ende der Worte nachlispelt, daß man bain statt bien sagt, daß man Madame wie Mâdâm, und Mademoiselle wie Mâmsell ausspricht. Vielleicht ist diese Affektation Anglomanie in der Sprache, die, wie alle Moden, nur einen Augenblik dauert.

Jeder Fremde, der nach Paris kommt, würde sich für beleidigt halten, wenn man ihn fragte, ob er den Sinn des Worts Monsieur verstünde? Und dennoch ist dies wunderbare Wort, in seinen hunderttausend Deutungen, ein Räthsel, welches nur durch die Mimik dessen entziffert wird, der es gebraucht. Es wäre die Arbeit eines satirischen Kopfs, ein Wörterbuch des Worts Monsieur zu schreiben.

Daß der Bruder des Königs vorzugsweise diese Ehrenbenennung führt, weiß Jeder, der den Hilmar Curas bis pagina 6 durchblättert hat; aber daß das Wort Monsieur eine in nuce gebrachte Sprache ist, das weiß vielleicht nicht Jeder.

Monsieur! der Ehrentitel aller männlichen Geschöpfe mit und ohne Bart, vom Monsieur, frère du roi, bis herab auf Monsieur le Decroteur. Wenn zwei Bauern einander gegenüber sizzen, und eine chopine de vin sich zwischen ihnen befindet, so unterläßt Einer von beiden gewis nicht, mit der rechten Hand an die Müzze zu greifen, und mit der linken sein Glas an das Glas seines Nachbars zu stossen: à vôtre santé, Monsieur! heißt es alsdann; und wenn der Autor das Kind seines Gehirns unter mächtigem Schuz in die Welt tretten lassen will, so dedizirt er es: à Monsieur, frère du roi.

Ein Wasserträger oder Obstverkäufer würde es sehr übel aufnehmen, wenn man ihn, den Hut in der Hand, aufs höflichste mit einem mon ami! anredete; er wird euch aber aufs dienstfertigste begleiten oder benachrichtigen, wenn ihr ihn mit dem verächtlichsten Blik, und ohne ihn zu grüssen, nur Monsieur nennt.

Allons, Messieurs les forçats! schrie der Kerkermeister in Bicetre den Gefangnen zu, die das Glas schleifen mußten, und schwang seine fürchterliche Geissel.

Es ist wider den guten Ton, zehn Worte nach der Reihe zu sprechen, ohne einmal das Wort Monsieur dazwischen zu schieben.

In Handbillets sezt man das Monsieur gewöhnlich seinem Namen vor, und spricht alsdann in der dritten Person von sich. Der Anfang eines solchen Billets lautet gewöhnlich: Monsieur N. N. fait mille respectueux complimens à Monsieur N. N.

Lächerlich ist es, wenn Baumarchais behauptet, man könne mit dem einzigen Wort Goddam durch ganz England reisen, ohne die Sprache zu verstehen; wenn diese Hyperbel gelten soll, so könnte sie weit eher von dem Monsieur der Franzosen gelten. Ist dies Wort nicht die Bezeichnung alles dessen, das da ist, und da seyn könnte? Hat die Deutung und der Sinn dieses Worts Grenzen?

Man lese folgenden Dialog, als Beweis für meine Behauptung. Die spielenden Personen sind ein Elegant, ein Parlamentsrath, ein Hypochondrist und ich. Die Szene, eine Loge der Italienne.

Der Elegant (tritt herein. Zum Parlamentsrath, der neben der Thüre steht, mit der modigsten Verbeugung:) Monsieur!

Der Parlamentsrath (der das Kompli=
ment erwiedert:) Monſieur!

Pauſe. —

Der Elegant (will in eine der vordern Bänke.
Zum Hypochondriſten, indem er ihn anſtößt:)
Monſieur.

Der Hypochondriſt (mit freundlicher Mine,
indem er weicht:) Monſieur!

Der Elegant tritt dem Hypochondriſten auf den
Fuß; dieſer exklamirt:

Der Hypochondriſt: Monſieur!!!

Der Elegant (mit einer Mine, die um Ver=
zeihung zu bitten ſcheint:) Monſieur!

Pauſe.

Der Elegant (wendet ſich an mich, um den
Text zur Muſik zu haben. Bittend:) Monſieur!

Ich (der ſich ſehr wohl gefällt, einmal ſeine
profunde Kenntniß der galliſchen Sprache an Mann
zu bringen. Mit einer dienſtfertigen Bewegung:)
Monſieur.

Dieſer Dialog iſt keine Fiktion. Doß er möglich
und wahrſcheinlich exiſtirt haben könne, mögen alle
diejenigen bezeugen, die die Sitten und Moden vom
Jahr 1786 in Paris kennen.

Aber daß mich nur kein Richter table, der fünf
Monate ſpäter die Hauptſtadt beſucht. Vielleicht

kurſirt das Wörtlein Monſieur izt, da ich dies ſchreibe, nur noch wie eingebildete Münze. Zu Voltairs
Zeiten ſtand die Dame vis-à-vis ihrem Liebhaber,
der Kaufmann vis-à-vis ſeinem Goldkaſten, und der
Prieſter auf der Kanzel vis-à-vis Gott, izt kennt man
dies vis-à-vis nicht mehr; tauſend neue Modephra-
ſen haben es verdrängt, die ſelbſt auch nicht mehr
ſind.

Man glaube ia nicht, den Sinn der Worte gefaßt zu haben, wenn man auch das Wörterbuch der
Akademie von A bis Z auswendig gelernt hat. Der
wechſelt unaufhörlich, mit der Zeit, mit der Mode,
mit den Sitten, mit den Menſchen. Ein Wort, das
zu Boileau's Zeiten etwas groſſes anzeigte, dient izt
zur Bezeichnung des kleinen; eine Liebkoſung wird
nach Verlauf eines Jahrzehnds Beleidigung, und
eine Lobrede, Satire.

Der lebhafte Karakter der Franzoſen iſt die
Urſache, daß ſie in ihren Beſchreibungen faſt durchgehends übertreiben. Man muß ſich frühzeitig gewöhnen, gewiſſe Beiworte und Bezeichnungen nur
für die Hälfte deſſen anzunehmen, wofür ſie in einem andern Lande gelten. So heißt z. B. der place
d'armes vor dem Schloß in Verſailles in allen Beſchreibungen, ſelbſt in Dúlaure's, une place immenſe — und er iſt mit einem Coup d'Oeil zu überſehen;

ſehen; ſo heißt es von der Spiegelfabrik: un nombre
infini d'ouvriers y perfectionnent les glaces —
und es iſt die leicht auszuſprechende Zahl achthundert;
ſo heißt es von der Gelehrſamkeit des Herrn Gin,
membre du Muſée, elle eſt vaſte & presque
immenſe — und wenn Herr Gin, membre du
Muſée, ſich mit unſerm Theokrit an der Elbe meſſen
wollte, ſo möchte ſeine érudition immenſe eine
érudition très-bornée heiſſen. Doch halt, der
Schnupfen ſtekt an!

Die Worte erhalten in verſchiedenen Orten verſchiedene Bedeutungen, die allezeit im richtigſten
Verhältniß gegen das geſammte Lokale eines Orts
ſtehen. So nennt man hier einen Kaufmann très-
riche, der in London wohlhabend; eine Frau aimable,
die man in Sachſen erträglich, und einen Schauſpieler divin, den man in Wien mittelmäßig nennen
würde.

Es iſt ſehr nöthig, ſich ſo früh, als möglich, mit
dem lokalen Sinn der Worte bekannt zu machen. Ehe
ich dies that, ſezte mich meine Unwiſſenheit zuweilen
in Verlegenheit. Izt bin ich klüger geworden. Wenn
ich z. B. höre, daß ein Ort tout près bei meiner
Wohnung iſt, ſo miethe ich einen Fiaker; und heißt
es pas loin, ſo ſtekke ich etwas wider den Hunger
in die Taſche.

Ω

Seit einiger Zeit entlehnen die Franzosen, wiewohl sehr sparsam, Worte aus der deutschen Sprache,
die aber freilich nur im gemeinen Leben gebraucht
werden. So hört man valtser, walzen; un hernu-
tien, ein Herrnhuter; une espièglerie, ein toller,
lustiger Streich; une chopine, ein Schoppen;
bir-en-bro, kalte Schaale; kirsewase, Kirsch-
wasser; paquet-bot, Paketbot; faire halte,
anhalten, u. s. w.

* * *

Es ist bekannt, wie weit die Unwissenheit der
Franzosen in der Erdbeschreibung geht. Meine kleine
Erfahrung hat mir hundert lächerliche Beweise hievon
gegeben. So wie in London alles, was nicht Eng-
länder ist, Franzose heißt, mehr oder minder für eine
Art von Engländer. Es versteht sich, daß dies in
Paris so gut, als in London, nur vom gemeinen
Pöbel gilt.

Sobald ich in einer Gesellschaft als Russe vorgestellt werde — und dies ist nothwendig, wenn die
Franzosen wissen sollen, in welchem Welttheil ich
zu Hause gehöre — so höre ich plözlich ein zehnfa-
ches Ah, Ah! von allen Lippen erschallen. Man
betrachtet einen Russen als eine Art von Wunderthier.
Indessen ist mir diese seltsame Unwissenheit schon oft
zu Statten gekommen.

Ein gewiſſer Gelehrter, ein Mitglied der Akademie der Wiſſenſchaften, verſetzte einsmals Stokholm nach Livland; und ein Anderer wunderte ſich,
daß ich der vielen Schneeberge wegen nicht blind wäre. Faſt durchgehends glaubt man, daß wir mit
Rennthieren, ſtatt Pferden, fahren.

Eine berühmte Zeitung rezenſirte ein Werk eines
petersburgiſchen Akademikers: Au milieu des
glaces de la Ruſſie — hub die Rezenſion an.
Man erſtaunt, wenn ich verſichere, daß der Junius
in Petersburg heiſſere Tage habe, als in Paris, und
man wendet ſich lächelnd weg, wenn ich unſere Waſ-
ſermelonen und durchſichtigen Aepfel, und Feigen
und Trauben als Produkte der Gegend um Aſtrakan
aufführe. Man wundert ſich, daß ich nicht ſchon eine
Spazierfahrt nach Konſtantinopel gemacht habe.

Einsmals frug man mich, zu welcher Religion
ich mich bekennte? Zur griechiſchen, gab ich zur Antwort. Sogleich lief ein Gemurmel in der Geſellſchaft
umher: Ah, Ah, il eſt Mahometan!

* * *

Nie wird die alte Erbfeindſchaft zwiſchen Engländern und Franzoſen erlöſchen, ſo herzlich es auch
der beſſere Theil beider Nationen wünſcht. In Paris
denkt und handelt man ziemlich gemäßigt gegen die
Bewohner der Inſel, und wenn man ſich einiges erlaubt, ſo ſind dies gewiß nur Repreſſalien. Die

Q 2

Urſache dieſer Mäßigung iſt die Menge reicher Eng=
länder, die ſtets in Paris leben, und die brittiſch
genug denken, ieden Anfall auf die Ehre ihrer Nation
aufs fühlbarſte zu rächen. Troz dieſer Furcht wird
man doch zuweilen gar deutlicher Symptome eines
Haſſes gewahr, den ſelbſt die franzöſiſche Urbanität
nicht allemal zu bemänteln vermag.

Nie zeigte ſich wohl die Antipathie der Nation
gegen die ſtolzen Inſulaner deutlicher, als in den
erſten Jahren des amerikaniſchen Krieges, noch ehe
Frankreich die Parthei der Inſurgenten genommen
hatte. Bei den Handelsſtädten des mittägigen Frank=
reichs war die allgemeine Freude über Englands ſin=
kenden Glanz noch eher aus dem Intereſſe zu erklä=
ren, welches dieſe bei einer Revolution hofften, die
einen ſo unwiderſprechlichen Einfluß auf den Handel
haben mußte, von welchen ſie ſchon die günſtigſten
Vorbedeutungen in Händen hatten. Allein, daß ſogar
Paris, das polizirte, menſchliche Paris, Antheil an
dieſer allgemeinen Freude nahm, daß ſogar der alte
Dichter, der doch Anſpruch auf den Ehrentitel eines
Philoſophen machte, dieſer boshaften Schadenfreude
auf eine ſo entehrende Weiſe fröhnte, das iſt um ſo
ſchwerer zu begreifen, da die Hauptſtadt auf ieden
Fall beim Ausbruch eines Krieges leiden mußte. —
In Marſeille erzeugte dieſer Nationalhaß ſogar ein
Inſtitut, deſſen Einrichtungen eher für freie Repu=
blikaner, als für dienſtbare Franzoſen paßte. Man

besürchtete die Mißbilligung des Hofes, weil der
Geist des Instituts allzu antienglisch war, und der
Hof sich noch nicht gegen England erklärt hatte; aber
man hätte vielmehr fürchten sollen, daß der Geist
der Freiheit, den die Gesellschaft zu beleben und erhöhen suchte, die Aufmerksamkeit der Regierung hätte
auf sich ziehen können. Es war ein Klubb, der aus
dreizehn Mitgliedern bestand, jährlich dreizehn Pikeniks gab, u. s. w. Man las in demselben Panegyre
auf die Insurgenten und Pasquille auf England ab.
Der Saal war mit den Büsten der berühmtesten
Amerikaner geziert; man feierte in Gesängen von
dreizehn Stanzen die Helden, die für die Behauptung
der Freiheit fochten. Ganz Frankreich war damals·
von Kouplets, Allegorien, Tragikomödien, Paro-
dien, u. s. w. überschwemmt, von denen einige verdient hätten länger zu leben. Gleich nach dem Frieden
söhnten sich aber die beiden Nationen aus. Kaum
war dieser bekannt, so reichten sich die eifersüchtigen
Nebenbuhler die Hände zum Vertrag, und die französischen Pasteten flogen nach London, und die
englischen Fabrikate schlichen, troz der Kommiß, nach
wie vor, in die Barriere. Izt gährt die alte Antipathie im stillen; selten braust sie auf mit Wärme;
öfter aber wirkt sie in Geheim mit verdoppelter
Stärke.

Die Spektakles forains sind der vornehmste
Schauplaz, den sich der gallische Wizling erwählt

ein Volk lächerlich zu machen, welches er nicht ein=
mal kennt, und dessen Fehler zuweilen mehr werth
sind, als die Tugenden der Franzosen. Da steht
man täglich einen steifen Engländer erscheinen, der
durch seine abscheulichen Sprachfehler und durch sei=
ne übertriebenen Whims (die hier als Grundzug im
Karakter der Engländer zu gelten scheinen) die Nar=
ren zum Lachen reizt, und die Vernünftigen ärgert.
Aber selbst in der Oper wird der Britte, wiewohl mit
ernsterer Behandlung, ein Opfer des Nationalhasses.
Wenn irgend eine Lasterthat, ein abscheuliches Ver=
brechen begangen werden soll, so muß ein Engländer
diesen Karakter vorstellen. Nach den Ballets der
Oper zu urtheilen, müßten die Britten das weibischste,
feigherzigste, undankbarste, verächtlichste Volk auf
der Erde seyn. Sogar bis in die gelehrten Gesell=
schaften, und namentlich bis ins Musée, ist dieser
unanständige Spott gedrungen. In der öffentlichen
Sizzung des Musée, welcher ich beiwohnte, ward
ein Aufsaz verlesen, der den bittersten Hohn über die
englische Nation ausgoß, und die Herren und Damen
im Parterr weidlich lachen machte. Auch selbst der
grosse Beaumarchais wählte diesen kleinen Kniff,
sein Publikum zu vergnügen. Als ich bei der Vor=
stellung des Figaro das ganze Haus so laut und an=
haltend über den albernen Spaß mit dem god dam
lachen hörte, und mich dabei erinnerte, daß dieser
Spaß schon zum zweiundachtzigsten male aufgetischt

wurde, wußte ich nicht, wen ich für abgeschmakter oder boshafter halten sollte, den Autor oder das Publikum. Vielleicht würde Beaumarchais die Stelle izt wegstreichen; denn man sagt, daß seit seiner lezten Affaire kein Spott über das brittische Volk von seinen Lippen komme. So geht es allen, die die Schläge eines despotischen Zepters gefühlt haben; so gieng es auch Linguet.

Troz des wechselseitigen Hasses beider Nationen ist es bei beiden Nationen Ton, die andere zu kopiren. Der Franzose kauft englische Fabrikate, und kleidet sich englisch; und der Engländer reist nach Frankreich, lernt die Sprache, und läßt seine Kinder dort erziehen. Der iezige Herzog von Orleans liebt die brittische Nation auf eine ausschweifende Art. Seine häufigen Reisen nach England und seine Wetten werden der Gegenstand der Aufmerksamkeit der Nation und der Zankapfel der Zeitungsschreiber.

* * *

Eine grosse Stadt bietet tausend angenehme, grosse, erschütternde und abscheuliche Schauspiele dar, die man anderswo vergebens suchen würde. Einst gieng ich durch eine stark besuchte Gasse, wo ein armes, gebärendes Weib, mit den heftigsten Schmerzen kämpfend, auf der Erde lag, und laut um Hülfe flehte. Fühllos drängte sich der Strom von Pöbel vorbei, und kaum blieben ein Paar kleine Jungen, durch die Neuheit der Szene gereizt, bei der Unglücklichen stehen.

* * *

Alles sucht hier Geld zu verdienen. Man ist auf die seltsamsten Mittel gefallen, die dumme Neugier eines müssigen Pöbels zu benuzzen, der gerne seinen sauerverdienten Liard hingiebt, wenn er nur amüsirt wird. Man kann kaum zwanzig Schritte gehn, ohne auf eine Marionettenbude zu stossen, deren elendes Puppenspiel heute noch eben den Beifall erhält, den ihm der Pöbel schon vor zehn Jahren gab. Auf dem Boulevard sieht man Kerle auf hohen Gerüsten, die, für Geld — Gesichter schneiden! Zuweilen haben diese Mimiker ihre schleichenden Gehülfen in der Nähe, die sich des Gedränges und der Zerstreuung zu Nuzze machen.

Eine andere Klasse von Menschen, die ihren eigenen Esprit de Corps hat, sind die vater = und mutterlosen Buben, die durch die seltsamste Industrie ihre Existenz fortzuhelfen suchen; denn betteln dürfen sie nicht, seitdem Nekker seine weisen Verfügungen getroffen hat. — Sobald man einen Fiaker ruft, springen ein Duzend dieser müssigen Junge hinzu, und öfnen die Thüre. Kaum zeigt sich eine schwarze Wolke am Himmel, so sind in dem Augenblik zwanzig dienstbare Geister da, die für wenige Sols ihren

Regenſchirm verleihen, und im heftigſten Plaʒregen
unbedekt nachlaufen. Eine ſehr angenehme Bequem=
lichkeit, wenn nur die Regenſchirme nicht ſo durch=
löchert wären, daß ganʒe Waſſerfälle auf den Trä=
ger herabſtürʒen. Abends lauern dieſe Buben auf
den Gaſſen, und bieten Mädchen feil.

Zeit und Mode rächen iʒt die Engländer für alle
Spöttereien der Franʒoſen, und für die Tirannei,
welche die Sitten und Moden derſelben ſeither über
den halben Erdkreis ausübten. Alles iſt hier voll
Anglomanie. Man ſieht auf öffentlichen Spaʒier=
gängen faſt keinen Degen mehr; alles geht im Frak
mit engliſcher Taille, mit engliſchem Kragen, mit
engliſchem rundem Hut, mit engliſcher runder Weſte,
mit engliſchem wildgewachsnem Stok, ohne Beſchlag
und Stokknopf. So weit hat die Anglomanie geſiegt;
aber über die ſchöngelokte, ſchöngepuderte pariſer
Friſur hat ſie bisher noch nicht ſiegen können, die
iſt noch grecque quarrée. Indeſſen wer weiß, was
geſchieht! der Haarbeutel wenigſtens iſt ſchon ganʒ
zum Degenkleide verwieſen, und ein engliſcher Ka=
dogan hat ſeine Stelle eingenommen.

Ein Stuʒʒer heißt iʒt nach der Sprache des Au=
genbliks un élegant. Ein ſolcher trägt ſich völlig
nach eben beſchriebener Mode. Er verſäumt nicht,

sich täglich im Palais royal einzufinden, wo er mit gewafnetem Auge und ernster Mine auf und nieder geht — pour fixer ses caprices de la soirée. Er trägt den Hut tief ins Gesicht, die linke Hand mit der Lorgnette vor dem Auge, die Badine unter eben dem Arm, und die Rechte hat zwei Finger in der kleinen Tasche der runden englischen Weste.

* * *

Es regnet in Paris sehr oft. Wenn ich überlege, daß wenigstens zehntausend Menschen kein Brod haben würden, wenn es nicht so oft und so plötzlich regnete, so schweige ich meine Klagen, und wandre ruhig durch den Koth, ohne meine weissen Strümpfe zu beseufzen.

Die Witterung mag seyn, welche sie will, so hat es der Fußgänger immer sehr übel. Wenn es regnet, muß er über Bäche springen, und über schwankende Bretter, wie auf Seilen, tanzen; troknet es, so lernt er Boileau's pavé glissant aus der Erfahrung kennen, und bei völliger Sonnenhizze verursacht das leiseste Lüftchen einen Staub, der noch viel unausstehlicher ist.

Das Klima von Paris ist häßlich und ungesund. Abwechselnd dürre Sonnenhizze und Regen. Man befindet sich nicht wohl, so lange man der Witterung nicht gewöhnt ist.

* * *

Das weibliche Geschlecht, hier mit so viel Nach=
druk le sexe genannt, hat durch den häufigen Um=
gang mit Mannspersonen ungemein viel von seinen
beneidenswerthen Eigenheiten verloren. Sie haben
fast alle böse Eigenschaften des männlichen Ge=
schlechts angenommen, und keine einzige gute. Man
sieht sie bei Tag und bei Nacht durch die Gassen strei=
chen, und ihren Geschäften oder Vergnügungen nach=
gehn; sie besuchen öffentliche Häuser und Gesellschaf=
ten, und wissen sich in denselben zu behaupten; sie
mengen sich in iedes Gespräch, was auch der Ge=
genstand desselben seyn mag, und — das muß man
ihnen zugestehn — delikate Sachen wissen sie mit
Delikatesse zu behandeln; sie besuchen sogar gelehrte
Gesellschaften, und maßen sich in denselben eine
richterliche Stimme an, ein Mißbrauch, den man
grossentheils auf Rechnung der übertriebenen Gefäl=
ligkeit gegen dies Geschlecht sezzen muß.

Es ist wahr, die Frauenzimmer, besonders der
mittlern Klasse, sind hier weit brauchbarere Geschöpfe,
als in andern Ländern, wo das Ziel ihres geschäfti=
gen Lebens die Küche oder der Strikbeutel ist. Sie
verrichten alle Geschäfte, zu denen sie in Rüksicht
auf ihr Geschlecht und dessen Schwächen nur immer
geschikt sind. Allein hier sollte man die Grenzlinie

ziehn, die die Geschäfte und Vergnügungen beider
Geschlechter absonderte.

Es ist ein befremdender Anblik, ein iunges
Frauenzimmer in einem Kaffehause unter einer grossen
Menge wilder und gesitteter Menschen aus allen
Ständen zu sehen, und an allen Gesprächen Theil
nehmen zu hören. Dieser Gebrauch reißt die lezte
einzige Schuzwehr nieder, die ihrer Tugend in grossen
Städten übrig bleibt. Die schöne weibliche Schaam=
haftigkeit wird erstikt, und mit ihr der edelste Reiz
des Mädchens.

Es ist ein befremdender Anblik, zur Stunde,
da eine gelehrte Gesellschaft oder ein Kabinet eröfnet
wird, eine Heerde Frauenzimmer hineinstürzen zu
sehn, die zum Uiberfluß ihrer Kinder, oder noch öfter
ihre Schooßhündchen mitbringen, und zu weiter nichts
dienen, als den Männern ihren Plaz zu rauben, den
sie ihnen aus Höflichkeit zugestehn müssen, und durch
partheiischen, unverständigen Beifall den Mann von
Verdienst zu erbittern, und den Narren, der das Glük
hatte, ihnen zu gefallen, noch närrischer zu machen. —

Paris est le ciel des femmes, le purgatoire
des hommes, & l'enfer des chevaux, Dieser
Ausspruch Merciers ist zum Sprichwort geworden. Es
giebt, nach Verhältniß, sehr wenig schöne Frauenzim=
mer in Paris. Alle durchgehends legen stark Roth
auf; dies ist die Mode. Man sucht nicht im minde=

ften die Natur nachzuahmen, oder ihr aufzuhelfen;
man legt nur einen dikken rothen Flek dicht unters Auge, der oft mit der braunen Gesichtsfarbe den häßlich-
sten Kontrast macht. Indessen giebt es auch schöne
Gesichter, die der Natur nicht die Schmach zufügen,
sich so unnatürlich zu schminken; aber ihrer sind
wenige. Man kann sich leicht vorstellen, welchen
hohen Werth der liebedurstige Pariser auf die Schönheit sezt. Wenn ein schönes Gesicht in der Loge
erscheint, so klopft das Parterr mit den Stökken, und
klatscht in die Hände, zum Zeichen des Beifalls; eine
Ehre, die selbst der König nicht allemal genießt.

* * *

Die Leichenbegängnisse der Grossen und Reichen
werden mit ausserordentlicher Pracht vollzogen. Der
Sarg des armen Mannes wird, von einigen Geistlichen begleitet, durch das Gewühl zu seiner stillen
Gruft geschleppt. Der Pariser zieht seinen Hut
ehrerbietig ab, wenn er einer solchen Prozession begegnet, und wenn ein Fremder vorbeigeht, ohne dies
zu thun, so vergißt der Pöbel, in dessen Kopf Engländer, Protestant und Heide einerlei ist, gewiß
nicht den Zuruf: Monsieur l'Anglais, ôtez le
chapeau! Einen sonderbaren Anblik giebt es, ein
solches Trauergefolge durch das Machtwort eines Fiacres in die Flucht gejagt zu sehen.

* * *

Selten verläßt ein Franzose sein Vaterland, um die Sitten, Gebräuche, die Literatur, das Genie und die grossen Menschen anderer Nationen kennen zu lernen. Seine Vaterlandsliebe fesselt ihn an seinen Boden; seine Unwissenheit mahlt ihm alle Völker als Barbaren ab; er glaubt alle Schäzze der Weisheit innerhalb der Grenzen des Königreichs aufgehäuft. Wozu soll er denn reisen?

Nichts als die dringendste Noth, nichts als der Hunger vermag den Franzosen in ein fremdes Klima zu treiben. Wenn sein Vaterland ihm sogar die nothwendigsten Bedürfnisse des Lebens versagt, wenn er von Thüre zu Thüre gewiesen wird, ohne irgendwo Beistand zu finden, alsdann übereilt ihn ein plözlicher Anfall von Haß gegen das Land, das ihn gebar; er ergreift den Wanderstab, und eilt, die Grenzen desselben zu grüssen. — Ein nachbarliches Volk, das seine Künstler, seine grossen Geister verfolgt und verachtet, und nur von der Seine her Licht und Wärme erwartet, nimmt den flüchtigen Fremdling gastfrei auf, pflegt sein, und schüttet in seinen Schooß das Gold, dessen das vaterländische Genie bedurfte, um seinen Hunger zu stillen. In wenig Jahren darf der Flüchtling nicht mehr sorgen; die Freigebigkeit seiner gutherzigen Gastfreunde hat ihn auf immer für Noth und Elend gesichert. Izt kehrt er heim in sein Vaterland, wo er bald von Schaaren Neugieriger umringt wird, die ihn, wie von den Todten erstanden, betrachten, sich höchlich wundern, daß er unter den sauvages du nord nicht iämmerlichen Todes gestorben, daß er nicht einen ellenlangen Bart trägt, und auf einem Bären reitet. Dann kehrt der Gereiste in sein Kämmerlein zurük, und schreibt Voyages, Mémoires secrets, Anecdotes — und der Pöbel ließt und schaudert.

Zuweilen sendet der König Akademiker aus, die reich beladen mit fabelhafter Beute zurükkehren. Auch Brittanien sendet Philosophen auf Menschen = und Naturkunde aus — Forster und la Chappe d'Auteroche — Himmel, welcher Vergleich!

$$* \quad * \quad *$$

In andern Ländern hört man ungemein viel von der Lustigkeit der Franzosen erzählen. Sie ist bei der Nation seltner geworden, und der Pariser kennt sie schon lange nicht mehr. Man gewöhnt sich an die Idee, die Franzosen als beständig hüpfende, singende Wesen zu betrachten; aber man sieht sich getäuscht, sobald man die Grenze betritt. Allenthalben bleiche, traurige Gesichter, finstre Minen; überall Sorge nach Reichthum und Ehre; nirgend Frölichkeit und Scherz. Selbst der tändelnde Stuzzer, dessen höchstes Ziel ein Kuß oder eine Schäferstunde ist, betreibt seine petites affaires mit einer Ernsthaftigkeit,

die Lachen erregt. In den Logen lauter finstre Ge=
sichter; nur selten vermag ein lustiger Einfall die
Stirnen aufzuheitern. Das Parterr scheint ofner für
die Freude zu seyn. Den Bürger und Handwerks=
mann sieht man nie lachen; der lächelt nur — wenn
er den vergoldeten Wagen vorbeirollen sieht, für wel=
chen er noch keine Bezahlung erhalten hat.

Tanz und Gesang sind aus allen guten Gesell=
schaften verbannt. Auf den öffentlichen Bällen und
Maskeraden versammelt man sich nur — um tan=
zen zu sehen.

Das Vaudeville, eine der kräftigsten Volkssitten,
wird nur gekauft und gelesen. Ehedem war das
Vaudeville das Grab der Vergessenheit, in welches
der Pariser seinen Kummer und seine Klagen ver=
schloß; aber es ward auf den Gassen gesungen. Dies
ist nun gänzlich verbotten.

Nie habe ich unzufrieden oder mißvergnügt blei=
ben können, wenn ich heim in meinem Vaterlande
ganze Reihen frölicher Menschen mit brüderlich in
einander geschlungenen Armen durch die Gassen
schlendern sah, und aus ihren von Natur melodi=
schen Kehlen einfache fröliche Gesänge hervorquel=
len hörte. —

Der überhandnehmende Hang zur Schwermuth
erzeugt häufig den Selbstmord; Beispiele eines aus
Traurigkeit entstandenen Wahnsinns sind nicht selten.

Die

* * *

Die Vornehmen und Großen haben ihre Hotels gewöhnlich in den entlegenſten, unbeſuchteſten Gaſ= ſen; dort athmet man reinere Luft, und iſt von dem betäubenden Gewühl entfernt.

Die mittlere Klaſſe von Einwohnern muß man= ches wahre Bedürfniß entbehren, weil der Reiche Schwelgerei zu ſeinem Bedürfniß macht. Man wohnt enge und unbequem, weil ein einzelner Reiche ein ganzes Hotel zu ſeiner Wohnung braucht. Zahlreiche Familien aus der Mittelklaſſe ſind in kleine Zimmer zuſammengedrängt, denen man, troz ihrer geringen Ausdehnung, durch eine ſpaniſche Wand, das An= ſehn von mehrern zu geben ſucht. Die Möbeln ſind gemeiniglich artig. Die Fenſter gehen bis auf den Fußboden herunter, welches der Kälte und dem Zugwind Einlaß geſtattet. Faſt alle Häuſer ſind dunkel, und haben ein trauriges Anſehen. Der un= terſte Stok empfängt nie die Stralen der Sonne, da= her dieſe Zimmer beſtändig feucht und kalt ſind.

Das Holz iſt in Paris entſezlich theuer, und vngeachtet dieſer Theurung vertauſcht man noch im= mer nicht die Kamine gegen Oefen, die doch ſo viel mehr Vortheil gewähren. Die Kamine erfordern nicht nur gröſſern Aufwand an Holz, ſondern das Feuer ſchadet auch den Augen auſſerordentlich, und überdem iſt die Wärme, die auf dieſe Art hervor=

R

gebracht wird, so ungleich, daß man, um sich zu erwärmen, dicht ans Feuer hintretten muß, da man denn von einer Seite geröstet wird, wenn man von der andern für Kälte erstarrt. — Die Fußböden sind gewöhnlich mit kleinen vieleckigen Steinen gepflastert.

Man schläft durchgehends auf Matrazzen und unter leichten seidenen oder wollenen Dekken; eine heilsame Gewohnheit, die auch an den Orten wünschenswerth ist, wo man bisher noch in und unter den ungesunden Federbetten schwizt. Statt des Kopfkissens erhält man einen harten Wulst, der anfangs Kopfschmerzen verursacht, wenn man seiner nicht gewohnt ist.

Die Zimmer sind fast durchgängig mit Tapeten ausgeschlagen. Über dem Kamin ist ein Spiegel eingemauert, und oft ist das ganze Zimmer mit Spiegeln behängt. Die Platten der Kommoden und Tische und das Gesims des Kamins ist fast allenthalben von Marmor.

Der größte Theil der Chambres garnies macht eine Ausnahme von allem, was ich izt gesagt habe. Sie sind dunkel, unreinlich, selten gut möblirt, und fast durchgehends von allen Arten Ungeziefers bewohnt.

Die meisten Häuser, selbst der Bürger, haben Portiers. Ein trefflicher Gebrauch, dessen Einführung sehr geringe Hindernisse im Wege stehen. Der Portier treibt gewöhnlich ein sitzendes Handwerk, und erhält, für seine Geschäfte, als Thorwärter, nur freie Wohnung.

Nicht nur die Hausthüren, sondern auch die innern Thüren, Gänge, u. s. w. haben Aufschriften. Auf diese Art hat man alle Anzeigen, deren man bedarf, ohne zu suchen oder zu fragen. Oft redet der Besitzer des Hauses auf eine seltsame Art durch Inschriften, als ob er gegenwärtig wäre.

Die Vornehmen halten viele Bediente und Pferde; dies ist Ton. Der Mittelmann, der keinen Kutscher bezahlen kann, und der Elegant, der seine Strümpfe nicht beschmuzen mag, fahren im Kabriolet. Selten sieht man einen Wagen mit vieren oder sechsen bespannt. Die grossen Hunde sind ausser der Mode.

Alle Lebensmittel sind ausserordentlich theuer. Hieran ist die Schwelgerei der Grossen und die Accise Schuld.

Der Tisch des Mittelmanns ist schlecht besetzt. Die Tables d'hôtes sind gröstentheils sehr mager. Das erste Gericht ist gewöhnlich die Suppe, welche man Bouillon nennt, und die aus warmem Wasser und etwas Brod besteht, welches leztere Soupe genannt wird. Die zweite und dritte Schüssel besteht aus Fleisch, welches auf verschiedene Art zubereitet wird, und etwas Gemüse. Die Zuthaten sind fast immer ärmlich und sparsam. Ein Braten macht den

Beschluß, auf welchen das Dessert folgt. Die Ku=
chen sind schmakhaft und schöne Lokalgerichte sind die
Frösche, die Makrele, ein delikater Seinefisch, und
einige zusammengesezte Speisen.

Das Brod ist durchgängig weisses, und sehr un=
kräftig und geschmaklos. Der gute Wein ist selten;
am häufigsten findet man Burgunder. Oft führt er
diesen Namen mit Unrecht. Man braut vortrefliches
Bier, welches dem englischen nahe kommt. Das
Seinewasser verursacht oft heftige Koliken, und ist,
selbst geläutert, allzu ekelhaft, als daß man es ohne
Wein trinken könnte. Nach Tisch wird häufig Liqueur
getrunken. Der Kaffe folgt gleich auf das Dessert;
man bleibt dabei an der Tafel sizzen; er wird nur
tassenweis, nicht wie in Deutschland, kannenweis,
getrunken.

Der Brie'er Käse ist der gemeinste. Er schmekt
angenehm, und soll gesund seyn. Unter allen
Mischungen für die Befriedigung des Gaumens wird
das Eis wohl am künstlichsten und lekkerhaftesten zu=
bereitet; die Franzosen sind Meister in der Verfer=
tigung desselben.

En France on ne prie jamais le bonDieu—
sagte iener deutsche Edelmann, und er hatte Recht.
Man sezt sich allenthalben zu Tisch, ohne durch ein
minutenlanges Stillschweigen die heiligen Engel zu
Gaste zu laden.

Servietten und Tischzeug sind selten von feinem Zwillich, sondern am gewöhnlichsten von grober Leinewand, die oft mit rothen Streifen geziert ist. Nirgend, selbst wenn man zu Gaste geladen wird, erhält man das Messer, welches man daher stets bei sich führen muß. Messer, Löffel und Gabel sind in ganz Frankreich, selbst in den armseligen Hütten von Champagne, von Silber. —

Der Friseur ist dem Franzosen unentbehrlich, aber die Wäscherin nicht. Die Etikette hat bestimmte Tage für den Anfang der Frühlingstracht, Sommertracht, u. s. w. festgesezt, die der Elegant, troz der widrigen Witterung, heilig beobachtet. Jedermann trägt hier Uhren, und zwar goldene. Selbst die Lastträger haben deren. Dieser Uiberfluß rührt von der schnell wechselnden Mode und von dem Lombard her, wo Einsmals vierzig Tonnen voll goldener Uhren versezt waren. Schwarze Kleider sieht man am häufigsten; dies ist die Tracht aller in öffentlichen Aemtern stehenden Personen. Man kann in einem schwarzen Kleide allenthalben erscheinen, aber es verräth Unvermögen. Der Degen wird selten, und mit einer Bandschleife getragen. Man reitet häufig in Schuhen.

Das Leben der geschäftigen Klasse geht Morgens um acht Uhr an. Die Vornehmen trinken ihre Chokolate um zehn. Um zwei Uhr speist der Bürger zu Mittag, um drei Uhr der Kaufmann, und

um vier Uhr der Grosse. Abends wird um neun
oder zehn soupirt. Die Wagen rollen bis gegen An-
bruch der Morgenröthe.

Der Handwerker lebt in einer wahren Sklaverei.
Ungewiß, ob sein Verdienst für die Bedürfnisse des
folgenden Tages hinreichend seyn wird, arbeitet er
unaufhörlich nur für den gegenwärtigen Augenblik.
Der Sonntag ist sein Freudentag; dann geht er entweder nach Vaugirard, oder in eins der Lustschlösser.
Dort verzehrt er den Schweiß von sechs sauren Ar-
beitstagen beim Anblik der Pracht und Herrlichkeit
der Grossen, die für alles, was das Glük ihnen
zuwarf, vielleicht nicht sechs saure Stunden gehabt
haben.

* * *

Ein König von Frankreich, der von seinen Unterthanen gehaßt wird, muß ein Ungeheuer seyn.
Keinem Fürsten wird es leichter, sich die Liebe seines Volks zu erwerben. Die Ergebenheit der Franzosen gegen ihren König erstrekt sich auf alles, was
nur den entferntesten Bezug auf den Monarchen hat.
Nie ist ein Pariser gesprächiger, als wenn man von
seinem Könige redet.

Diesen, oft ans Lächerliche grenzenden, Enthusiasmus hat Moore so treflich karakterisirt, daß man
die Originale gewiß nicht verkennt.

Die Anhänglichkeit und Vorliebe der Nation
für ihren König haftet aber nur an der Würde. Man

haßte Ludwig den Fünfzehnten, aber man liebte den König; man spöttelt über die Indolenz seines Nach-folgers, den die Jronie mit dem Beinamen le Debonnaire beschenkt hat, aber man ehrt seine Würde. Sobald der Tod den König von dem Menschen son-dert, sobald bricht auch das Urtheil der Nation den Stab über ihn, und oft noch ehe die Geschichte ihren unpartheiischen Griffel ergreift. — Als Ludwig der Fünfzehnte starb, ward ihm prächtiges Ehrendenk-mal in der Kirche Notre Dame gehalten. Kaum war die Feierlichkeit vorbei, und die Thüren des Tempels geschloffen, als man folgende Inschrift, mit goldnen Buchstaben auf eine grosse Tafel ge-malt, an denselben hängen sah:

Louis de fes honteux deftins
A fini la carrière.

Pleurez coquins, pleurez putains!
Vous avez perdû vôtre père.

Ein einzelner Geschichtschreiber, ein ganzes Zeit-alter, ia selbst eine ganze Nation kann getäuscht werden, und sich in ihrem Urtheil trügen; aber die Entscheidung der Nachwelt ist immer gerecht. Sie ists, die über Heinrich den Vierten und Ludwig den Fünfzehnten gesprochen hat; sie ists, die in dem Munde der Enkel die Segenswünsche und Flüche wie-derholt, welche sie ihre sterbenden Väter stammeln lehrten.

Guter Heinrich, edler Fürst, du, der du der
Sieger und Vater deines Volks warst *, du, dessen
Name aus der langen Reihe deiner Vorfahren der
Einzige ist, der in den Hütten lebt **, dein Andenken bedarf keines prunkvollen Mausoläums und keiner
Verewigung in Erz und Marmore! Du lebst in den
Herzen deiner Unterthanen, deren edler Theil dir
mit Recht noch izt seine dankbaren Thränen weiht,
und deinen himmlischen Geist zum Schuzengel seines
Vaterlandes erfleht. Wenn die reinste Verehrung,
wenn die heissesten Wünsche Wunder zu bewirken
vermöchten, gewiß, du müßtest in Gestalt eines
wohlthätigen Engels herab schweben zu deinem Volk,
um es zum zweitenmal zu beglükken!

Ich habe einen jungen Mann von Patriotismus
und Gefühl gekannt, der nie anders, als mit höher-
klopfendem Herzen und bebender Lippe von Heinrich
dem Guten sprach, und dem oft, während der Erzählung seiner Unglüksfälle beredte Thränen von den
Wangen liefen. Die Geschichte von Heinrichs Geist
und Herzen ist das Gebetbuch der Nation; Jeder
aus dem Volk kennt seine Thaten und Schiksale,

* Qui fut de fes fujets & le vainqueur & le
père.

** Le feul roi, dont le pauvre ait gardé la
mémoire.

kennt ihn als Fürst und als Mensch. Man erzählt sich die Anekdoten, die die Geschichte uns von ihm aufbehalten hat, und wird nicht müde, sie sich zu erzählen. Der Enthusiasmus für Heinrich den Vierten grenzt an Vergötterung.

Einst gieng ich über den Pont neuf. Bekanntlich haben auf demselben und der Statüe Heinrichs des Vierten gegenüber die Orangenverkäuferinn ihre Buden. Ein Käufer gerieth mit einer solchen Frau in Streit, und beschuldigte sie eines Betrugs. Fi, vilain, rief sie, statt aller Verantwortung, aus: de me reprocher la fourberie en présence de ce bon roi! Was würde diese Frau gesagt haben, wenn sie einer Kirche gegenüber gestanden hätte?

* * *

Seit Voltairs Tode hat Paris keinen Abgott mehr gehabt, dem Alles, alles ohne Ausnahme, gefröhnt hätte. Die Geschichte der lezten Tage dieses grossen Mannes ist eben so gut ein Beitrag zur Karakteristik von Paris, als sie das Herz des alten Dichters der Beobachtung öfnet; in beiden Rüksichten verdient sie hier die Stelle.

Der Weise von Ferney, wie ihn die kleine Welt Paris nannte, entschloß sich noch in seinem hohen Alter, den stillen Wohnsiz seiner philosophischen Muse zu verlassen, um sich noch einmal in das Gewühl der

Hauptstadt zu stürzen, und zum letztenmal persönlich den Lorbeer entgegen zu nehmen, den ihm tausend Stimmen in Osten, Westen und Norden zuerkannten. Er verließ sein Ferney, das Werk seiner Schöpfung, auf immer; er kam in die Hauptstadt, um, zum Skandal aller Orthodoxen, durch seinen Tod das System seines Lebens zu besiegeln. Und die erleuchtete Hauptstadt des erleuchtesten Volks, das ihm wenig Tage vorher Altäre errichtet hatte, versagte seiner schuldlosen Hülle ein Plätzchen Erde, um ungestört zu verwesen. ——

Als Voltaire in Paris ankam, frugen ihn, wie gewöhnlich, die Visitatoren an der Barriere: ob er keine Kontrebande bei sich führe. Nichts, als mich selbst, gab er zur Antwort.

Kaum erscholl das Gerücht von Voltairs Ankunft, als der Schwindel der Vergötterung sich aller Köpfe bemächtigte. Bald gieng der Enthusiasmus für den Mann in Raserei über. Kein Sieger, kein Eroberer, kein Erdengott hat ie einen so vollkommenen Triumpf genossen, als der Dichter von Ferney.

Zwar war dieser Triumpf mit kleinen Bitterkeiten vermischt; aber, ohne dies, wie hätte der Mensch ihn ertragen? Sie waren die Würze, die ihn nur desto empfänglicher für sein Glük machte. Ehrsüchtiger war nie ein Erdensohn, als Voltaire. Er sog die Fülle des Ruhms in sich, wie der Schwamm das Wasser, ohne gesättigt zu werden.

Die Königin hatte ihm versprochen, bei der Aufführung eines seiner Trauerspiele zugegen zu seyn; der Philosoph strozte von eitler Hofnung — und ward getäuscht. Ein Prokurator, den Voltaire Geschäfte halber besuchen mußte, war so indiskret, ihn um seinen Namen zu fragen, und, troz dieser Demüthigung, als einen ganz gewöhnlichen Klienten zu behandeln. Ein Charlatan auf dem Ludwigsplaze pries seine Künste dem Publikum an, und versicherte ein Schüler des grossen Meisters Voltaire zu seyn. Bei Gelegenheit seiner Krönung in der Comédie française die durch Brisard geschah, lief folgendes Epigramm im Parterr herum:

Ah, qu'il est beau de récevoir la couronne,
  Quand c'est Arlequin, qui la donne.

Wenn indessen die einstimmigste, allgemeinste Verehrung einer grossen aufgeklärten Stadt für diese kleinen Unfälle ein Ersaz seyn konnte, so war Voltaire mehr als entschädigt. Der Taumel, der alle Stände und Alter ergriffen hatte, und alles zur Verehrung des Dichter fortriß, gieng so weit, daß der Gegenstand derselben für Schaam erglühte. Mitten unter den Tempeln, Altären, Kronen, Lobgedichten und Festen, die seinetwegen entstanden, sagte er leiſe zu einem ſeiner Vertrauten: Je ſuis comme Spartacus, je rougis de ma gloire.

Mehr als einmal war er im Begrif, Paris zu verlaſſen; aber es ward ihm ſchwer, ſich von einem Ort loszureiſſen, wo Freundſchaft und Bewunderung ihm ſo viele Altäre erbaut hatten. Seine ganze Zufriedenheit mit ſeiner Aufnahme in Paris malt ſich in folgenden Gedicht, eins der lezten, die aus ſeiner Feder floſſen.

Les adieux du Vieillard.

Adieu mon cher Tibulle *, autrefois ſi vo-
lage,
Mais toujour chéri d'Apollon,
Au Parnaſſe fêté, comme au bord du Lignon,
Et dont l'amour a fait un ſage.
Des champs éliſéens, adieu, pompeux rivage,
De palais, de jardins, de prodiges bordé,
Qu'ont encore embelli, pour l'honneur de
notre age,
Les enfans d'Henri Quatre & ceux du grand
Condé;

* Der Markis von Villette, einer von Voltairs vertrauteſten Freunden, der auch Ferney an ſich gekauft, und dem verſtorbenen Dichter ein Denkmal errichtet hat.

Combien vous m'enchantiez , mufes, graces
nouvelles ,
Dont les talens & les écrits
Seront de tous nos beaux-efprits
Ou la cenfure, ou les modèles.
Que Paris eft changé! Les Welches n'y font
plus !
Je n'entens plus fiffler les ténebreux reptiles,
Les Tartuffes affreux, les infolens Zoiles ,
J'ai paffé : de là terre ils etaient difparûs.
Mes yeux après trente ans n'ont vû qu'un
peuple aimable,
Inftruit , mais indulgent, doux ; vif & fo-
ciable.
Il eft né pour aimer. L'élite de Français
Eft l'exemple du monde & vaut tous les An-
glais.
De la focieté les douceurs defirées
Dans vingt états puiffans font encore igno-
rées ;
On les goute à Paris. C'eft le prémier des arts.
Peuple heureux! il naquit , il regne en vos
remparts.
Je m'arrache en pleurant à fon charmant em-
pire ;

Je retourne à ces monts qui menacent les
cieux,
A ces autres glacés, ou la nature expire —
Je vous regretterai à la table des Dieux!

Der Weihrauch, den ein Dichter verschenkt, muß
rein seyn, wenn er nicht seine Wirkung bei vorur=
theilfreien Menschen verfehlen soll. Es ist unedel,
ein Volk auf Kosten aller übrigen zu loben. Aber
so machte es Voltaire immer; sobald seine philoso=
phischen Grundsäze mit irgend einer seiner Leiden=
schaften in Kollision kamen, so mußte die Philoso=
phie weichen.

Alles wetteiferte, sich dankbar zu bezeigen. Noch
war Voltaire nicht in den Orden der Freimaurer
getretten; die Loge des neufs Soeurs, der Mit=
telpunkt aller Kenntnisse und der Sammelplaz der
vorzüglichsten Gelehrten und Dilettanten, trug ihm
die Aufnahme an, und der alte Mann war eitel ge=
nug, den Antrag nicht auszuschlagen. Der Orden
triumpfirte; Lustbarkeiten iagten Lustbarkeiten, und
die Hallen ertönten vom Lobe des Neugeweihten:

Au seul nom de l'illustre frère
Tout maçon triomphe aujourd'hui;
S'il reçoit de nous la lumière,
Le monde la reçoit de lui.

Aus der Loge gieng der gepriesne Greis in die
Tempel der Freude. Er besuchte die berühmtesten
Kourtisannen, und ward von ihnen wieder besucht.
Sein Wiz schien sich zu veriüngen; er floß über von
Schelmereien und Kalembours, die, kaum geboren,
den Hof belustigten, die Stadt in Entzükken sezten,
und die Tartüffe ärgerten.

In die Académie des belles lettres gieng er
nicht, weil sie meistens aus Andächtigen bestand, und
einen seiner stärksten Antagonisten, den Herrn l'Archer,
aufgenommen hatte; aber die Académie des
Sciences besuchte er. D'Alembert und Condorcert
hatten ein eignes Zeremoniel für diesen Besuch vor=
geschrieben, und in Vorschlag gebracht, ihn par
acclamation aufzunehmen; allein seine Feinde
wußten dies zu hintertreiben. Sie merkten an, daß
man, um den Triumpf noch glänzender zu machen,
vorher die Erlaubniß des Königs einholen müßte;
Ludwig der Sechszehnte war Voltaire nicht gut, und
so unterblieb alles. Indessen war der Besuch doch
glänzend und rührend. Die ganze schöne und
feine Welt von Paris war bei einem der feierlichsten
und größten Auftritte zugegen. Zwei grosse Genies,
zwei ehrwürdige Greise, die Erleuchter von zwei Welt=
theilen, Voltaire und Franklin, genossen unter brü=
derlicher Umarmung den Triumpf, den das dankbare
Publikum ihnen mit Entzükken zollte.

Der unbegrenzte Ehrgeiz, der Voltaire tiranni=
firte, bewog ihn, troz seines unermeßlichen Ruhms,
eine Arbeit zu übernehmen, wobei seine literarische
Grösse unmöglich etwas gewinnen konnte. Er nahm
die Revision eines Theils des Wörterbuchs der Académie française auf sich, und diese Arbeit, die ihn
erstaunlich angrif, und ihn zwang, seine Zuflucht zu
ermunternden Getränken zu nehmen, ward die Ur=
sache seines Todes. Er trank in den lezten Tagen
seines Lebens ungewöhnlich viel Kaffe, und dies be=
schleunigte sein Ende, das, der Konstitution seines
Körpers nach, noch um mehrere Jahre entfernt ge=
wesen seyn würde.

Die Nachricht von seinem übeln Gesundheits=
zustande sezte die ganze geistliche Welt in Aufruhr.
Der Pfarrer von Saint Sülpice drängte sich dem
Sterbenden auf. Man hielt ihn so lange ab, bis
man glaubte, daß sein Besuch keinen Eindruk mehr
auf den Patienten machen würde. Als Voltaire ihn
erblikte, kehrte er sich gegen die Mauer um, und
sagte: Monsieur le Curé, laissez-moi mourir
en paix. Einige Lustigmacher sprengten aus, er hätte
gesagt: au nom de Jesus-Christ, laissez moi mourir en paix; aber so sehr dies Voltaire ähnlich steht,
so ist es doch nicht wahr. — Die lezten Augenblikke
in dem Leben dieses merkwürdigen Mannes haben
das Unglük gehabt, in tausend Memoires tausendfach
ver=

verändert, und faß durchgehends mit den unsinnig-
sten Lügen verbrämt zu werden. Der Verfasser der
Gazette de Cologne, welches damals ein Jesuit
war, ließ sogar drukken, Voltaire sei in den schreklichsten Konvulsionen, unter fürchterlichen Verwünschungen gestorben, und habe während seiner Krankheit so sehr alle Besinnung verlohren gehabt, daß er
seinen eigenen Unrath gegessen habe. Solche elende
Kunstgriffe muß eine Parthei ergreiffen, sobald sie mit
Waffen des Aberglaubens gegen Waffen der Ver-
nunft zu kämpfen hat.

Ein ewiges Denkmal zur Schande des achtzehnten Jahrhunderts und der französischen Regierung
sind die niedrigen Kabalen, die man spielte, um das
Andenken eines Mannes zu entehren, der bei seinem
Leben der Stolz der Nation und die Fakkel des Jahrhunderts gewesen war. Sein Neffe, der Abbe
Mignot, sah sich gezwungen, die lächerlichste Komedie mit dem Leichnam zu spielen, um ihn unter die
Erde zu bringen. Man nähte den Körper, der in
Paris geöfnet war, wieder zusammen, sezte ihn in
einen Wagen, und gab vor, daß Voltaire in demselben gestorben wäre. Durch diese List gelang es
dem Abbe, den Leichnam in seiner Abtei zu Scelli-
res in Champagne unterzubringen. Indessen erregte
dies noch sehr viel Lerm von Seiten des Erzbischofs
zu Paris, und es hätte nicht viel gefehlt, so wären

die Gläubigen mit Schaufeln und Spaten ausgezo=
gen, den halbverweseten Körper aus seiner Gruft zu
scharren. Die Regierung verbot den Zeitungsschrei=
bern und Journalisten, von dem Verstorbenen zu
reden, und die französische Komedie erhielt den Be=
fehl, keins von seinen Stükken, bis auf weitere
Order, aufzuführen.

Das Testament des alten Dichters, das er schon
lange vorher aufgesezt hatte, schwächte den Enthu=
siasmus seiner Panegyristen gar sehr. Mademoiselle
Denis, die Nichte des Verstorbenen, war zur Uni=
versalerbin eingesezt. Sie erhielt eine iährliche Pen=
sion von achzigtausend Livres und vierhunderttausend
Livres baar. Seinem Sekretair, der ihm so treu und
gewissenhaft gedient hatte, ohne welchen er in den
lezten Jahren seines Lebens gar nicht seyn konnte,
und den er selbst seinen fidus Achates zu nennen
pflegte, hatte er nur achttausend Livres hinterlassen.
Sein Bedienter, der dreissig Jahre bei dem übel=
launigen, kränklichen Mann ausgedauert hatte, er=
hielt ein kleines Jahrgeld, und die Armen zu Ferny
dreihundert Livres. Dies Testament bestätigte das
Publikum in der Meinung, die man hin und wieder
schon lange von seinem Herzen gefaßt hatte.

Es ward in Neckers Klubb vorgeschlagen, ihm
eine Statüe zu errichten. Der Doktor Riballier
verfertigte eine lateinische Inschrift dazu, die in Je=

dermanns Händen ist. Weniger bekannt, und in
wenigen Worten treffender, ist folgende Grabschrift,
die von J. J. Rousseau herrühren soll:

Plus bel esprit que grand génie,
Sans loi, sans mœurs & sans vertu,
Il est mort, comme il a vécu,
Couvert de gloire & d'infamie.

Die Loge des neuf Sœurs feierte den Verlust
ihres grossen Jüngers auf eine rührende Weise. Ganz
Paris nahm Theil an den Klagen seiner Verehrer.
Der Hof blizte, die Geistlichkeit stürmte, der Pöbel
spie auf das Grab dieses seltenen Mannes. Ein
Patriot wagte das Andenken Voltairs durch eine
zwekmässige und prächtige Ausgabe seiner Werke zu
ehren; man bewafnete sich mit dem Bannstral gegen
dies Unternehmen. Aber vergebens sucht man den
Feuerlauf der Ideen zu hemmen. Voltaire lebt ewig;
seine Grundsäzze, gut und böse, wie sie sind,
werden von Jahrhundert zu Jahrhundert fortfliegen,
und noch bei der spätesten Nachwelt der Kodex für
Menschheit und Duldung, der Zankapfel der Philoso=
phen, und das Aergerniß der Schwachen seyn.

* * *

Die Ehen zu Paris werden gewiß nicht im
Himmel geschlossen. Selten sieht man ein glükliches

Paar. Von auſſen verkündigt alles Friede und Einig=
keit, und wenn man ins Innere der Familien dringt,
wird man die ſchreklichſten Zerrüttungen gewahr.
Ein liebenswürdiger Mann, ein trefliches Weib, die,
einzeln betrachtet, geſchaffen ſcheinen, ihr wechſel=
ſeitiges Glük zu machen, bilden die ſchlimmſte Ehe.
Die Urſache dieſes entſezlichen Unglüks iſt der Luxus.

Eine überaus groſſe Anzahl iunger Leute ver=
heurathen ſich nie, zu groſſem Schaden der Sittlich=
keit und des Staats.

Der Ton, der in einer Familiengeſellſchaft
herrſcht, iſt einzig. Mercier hat ihn meiſterhaft ge=
zeichnet. Sobald der alte Vater in ſeinem Sorgeſtuhl
den Mund öfnet, widerſpricht ihm Sohn und Toch=
ter, Enkel und Enkelin.

Die ſchlechten Ehen ſind die Urſache der ſchlech=
ten Kindererziehung; alle älterliche Liebe, alle kind=
liche Ehrfurcht iſt verſchwunden. Der Couſin Ja-
ques hat ſeinen Lunes eine Familienſzene von der
gemeinſten Gattung einverleibt; ſie iſt allzukarakteri=
ſtiſch, als daß ich den Raum bedauren ſollte, den ſie
hier einnimmt.

Nota. Ce ſont d'honnêtes bourgeois en
famille, dont on vante partout l'union, &
qui vivent, dit-on dans la paix la ſplus pro-
fonde. Les voici tous raſſemblés à table, un

jour de gala ; & pour un fi, pour un mais on va voir comme les bons parens s'aiment & fe chériffent réciproquement. C'eft exacte-ment le tableau de ce qui fe paffe tous les jours.

L'A y e u l. (brufquement)

Eh, mon gendre! ayez un peu de po-liteffe, s'ils vous plait!

L e g e n d r e. (en colère)

Eh, mon beau-père! ayez un peu d'égards pour moi!

L a g r a n d' m e r e. (avec humeur)

Eh, mon mari! vous êtes toujours à le tracaffer, vous!

L'a y e u l. (en colère)

Eh, ma femme, de quoi vous melez vous? mangez & taifez vous!

L a f i l l e. (brufquement)

Eh, mon père! laiffez là ma mère! ne pourroit-on pas vivre une heure fans fe que-reller?

Le petit-fils. (en colère)

Eh, ma mêre, allez-vous auffi vous mettre de la parti?

La femme du petit-fils. (avec humeur)

Eh, toi, l'ami! de quoi te mêles-tu?
as-tu quelque droit içi, pour impofer filence
à quelqu'un?

Le coufin du petit-fils. (en colère)

Eh, ma coufine, toutes ces brufqueries
là ne font qu'augmenter la brouille!

La nièce du coufin. (brufquement)

Eh, mon Oncle! fi vous n'aviez rien
dit, tout feroit fini, & l'on n'y fongeroit plus.

L'ayeul. (avec beaucoup d'humeur)

Eh, Madame, vôtre confeil fi moderé
ne fert à rien; quand j'ai à me plaindre....

La petite fille (en colère)
Eh, mon grand' père!

Le gendre. (en colère)

Eh, ma fille, tais-toi! j'ai deja affez
d'humeur....

L'ayeul. (très-vivement)

Eh, Monfieur, fi vous avez tant d'humeur, il faut la faire effuyer à d'autres qu'à
moi.

L e g e n d r e. (arrachant ſa ſerviette)

Eh, c'eſt vous, qui m'en donnez avec vôtre radotage !

La g r a n d' m è r e. (lui jettant ſon aſſiette à la figure)

Vous êtez un inſolent ! vous manquez à vôtre beau-père!

L e g e n d r e. (empoignant une jaqueline pleine de ceriſes à l'eau de vie)

Si vous ne vous taiſez, je briſe cette bouteille contre vôtre tête !

L a f i l l e. (ſaiſſiſſant le porte-mouchette)

Scélérat ! ſi tu l'oſes, je te trépane avec cet inſtrument !

La f e m m e du p e t i t - f i l s.
Et moi, je vous calcine avec ce chandelier !

Les plats, voltigent, les bouteilles ſe caſſent, les têtes ſe froiſſent, les epaules ſe demettent &c. &c. tout le monde ſe ſépare.

La n i è c e du c o u ſ i n.
(en eſſuyant ſon nez, qui ſaigne)

O la charmante union ! ô les bons pa-rens !

Der Vater oder Ehemann nennt seine Gattin oder seine Kinder nie anders als bei ihrem Familiennamen. Dieser höfische Ton, dies entfernte, zurükhaltende Betragen bannt iede liebevolle Vertraulichkeit aus den Familienzirkeln; man glaubt in eine Gesellschaft gekommen zu seyn, in welcher man sich erst seit einigen Tagen kennen gelernt hat.

Oft genießt der Bediente einer Vertraulichkeit, die der Ehemann vergebens wünscht. Man weiß, daß in Frankreich der Kammerdiener eine viel grössere Rolle spielt, als in andern Ländern. Er geht nie in Livree, und trägt einen Federhut. Man sieht sehr oft Damen am Arm ihres Bedienten spazieren gehn. Es ist Ton, wenigstens einen schönen Bedienten im Dienst zu haben.

* * *

Die Possenreisser, Gaukler und Taschenspieler machen eine ansehnliche Zunft. Einige unter ihnen haben Celebrität, und gelten dem Pöbel höher, als den Logen ihre berühmtesten Künstler. Der Boulevard ist der vorzüglichste Schauplaz derselben. Sie kündigen für drei Sols unerhörte und niegesehene Dinge an, und nie sind ihre Buden leer.

Athen und Rom hatten ihre öffentliche Redner; auch Paris hat die seinigen. Sie tretten auf ein Gerüst, mit Matten behängt, und haranguiren unter freiem Himmel. Nichts ist lustiger zu sehen, als die

Geſtus dieſer Demoſthene. Sie erzählen den Inhalt des Schauſpiels, welches in der Bude gegeben wird, und der Plan iſt gewöhnlich ſo groß, daß die Oper ihn aufgeben müßte, aber der Held vom Boulevard führt ihn durch. Erſcheinen Thiere in der Vorſtellung, ſo werden auch dieſe im Prolog aufgeführt, und die Meerkazze, zum Beiſpiel, ſteht auf dem Gerüſt neben dem Redner.

Einer dieſer Oratoren, der Liebling des Pöbels, hat eine reiche Ader von Wiz, die ſich gewöhnlich über die Vergnügungen der Groſſen ergießt. Seine Einfälle ſind geſalzen und kühn. Er ſchließt ſeinen Diskurs gewöhnlich mit einer Beſchreibung aller Wunder, die ſeine Bude enthält. „L'on y verra, Meſſieurs — l'on y verra — &c. Meſſieurs, c'eſt l'heure àpréſant, c'eſt la quart d'heure, c'eſt la minute, c'eſt l'inſtant, entrez! „ Alsdann ſpringt er behende von ſeinem Rednerſtuhl herab, öfnet die Thüre, und verdoppelt die Einladungen. Sobald ein Frauenzimmer kömmt reicht er ihr mit komiſcher Grazie die Hand, und geleitet ſie hinein. Seine Kleidung iſt cyniſch; ein Hemd, das kaum hinreicht, ſeine Blöſſe zu dekken.

Eine andere Gattung von Gauklern ſpielt Extemporalſchauſpiele auf Gerüſten, ebenfalls unter freiem Himmel. Selten erſcheinen mehr als drei Perſonen auf dem Schauplaz. Der Inhalt ihrer Vorstellungen ist durchaus lokal, und vergnügt den Pöbel ungemein.

Die wundersamste Klasse dieser Gaukler sind die, welche für Geld Frazzen machen. Der Pöbel sieht dem elenden Schauspiel ernsthaft zu, bezahlt seinen Liard, und geht seines Weges.

* * *

Es gibt in und um Paris eine Menge Erziehungsanstalten oder Pensionen. Auf der Landstrasse sieht man einzelne Häuser, die die Aufschrift: Maison de Pension oder d'éducation, führen, wie in England die Boarding-Schools. Aber selbst diese Aufschriften sind fehlerhaft, wie alle übrige in Paris.

Ich gieng einst in eine solche Anstalt, die in einer ruhigen Vorstadt von Paris gelegen war. Der Lehrer führte mich in den Garten, wo seine Zöglinge theils mit Büchern in der Hand spazieren giengen, theils fröhlich spielten und tanzten. In verschiedenen Hekken und an einsamen Plázzen standen Statüen, welche die liebenswürdigsten Tugenden darstellten. Es ist eine Belohnung der reinsten Sitten und des angestrengtesten Fleisses, mit dem Lehrer an den Altären dieser bildlichen Darstellung sizzen, und durch lehrreiche Gespräche von ihrer Bedeutung unterrichtet werden zu dürfen. Oft, sagte der Lehrer, seh' ich, während dieses Unterrichts, Thränen der Empfindung in den Augen meiner Zöglinge blinken; sie fallen

mir um den Hals , und bitten mich in der rührenden
Sprache der Unschuld, ihre Schwester, die schöne
Tugend krönen zu dürfen. Dann gehn wir dort in
die Rosenhekke, und pflükken Blumen zum unver=
welklichen Kranz für die Göttin. Ein solcher Tag ist
ein Festag für das ganze Haus, und nur die Nach=
lässigkeit oder der Muthwille sind von der allgemei=
nen Feier ausgeschlossen; eine Strafe, deren Wir=
kung erstaunenswürdig ist.

*　*　*

Man ist längst darüber einig, daß unter allen
europäischen Völkern die Franzosen den höchsten Grad
der Kultur haben, und Niemand wird diese Be=
hauptung in Zweifel ziehen, der die Nation nur im
mindesten aus ihren Werken des Geschmaks oder der
Mode, aus ihrer Literatur oder durch persönlichen
Umgang kennt. Die Ursachen dieses Vorsprungs, den
sie vor allen Völkern des Erdbodens voraus hat,
scheinen theils in ihrem Nationalkarakter, theils in
der physischen und politischen Lage von Frankreich zu
liegen. Ersterer ist lebhaft und flüchtig; Ehrgeiz
und Nationalstolz sind Grundzüge desselben. Der
Kopf eines Franzosen möchte die Industrie aller Welt=
theile umfassen; sein Ehrgeiz spornt ihn an, sich an
alles zu wagen, und da er nicht Zeit und Kraft und
Beständigkeit genug hat, zu ergründen, so gleitet er
flüchtig über die Oberfläche weg. Er sieht, daß seine

ſeichten, aber angenehmen Kenntniſſe mehr Bewun=
derer erlangen, als der tiefſte Forſchungsgeiſt ie
gezählt hatte, und nun macht ers zu ſeinem eigenſten
Studium flüchtig, aber vieles zu beobachten. Wie
leicht kann eine unweiſe Maßregel der Regierung
dieſen Schwung der Nation befördert haben! Viel=
leicht wären die Franzoſen nie das polirte, abgerun=
dete, ſeichte Völkchen geworden, das ſie izt ſind,
wenn ſie nie einen Ludwig den Vierzehnten gehabt
hätten.

Die phyſiſche und politiſche Lage von Frankreich
hat gewiß auch einen ſehr ſtarken Einfluß auf die
Bildung des Nationalgeiſtes gehabt. Von ieher in
auswärtige Händel verwikkelt, durch ſeine Lage mit
allen europäiſchen Nationen in Verbindung, durch
die Reize ſeines Klima und die Pracht ſeiner Regen=
ten ſtets von Ausländern beſucht — wie konnte der
Geiſt ſeiner Bewohner ſich ſeinen eigenen freien Gang
wählen, wie ſollte er nicht ſelbſt abgeſchliffen werden,
er, der der Schleifſtein aller übrigen war? Von ie=
her gieng der Deutſche, der Engländer, der Ruſſe
nach Frankreich, nicht, um dort wahre Weisheit zu
holen, ſondern um den liebenswürdigen Gekken ihren
esprit de frivolité, ihre Kultur, abzugewinnen —
wie ſollte der Franzoſe nicht beſorgt ſeyn, ein Gut
zu erhalten und zu vermehren, das der Neid des
übrigen Europa war?

Man kennt das berühmte Bonmot von Sterne,
als er einst aufgefodert wurde, den Unterschied der
englischen und französischen Nation anzugeben. Hier,
sagte er, indem er einen neuen wohlgeprägten Penny
aus der Tasche zog — das ist der Engländer! und das—
indem er einen alten daneben legte, der sein Gepräge
schon ganz verlohren hatte — das ist der Franzose! Es
giebt keinen passendern Vergleich, als diesen.

Eben dieser Mangel eines starken auszeichnenden
Gepräges ist es, was den Franzosen so à la portée
de tout le monde sezt, was ihn bei allen Nationen,
sie mögen in Norden oder in Süden zu Hause seyn,
gleich beliebt macht. Jeder, der nach Frankreich kommt,
glaubt alte Bekannte vor sich zu finden; er sieht seine
Sitten, seine Gebräuche: er irrt; es sind französische
Sitten, französische Gebräuche, die aber im Norden
so gut, als im Süden, gangbar sind; es ist der bieg=
same Geist der Nation, der sich in alle Falten schmiegt,
und die Täuschung hervorbringt.

Und eben, weil der Engländer ein so starkes, origi=
nales Gepräge hat, ist er nicht für Jedermann. Es
wird zwar seit einiger Zeit Mode, es mit den Engländern
zu halten; aber das ist Affektation. Eben die Leute,
die so gern die Schuzpatrone der brittischen Nation
spielen mögen, würden die Ersten seyn, die Insel zu
verlassen, und nach Frankreich herüber zu segeln.

Man könnte ein ganzes Buch) schreiben, wenn man alle Kontraste bemerken wollte, welche die Franzosen und Engländer karakterisiren. Aber gewis ist kein Vergleich auffallender, als den man zwischen der Kultur dieser beiden Völker anstellt. In Frankreich übertriebene Kultur, in England-beinahe gar keine. Ob man, umgekehrt, von der Aufklärung beider Nationen dasselbe sagen dürfte — ?

Ohne mich in die Auflösung dieses schwierigen Problems einzulassen, will ich mich begnügen, in mein Portefeuille zu greifen, um meinen Lesern einige Data aus meiner kleinen Erfahrung vorzulegen, wobei ich aber zum voraus zu bemerken bitte, daß sie höchst unvollständig, und eben daher nicht hinlänglich sind, die aufgeworfene Frage, auch nur absolut, zu beantworten.

Der Pariser ist nicht orthodox, nicht bigott; aber das ist kein Resultat von Kenntnissen, folglich keine Aufklärung, denn er ist auch nicht einmal ein Naturalist. Der Pariser lacht über die Bibel, weil der Hof über dieselbe lacht; er verachtet die Geistlichkeit, weil er sie von andern verachten sieht; er hat sein altes brauchbares Gebäude niedergerissen, ohne sich ein neues besseres aufzubauen. Wenn ich hier von Parisern rede, so verstehe ich den größern Theil. Das wäre zu arg, wenn es nicht noch fromme, gläubige und abergläubige Christen gäbe.

Der Pariſer aus den niedern Klaſſen, der ſein
Gebäude noch nicht niedergeriſſen hat, der es aber
auch, ſo baufällig es iſt, nicht ausbeſſern laſſen
will, hält ſtreng über die äuſſern Gebräuche der Kirche. Er würde um Alles in der Welt am grünen Donnerſtage kein Fleiſch eſſen; ia ich weiß, daß mancher
ehrliche Mann ſich eher hängen lieſſe, als daß er ſich
eines Löffels bediente, der in eine Fleiſchbrühe getaucht wäre. Er glaubt in Einfalt, daß der mont
Valerien der wahre Berg Golgatha iſt, auf welchem
Chriſtus gekreuzigt wurde. Er unterläßt nie durch
eine Kirche zu gehen, ohne kniend ſeine Ave zu beten.
Er glaubt an wunderthätige Heiligenbilder, und
opfert ihnen.

Der Pariſer — und hier müßte ich eine neue
Rangordnung machen: Markiſen Comteſen, Bür-
gersfrauen, Dekreteurs, Trödler und Elegants —
berechnet nach geheimnißvollen Anweiſungen, Traum-
büchern, u. ſ. w. welche Nummer ihm das größte
Loos in der Loterie gewinnen wird. Er läßt ſich ſein
Schikſal vorherſagen. Neue, ſeltſame Lehren nimmt
er willig an, wenn er auch ihre erſten Grundſäzze
nicht verſteht. Er glaubt an magiſche, wunderſame
Kuren, und wird ein Anhänger aller geheimen
Geſellſchaften vom Freimaurerorden an, bis zu
Caglioſtro's Farze herab.

Die Unwiſſenheit über die gemeinnützigſten und wichtigſten Gegenſtände des menſchlichen Lebens iſt, bei den mehreſten Klaſſen von Menſchen, unbeſchreiblich groß; aber die ſogenannten Elegants — oder Fats, wie ſie auch iezuweilen von vernünftigen Leuten genannt werden — ſcheinen die lächerlichſten Züge der Unwiſſenheit gleichſam ausſchließlich beſtzen zu wollen.

Der Hang zur Seichtigkeit iſt allgemein, ſo wie die Abneigung gegen alles, was gründlich heißt. Jede Kopfarbeit, die die mindeſte Anſtrengung fordert, iſt verhaßt. Daher die philoſophiſchen Abhandlungen in Duodezformat, daher die Eſprits aller Gattung, daher die metaphyſiſchen Spekulationen in Kapitelchen von drei Zeilen zerſtükt, daher die Encyklopädien, Wörterbücher und Almanachs aller Art!

Der Franzoſe gähnt, wenn ein ernſthaftes Geſchäft ihn länger, als auf wenige Minuten feſſelt. Ludwig der Sechszehnte mußte einſt einer ernſthaften — und ihm vielleicht eben deswegen langweiligen — Vorſtellung des Segür zuhören. Der Vortrag dauerte dem König zu lange, und er unterbrach den Miniſter mit den Worten: Ceſſez, je vous prie, ceſſez, je ne connois que mon couſin Ségur, que ſoit plus bête que vous!

Die Weiber haben durchgehends mehr Kultur, als die Männer; ſie ſprechen eleganter, groſſentheils
auch

auch richtiger, und pronunziren besser. Einige unter
ihnen lernen englisch, und wenn diese Mode allge=
meiner werden sollte, so würde der Stutzer sich auch
wohl bald dazu bequemen müssen.

Alles liest hier, sobald der Augenblik es ver=
gönnt. Jedermann, vorzüglich die Weiber, tragen
stets ein Buch in der Tasche. Man liest im Wagen,
wenn man zum Besuch fährt; man liest auf den Spa=
ziergängen; man liest in der Komödie, wenn der
Vorhang fällt; man liest in den Kaffes, in den Bä=
dern. In den Läden sieht man Weiber, Kinder, Ge=
sellen und Lehrlinge lesen; Sonntags sizt der unbe=
schäftigte Pariser vor der Thüre des Hauses und liest.
Bediente lesen hinter dem Wagen; die Kutscher auf
den Boulevards lesen; Soldaten auf dem Posten,
Taglöhner auf den grossen Pläzen lesen.

Unstreitig bringt dieser allgemeine Hang zur
Lektüre eine Menge Kenntnisse in Umlauf. Aber die
gewöhnliche Lektüre des grossen Haufens ist frivol, und
die häufige Unterbrechung wirkt Seichtigkeit.

* * *

Der berühmte B e a u m a r ch a i s ist endlich in
die Fesseln eines Weibes gefallen, die er so lange
und so launig verspottete. Er hat seine ehemalige
Mätresse, ein Geschöpf von ungemein viel Kopf und
Herz, geheirathet, und ist bald nach der Hochzeit in
die Provinz gereist. Der Brief, den er bei dieser

T

•Gelegenheit an seine iunge Frau schrieb, ist sehr original, und hat die Ehre gehabt, in verschiedene Zeitungen eingerükt zu werden.

Schon vor mehreren Jahren glaubte man, er würde die bekannte Chevaliere d'Eon heirathen, und das würde in der That ein originales Paar geworden seyn. Aber eben damals, als dies Gerüchte gieng, waren diese beiden seltenen Menschen ärgere Feinde, als iemals, und Beaumarchais soll diese Sage selbst ausgebreitet haben; um das Publikum irre zu machen. Die Ursache des Mißverständnisses war die Weigerung des Ritters, sein Geschlecht zu manifestiren, wofür Beaumarchais ihm schon 6000 Guineen geboten hatte. Seit der Zeit verfolgten sie einander unaufhörlich, in Geheim und öffentlich, und das Publikum, welches beide Personen interessirte, nahm eifrigen Antheil. D'Eon warf Beaumarchais die niedrigsten Handlungen vor, und forderte ihn auf, das Gegentheil darzuthun. Beaumarchais schwieg, und seit der Zeit ist sein moralischer Karakter zweideutig. Gewisse Blätter schildern ihn äußerst hassenswürdig.

Der Ritter d'Eon, der izt, auf Befehl des Königs, weibliche Kleider tragen muß, ist noch immer ein politisches Räzel. Eine Summe von mehr als 75,000 Pf. Sterl. steht in Wetten, die vermuthlich erst nach seinem Tode entschieden werden dürften. So viele Gründe man auch für das männliche Geschlecht des Ritters hat *, so glaubt man doch in Frankreich fast durchgängig, daß er ein Frauenzimmer sei. — Sein zweifelhaftes Geschlecht hat viele komische Auftritte erzeugt. Vor einigen Jahren, kurz nach der Ankunft des Ritters in Frankreich, da die allgemeine Neugier aufs höchste gespannt war, wurde bei Madame de Fourqueux, in grosser Gesellschaft, davon gesprochen. Ein lustiger Mensch gerieth auf den Einfall, die Neugier dieser Dame lächerlich zu machen, und erbot sich daher, den Ritter zum Souper in die Gesellschaft zu bringen. Statt des Ritters aber brachte er einen gewissen Maler mit, der wegen seines Talents, Frauenzimmerrollen zu spielen, allgemein beliebt war. Ein dringendes Geschäft nöthigt den Mann, sich auf einige Augenblikke zu entfernen. Eine Heerde wißbegieriger Frauenzimmer folgt ihm ins geheime Gemach, wo er mit Gewalt gezwungen wird, ihre Neugier zu befriedigen. Der Maler bittet, fleht, wehrt sich, und muß endlich, aus Mangel an Kräften, unterliegen. Die siegenden Hände der Damen dringen durch, und finden ein schrekliches Ungeheuer. Geschrei und Gekreisch und Gelächter!

Madame de Fourqueux kann kaum den folgenden Morgen erwarten. Sie eilt zu allen ihren Bekann-

---

* Man sehe sie alle zusammengestellt in Archenholz Eng-land und Italien, Erster Band, zweiter Theil, S. 294.

ten, um ihnen das berühmte Räzel zu löfen. Ein
Jemand, der den Abend mit dem Chevalier in Ge=
fellfchaft gewefen ift, beweift ihr auf eine unwider=
fprechliche Art ihren Irrthum. Madame de Four=
queur, befchämt und erbittert, fucht die Bekannt=
werdung ihres Betrugs zu verhindern; aber verge=
bens! fie ift das Gerede der Stadt.

* * *

Bekanntlich findet man in England die Gat=
tung feltfamer, launiger Menfchen, die man dort
whimfical men's nennt, fo häufig, daß fie mit zur
Karakteriftik der Nation zu gehören fcheinen. Auch
unter der Breite von Frankreich gedeiht diefe Men=
fchengattung, wiewohl feltner und in minderer Stär=
ke. Die öffentlichen Blätter find voll von Thatfachen,
die diefe Behauptung bewähren.

Vor mehreren Jahren lebte in Paris ein Menfch,
der fich durch die feltfamften Einfälle bekannt machte.
Er war gaftfrei; aber feine Gäfte erhielten bei der
Tafel keine Servietten, fondern es war ihnen ver=
gönnt, von dem Tifchtuch fo viel abzufchneiden, als
fie bedurften. — Einsmals tödtete eins feiner Pferde
den Stallknecht durch einen Schlag. Er ließ es in
dem Stall aufhenken, um den übrigen Pferden da=
durch ein warnendes Beifpiel zu geben. Sein Tod
war ein originaler Einfall; er glaubte, daß es ihm
möglich wäre, wie ein Vogel in der Luft zu fliegen.

Er ließ ſich daher hölzerne Flügel machen, und wagte,
von ſeinem Fenſter aus, einen kleinen Verſuch, der
aber ſo unglüflich ablief, daß der neue Ikarus den
Hals brach).

Am 16. Mai 1776 ſtieg ein unbekannter Menſch
vor der Kirche Sainte Genevieve auf eine hohe Leiter,
hielt eine ſeltſame Rede ans Volk, und ſtürzte ſich aufs
Pflaſter herab, wo er ſich das Gehirn zerſchmetterte.

Ein bekannter Wollüſtling in Paris beſucht die
Freudenmädchen nur, um das Vergnügen zu haben,
ihnen die Haare abzuſchneiden, welches er oft mit
zehn und mehr Luidor erkaufen muß.

Auch der Hang zum Stehlen wird hier, wie in
England, leidenſchaftlich. Ein vornehmer Herr, der
von dieſer auſſerordentlichen Neigung beherrſcht wurde, hielt ſich einen Bedienten, deſſen einziges Geſchäft es war, die geſtohlnen und verſtekten Sachen
wieder hervorzuſuchen, und ihren rechtmäſſigen Eigenthümern zuzuſtellen.

Ein ſeltſamer Menſch hatte berechnet, daß er
nicht länger als ſechzig Jahre leben könnte. Er theilte
daher ſein Vermögen ſo ein, daß ihm in dieſem
Alter nichts mehr übrig blieb. Er hatte ſich aber ver-
rechnet, denn er lebte einige Jahre länger, die er
in der äuſſerſten Dürftigkeit zubrachte.

Zwei Fräulein aus guten Häuſern waren in
Penſion in einer Abtei in Paris, und die beſten

Freundinnen von der Welt. Zufälliger Weise gera=
then sie einst über ein Lehrbuch der Wappenkunst, wel=
ches ihnen Gelegenheit zu einem Streit über das
Alter ihrer Geschlechter giebt. Dieser wird so leb=
haft, daß sie sich herausfordern. Gegen Abend schlei=
chen beide in den Garten des Klosters, und führen
ihren Entwurf aus. Da sie keine Degen hatten, so
bedienten sie sich grosser Brodmesser. Eine halbe
Stunde nachher fand man beide Kämpferinnen ohn=
mächtig auf dem Plaze liegen, weil sie viel Blut
verloren hatten.

Ein reicher Privatmann, der sich einen prächti=
gen Saal hatte erbauen lassen, erfuhr die Aufhebung
der Parlamenter unter Ludwig dem Funfzehnten, und
nahm sich sogleich vor, einen schönen Spiegel, den
er über den Kamin hatte sezzen wollen, nicht eher ein=
mauern zu lassen, als bis die vertragsgerechte Ver=
fassung der Parlamenter wieder hergestellt wäre;
und er hielt Wort, so eine üble Wirkung auch der
Mangel des Spiegels in dem schönsten Zimmer seines
Hauses that.

An eben dem Tage, da der iunge König Ludwig
der Sechszehnte das Edikt herausgab, in welchem er
die ansehnliche Summe, die er unter dem Namen
droit de l'événement joyeux erhält, dem Volke
schenkte, und überhaupt die väterlichsten, kronwür=
digsten Gesinnungen äusserte, ward einem Bürger

von Paris ein Sohn geboren. Er nannte ihn Ludwig, und ließ den Taufschein seines Sohnes und das Edikt des Königs in einen Rahmen und unter dasselbe Glas legen, und schrieb folgende Worte hinzu: Den 30ten Mai 1774, an dem ewig merkwürdigen Tage, da König Ludwig schwur, sein Volk zu beglükken, ist geboren zum Glük Ludwig S**.

Oft sind die Modebenennungen wizig, und nicht selten satirisch; am öftersten aber plump und säuisch.

Vor einigen Jahren trug alles Hüte à la Marlborough; als die Oper abbrante, trug man Zeuge, coleur feu d'Opéra. Die Feinde des rechtschaffenen Türgot machten bei seiner Erhebung kleine platte Dosen allgemein, die man bald Turgotines, bald platitudes, bald platitudes à la Turgotine nannte. Als der Kardinal Rohan in die Bastille gesezt wurde, erschien ein Farbengemisch, le Cardinal sur la paille genannt; als der berühmte Halsbandsprozeß entschieden ward, sah man Hüte à l'Oliva ou à l'Innocence und Tabaksdosen à l'escroc; izt, da ein Freundschafts- und Handelstraktat mit England im Werk ist, tragen die Damen Hüte à la parfaite union. Keine Erfindung aber hat mir besser gefallen, als die, welche im Jahr 1783 bei Gelegenheit der

ſchlechten Umſtände der caiſſe d'eſcomte allgemein
wurde. Man trug nämlich Hüte à la caiſſe d'eſcomte, die keinen Boden (fond) hatten.

* * *

Eine der größten Wohlthaten erwies Ludwig der
Sechszehnte ſeinem Volke dadurch, daß er demſelben
die Gewerbfreiheit ſchenkte. In keinem Lande waren
die Mißbräuche der Meiſterſchaften und Zünfte viel-
fältiger, und größer. Es beſtund faſt kein Zweig der
Nahrung mehr, der nicht ausſchlieſſende Rechte beſaß,
und in die Form der zünftigen Handwerke gegoſſen
war. Sogar die Bouquetières, oder die Weiber,
welche Blumen in Sträuſſen binden und feil tragen,
machten eine eigne Korporation aus, die ihre beſondern Vorſchriften und Geſezze hatte. Sehr viele Gewerbe, welche die genaueſte Verbindung mit einander
haben, und füglich der Gegenſtand Eines Arbeiters
ſeyn können, waren in ihre einzelnen Zweige vertheilt,
und gewähren denen, die ſich mit demſelben beſchäf-
tigen, kaum den Unterhalt. Die Meiſter der verſchiedenen Gewerbe bildeten ſo viele kleine Republiken,
deren Vorſteher die Kunſt vortreflich verſtanden, der
Induſtrie und dem Fleiß die härteſten Feſſeln anzu-
legen, und die Zünfte mit unnüzzen Ausgaben zu be-
ſchweren. Aus dieſem Chaos von Vorrechten, Gemeinheiten und geſchwornen Zünften entſprang eine
der hauptſächlichſten Quellen der Theurung aller Le-

bensmittel und Kunstprodukte. Die Manufakturen
trugen, noch von Kolberts Zeiten her, das drükkendste
Joch. Vorschriften, die sehr heilsam für die Kind=
heit der Künste gewesen seyn mochten, die aber izt
der Ausbildung und Vervollkommung derselben Gren=
zen sezten, und von welchen viele sogar physikalisch
unausführbar waren, wurden noch immer mit den
strengsten Bestrafungen aufrecht erhalten *. Diese
unzähligen Mißbräuche, die bisher noch nie die Auf=
merksamkeit des Ministeriums auf sich gezogen hat=
ten, weil sie die königliche Kasse bereicherten, gaben
dem iungen Monarchen ein weites Feld, sich nuzbar
zu machen, und den Hofnungen des Volks, das ihn
vergötterte, einen neuen Schwung zu geben.
Im Jahr 1776 gab der König das merkwürdige
Edikt heraus, wodurch alle geschwornen Gemeinschaf=
ten und Korporationen im Handel, in den Künsten
und in den Handwerken auf ewig aufgehoben wurden.
In der Einleitung giebt der Gesezgeber die Gründe
an, die ihn zu diesem wichtigen Schritt bewogen
haben. Sie stüzzen sich sämtlich auf den einfachen
und unumstößlichen Grundsaz, daß ieder Mensch ein
unwidersprechliches Recht besizt, von seinen Talen=
ten und Fertigkeiten freien Gebrauch zu machen, weil
er Bedürfnisse hat, die er befriedigen muß — und
auf die Pflicht und Befugniß des Monarchen, seinen

---

* S. Vie de M. Turgot. Londres 1786. p.
82. seqq.

Unterthanen diese natürliche Freiheit wieder herzu=
stellen und zu erhalten. Das Edikt selbst besteht aus
24 Artikeln, von welchen ich nur die vorzüglichsten
unter denienigen auszeichnen will, die den zu befürch=
tenden Misbräuchen zuvorkommen. Der 2te Artikel
befiehlt, daß alle dieienigen, welche irgend einen
Zweig der Industrie betreiben wollen, sich vorher bei
dem Polizeilieutenant zu melden haben, welcher in
ein dazu bestimmtes Register ihre Tauf = und Zu=
namen, ihre Wohnung und die Gattung des Handels
oder Gewerbes, wozu sie sich melden, eintragen soll.
Im Fall, daß sie ihre Wohnung verändern, oder ihr
Gewerbe zu treiben aufhören, müssen sie dies eben=
falls anzeigen. Diese Anzeige geschieht unentgeldlich.
Im Fall der Unterlassung werden Werkzeuge und
Waaren konfiscirt, und eine Strafe von 50 Livres
zuerkannt. Der 6te Artikel gebietet den Fleischern
und Bäkkern, und allen Gewerben, welche den tägli=
chen Unterhalt zum Gegenstande haben, ihr Hand=
werk nicht eher, als ein Jahr nach geschehener An=
zeige beim Polizeilieutenant zu verlassen, bei Strafe
von 500 Livres und mehr, nach Befinden. Der 17te
Artikel erklärt, daß alle Prozesse zwischen Meister=
schaften und Zünften in Kraft dieses Edikts erloschen,
und alle Séquestration aufgehoben seyn soll. — Troz
aller Vorsicht, die man bei der Einführung der Zunst=
freiheit beobachtet hatte, zeigten sich doch so man=
cherlei und so unvorhergesehene Schwierigkeiten bei

der Ausführung, daß man sich genöthigt sah, dies Edikt vielfach abzuändern. Jedoch in der Hauptsache blieb man bei dem einmal erwählten System.

Paris ist die vorzüglichste Niederlage aller Waaren des Luxus, die von hier aus in die ganze Welt versendet werden. Es ist leider in allen europäischen Ländern ein gutes Vorurtheil für eine Waare, wenn sie aus Paris kommt; und man weiß, wie hartnäffig Vorurtheile der Ueberzeugung und den Gegengründen Stand halten.

Die Lebensmittel und alle übrige Bedürfnisse sind theuer in Paris; daher haben nur diejenigen Zweige der Industrie ihren Wohnsitz hier aufschlagen können, die der Gewißheit des Absazzes versichert waren, und denen die wandelbare Mode und das immer erfindungsreiche Genie zu statten kamen. Die vorzüglichsten Manufakturwaaren, die hier verarbeitet werden, sind gerade die entbehrlichsten für die Mittelklasse und Kinder des ausschweifendsten Luxus.

Hieher gehören vorzüglich die Manufaktur der Gobelins, und die Savonerie. Ersterer ist in ganz Europa wegen der schönen Zeichnungen und der vortreflichen Farben berühmt, deren Güte man den Eigenschaften des Wassers zuschreibt, welches aus dem kleinen Fluß Bievre geholt wird. Die schönsten Arbeiten dieser Manufaktur habe ich in dem Gardemeuble Ludwigs des Vierzehnten und in den königlichen Zimmern zu Versailles gesehen; und ich muß gesehn, die Arbeit ist bewundernswürdig, und flößt Ehrfurcht gegen das Genie des Erfinders und den mühsamen Fleiß des Künstlers ein; aber die Ausführung ist dennoch immer unter der Idee, die ich mir von derselben, nach allen Beschreibungen, gemacht hatte. Die Figuren sehen, trotz aller Kunst, noch immer ziemlich holzschnittmäßig aus, und die Farben verlieren durch die Zeit ungemein viel von ihrer ursprünglichen Schönheit.

Pierre du Pont und Simon Lourdet sind die Erfinder der Arbeiten der Savonerie, und die Einrichtung der Manufaktur stammt von Maria Medizis.

Die Spiegelmanufaktur, fauxbourg Saint Antoine, ist sehr merkwürdig. Sie gehört unter die vorzüglichsten Verarbeitungen der Nation. Die Franzosen, durch Kolbert aufgemuntert, waren die ersten, die den Venetianern den Spiegelhandel zu entziehen anfiengen; sie erfanden auch zuerst die Kunst, das Glas in Tafeln zu giessen, und itzt ist die Ausfuhr, besonders nach England, sehr wichtig, wo sie, trotz des Zolls, der hundert vom hundert beträgt, jährlich auf 100,000 Pf. Sterl. steigen soll.

Die Glastafeln, die man hier verarbeitet, werden zu Saint Gobin in der Pikardie, oder zu Cherbourg gegossen. Es arbeiten beständig achthundert Menschen in dieser Manufaktur. Die größten Spiegel, die hier verfertigt werden, haben 10 Fuß Höhe und 7 1/2 Breite.

Unter den unzähligen Manufakturen und Fabriken verdienen folgende von Dilettanten vorzüglich besucht zu werden: die Porzellanfabrik zu Seves, die häufigen Gold = und Silberarbeiter, die ganz vortrefliche Sachen liefern, die Modehändlerinnen, die Schriftgiesserei des Herrn Fournieur le ieune, die vortreflichen Anstalten der Herren Didot zur Vervollkommung der Papiermacherei und Typographie, und alle Artikel der Mode, die hier unzählliche Hände beschäftigen, und dem denkenden Beobachter unendlichen Stoff zu interessanten Bemerkungen geben. Viele Entreprenneurs haben zwar ihre Manufakturen und Fabriken in der Provinz; aber Paris ist das grosse Magazin ihrer Waaren, daher man hier überaus viel schöne und ausserordentliche Dinge zu sehen bekommen kann.

Einige englische Kaufleute haben die Erlaubniß, englische Waaren feil zu bieten; ihre Läden enthalten daher alles, was der englische Geschmak und Luxus prächtiges und vorzügliches aufweisen kann. Der Besuch dieser Magazine steht Jedem frei, und die Besitzzer sind willfährig und höflich genug, ieden Wiß= und Neubegierigen nicht unbefriedigt weggehn zu lassen. Einer der vorzüglichsten Läden dieser Art ist dem Palais royal gegenüber, rue S. Honoré, über dem Caffé de la régence.

Versailles.

Wenn es kein feiner politischer Plan von Ludwig dem Vierzehnten war, daß er seine Residenz nach Versailles verlegte, wie Mercier muthmaßt, so ist es doch gewiß politisches Raisonnement, daß seine Nachfolger ihre Residenz nicht verändern.

Versailles soll, nach authentischen Berichten, gegen 80,000; oder, wie gar Herr Mercier glaubt, 100,000 Einwohner haben. Dies wird iedem unmöglich scheinen, der die Residenz gesehen hat. Ihr Umfang ist sehr klein, und noch enthält sie überdem mehrere grosse freie Plätze, ist sehr frei und weitläufig gebaut, hat breite Strassen, und meistentheils Häuser von 2 bis 4 Stokwerken, und schließt in ihrem Bezirk die weitläuftigen Gebäude des königlichen Pallastes ein. Diese Umstände und iene Zahl schienen mir beim ersten Anblik auffallend kontradiktorisch; daß ich hin und her sann, beide zu vereinigen, da ich die Richtigkeit der Zahlangabe schwerlich in Zweifel ziehen konnte. Vielleicht hat man die Besizzer der Häuser und ihre Bediente für Einwohner gezählt; da ists denn freilich leicht zu begreifen, wie eine so beträchtliche Zahl herauskommen kann. Fast alle zum Hofe gehörige Leute, und selbst begüterte

Einwohner von Paris haben sich hier Häuser erbauen
lassen; iene, weil ihre Geschäfte und Verbindungen
sie gar zu oft herüber rufen, und diese, weil sie der
reinen gesunden Luft von Versailles und der gele=
gentlichsten Feste und der Pracht des Hofes auf eine
angenehme und bequeme Art geniessen wollen.

Versailles enthält wenig schöne Palläste. Die
meisten Häuser sind roth gemalt, welches einen widri=
gen Eindruk aufs Auge macht, und fast alle sehen alt
und vernachläsfigt aus. Auf den Gassen herrscht we=
nig Gewühl, und ein Fremder, der plözlich hieher
versezt würde, sollte wahrlich nicht rathen, in der be=
rühmten Residenz eines grossen Königs zu seyn.
Sonntags Vormittags aber ist Versailles der glän=
zendste und lebhafteste Ort von der Welt; indessen
dauert das nicht lange. Die Grossen fahren gleich
Nachmittags wieder fort, um Abends noch der Oper
beiwohnen zu können.

Das königliche Schloß liegt an einem Ende der
Stadt, ganz frei. Von der Seite, die nach der
Stadt sieht, wird der Eindruk, den es machen
könnte, durch die vielen Höfe und Nebengebäude sehr
gemindert; aber den schönsten Anblik giebt es, wenn
man die Fassade, die in den Garten sieht, aus dem
Mittelpunkt desselben, oder aus dem sogenannten
Parterre d'Eau, betrachtet. Das Hauptgebäude ragt
ein beträchtliches Stük hervor, und die Flügel zu

beiden Seiten ſtehen weit nach hinten zurük, daher
Peter der Groſſe es einer Taube mit Adlersflügeln
verglich. Das Ganze giebt freilich einen ſehr prächtigen Anblik; indeſſen war ich zu ſtumpf, um „eine
Harmonie von Donnerwettern„ darin zu finden, wie
ſich ein gewiſſer Schriftſteller ausdrükt.

Man zeigt den Fremden gewöhnlich nur die
groſſen Zimmer, die bei weitem nicht ſo prächtig
ſind, als die kleinern. In die erſtern iſt es wohlge-
kleideten Menſchen erlaubt, zu gewiſſen Zeiten hin-
einzutretten.

Es war Sonntags Vormittags, als ich dieſe
Vergünſtigung erhielt. Der König gieng in die
Meſſe, die nur eine halbe Viertelſtunde währt. Ehe
dies geſchieht, verſammelt ſich das Volk in der Kapelle und im Vorſaal deſſelben, um den König zu
ſehen. Ich hatte meinen Platz in der Kapelle genommen.

Als er erſchien, gerieth alles in Aufruhr. Er
nahm ſeinen Plaz auf dem Baldachin, und um ihn
herum ſtanden ſeine Schweizer. Er grif in die Taſche,
zog ſein Gebetbuch heraus, und blätterte darin. Unterdeß ward eine ſchöne Muſik aufgeführt. Als ſie
ſchloß, war der Gottesdienſt geendigt; alles ſtürzte
heraus, um den König nochmals zu ſehen.

Ein gefälliger Schweizer wies mir in einem
der innern Gemächer einen ſichern und ruhigen Plaz
an.

en. Allgemeiner Aufruhr, Trommeln, Geschrei der Schweizer. Voran, Monsieur, frère du roi, in Gesellschaft verschiedener der vornehmsten Herren. Hinter ihm der König, in grünseidnem, mit Diamanten bordirtem Kleide. Er hatte seinen Hut unter dem Arm, und sah mit der süffisanten Mine und dem Herrscherblik um sich her, den nur ein Mann haben kann, der noch in keiner Gesellschaft der zweite gewesen ist. — Da die Königin ihrer Schwangerschaft entgegen sieht, so verläßt sie selten das Zimmer; ich sah sie nicht.

Ludwig der Sechszehnte ist eben kein schöner Mann, wiewohl man ihn auch nicht häßlich nennen könnte. Seit einigen Jahren wird er sehr dik, und dies verspricht ihm kein langes Leben. Er hat, was man einen Herrscherblik nennt, und wenn Ludwig grosse Eigenschaften besäße, so könnte es wohl manchem Gesandten begegnen, daß er für Ehrfurcht und Gefühl seiner Niedrigkeit verstummte, wie es von Ludwig dem Vierzehnten bekannt ist, daß er oft durch einen Blik der ganzen Rede eines Gesandten ein Ende gemacht hat. Allein trotz dieses stolzen Bliks und der dazu gehörigen Kopfstellung hat Ludwig der Sechszehnte doch nichts Grosses in seinem Gesicht; es ist eher Furcht als Ehrfurcht, was sein Anblik einflößt.

Wenn der König in sein Zimmer zurükgekehrt ist, so drängt der grosse Haufe in die Gemächer und in die Gallerie. Hier sieht man Minister, Abbes, Supplikanten und Schweizer in friedlicher Eintracht neben einander wandeln.

Als ich zum zweitenmal das Schloß besuchte, war der König eben bei der Tafel. Aber wie verändert die Szene! Keine Höflinge mit gekrümmtem Rükken, keine Supplikanten mit flehender Mine! Alles still und todt, wie in den unbewohnten Gewölben eines alten Ritterschlosses. In iedem Saal hatte sich ein Schweizer über ein paar Stühle gestrekt, den Uiberdruß und die Langeweile auf seinem Gesicht.

Die Zimmer, die ich gesehen habe, waren weit unter der Idee, die ich mir von der Wohnung eines der größten Könige gemacht habe. Der Audienzsaal zum Beispiel, ist sehr klein, und der Thron alt und ohne Pracht und Geschmak. Das Schlafzimmer des Königs hingegen gleicht einem Tanzsaal an Grösse, wiewohl man auch hier königliche Pracht vermißt.

Der König von Frankreich wohnt so ruhig und ländlich, daß man dies gar nicht mit der Idee von einem grossen, glänzenden Hofe vereinigen kann. Die Zimmer des Königs und der Königin sehen in den Garten, der sich in den schönen Park und dieser in die schöne ländliche Gegend verliert. Die Königin liebt das Landleben, dessen sie zuweilen auf ihrem artigen Landhause, Trianon, genießt, und wo sie

durch Wohlthun, Leutſeligkeit und Herablaſſung alle
Herzen gewinnt, und alles um ſich her zur Fröhlich=
keit und zum Vergnügen ſtimmt.

Der Schloßgarten zu Verſailles iſt prächtig,
hat Kaſkaden und Waſſerkünſte und Marmorfigu=
ren und Gruppen und Amphitheater — aber
keine einzige ſchöne, rührende Idee, kein Plätz=
chen, wo ein ſchlichter Menſch, wie Unſereiner,
ſich hinſezzen möchte, um beim Geliſpel eines
kleinen Bachs und beim Geſang der Nachtigal=
len einzuſchlummern. Der Stern in Weimar,
und der Schloßgarten zu Verſailles — für mich
wäre keine Wahl.

Indeſſen iſt man doch nicht ganz barbariſch mit
der Mutter Natur verfahren. Nur in der Nähe des
königlichen Pallaſtes hat man ſie nicht dulden wollen,
von da iſt ſie verjagt. Aber in dem lieblichen Park,
der an den Garten ſtößt, verbirgt ſie ſich in das
ſchauerliche Dunkel des Waldes, und wohnt dort
unter Heerden von ſchweizeriſchen Kühen und an=
goriſchen Schaafen.

Der Garten enthält Meiſterſtükke der Kunſt.
Das erſte derſelben iſt die Gruppe des Milon, wie
er, ſeine Rechte in den geſpaltnen Stamm ge=
klemmt, von einem Löwen angefallen wird. Dies
wilde Thier hat ſeine linke Klaue in den Rükken des
Mannes geſchlagen, und wütet mit ſeinen Zähnen

U 2

in den Lenden. Die Zukkungen des Schmerzens, die Anstrengung aller Sehnen, die Verzweiflung auf dem Gesicht — und der wütende Anfall des Löwen, alles ist hinreissend bis zu Thränen.

Die Kunst hat bei diesem schönen Stük den Triumpf gehabt, gleich der Natur, über das dreifach verbollwerkte Herz einer Prinzessin zu siegen. Als es zu Versailles ankam, und in Gegenwart Ludwigs des Vierzehnten und einer Menge von Prinzen und Prinzessinnen aus dem Kasten genommen wurde, konnte eine der leztern sich unmöglich erwehren, durch einen plözlichen unwillkührlichen Schrei den Eindruk zu erkennen zu geben, den dies Meisterstük auf sie gemacht hatte.

Unlängst ist eine der schönsten Zierden dieses Gartens vollendet worden; Phöbus, wie er von Nymphen gewaschen wird. Das Ganze bildet eine ungeheure Gruppe von Felsmassen. Zur Rechten stehen die muthigen Sonnenpferde, die an den Sonnenwagen gespannt werden sollen, und zur Linken die so eben ausgespannten, die ihr Futter vor sich haben. Das ganze Werk wird für ein Meisterstük der Kunst erklärt.

Da die Bäume, welche Ludwig der Vierzehnte bei der Anlegung dieses Gartens hatte pflanzen lassen, schon alt zu werden anfiengen, so sind sie

vor kurzer Zeit alle ausgehoben, und neue an deren
Stelle gesezt worden. Daher ist izt so wenig Schatten, daß man der Sonnenhizze auf keine Weise zu
entgehen weiß.

Die Herrlichkeiten des Schloßgartens sind in
hundert Büchern beschrieben; für mich wäre keine
größere Strafe zu erdenken, als wenn man mich
zwänge, sie alle durchzulesen. Lieber das Leben
einer Heiligen!

Und eben deswegen kein Wort weiter. —

Der Weg von Versailles nach Paris ist unaufhörlich besezt, und wird daher Abends mit Re-
verberes erleuchtet. Kaum hat man die Schwelle
des stolzen königlichen Pallastes verlassen, so ist
man von den Söhnen und Töchtern der Armuth
umringt. Nicht weit von Versailles liegt ein Dorf,
dessen Hütten die Behausung des Jammers und
der Verzweiflung zu seyn scheinen.

Fußgänger, Reiter, Kutschen, Karren und
Kabriolets bedekken den Weg. Hier sah ich zum
erstenmal Leute auf dem Dekkel der Kutsche sizzen, wie in England bei der stage-coach gewöhnlich ist. Leute, die keine Bediente haben,
lassen das Brett hinter der Kutsche mit spizzigen
Nägeln beschlagen, um zu verhindern, daß sich
Jemand darauf sezze.

Kleine ökonomiſche Nachrichten,

aus Erfahrung geſammelt.

Es giebt in allen Dingen eine Methode. Nicht alle Fremde erwählen die beſte, um Paris in mög= lichſt kurzer Zeit kennen zu lernen. Oft liegt an ei= nem kleinen Umſtande viel, und oft überſehen wir etwas, weil es uns allzunah liegt und allzu bekannt ſcheint. Dies mag folgende kurze Bemerkungen entſchuldigen. Sie ſind durch Erfahrung bewährt, und verdienen mir vielleicht allein den Dank eines Leſers, wenn man gleich den Reſt meines Buches verdammt. *

Man thut wohl, gleich Anfangs ein Quartier zu wählen, wo man den ſehenswertheſten Dingen ſo nah als möglich iſt ; etwa das Quartier du Palais royal. Die Hotels in dieſem Quartier gehören zu den beſten ; ſie ſind freilich theuer, aber dieſe Aus= gabe erſezt ſich reichlich. Man gewinnt an Zeit, und

---

* Meine Nachrichten ſind für die Klaſſe von Leſern eingerichtet, die Hr. Hofrath Schlözer ſtatiſtiſche Reiſende nennt. Vieles iſt indeſſen allgemein, und kann auch Reiſenden nüzzen, die einen ſpeziellern Zwek haben.

erspart oft den Fiacre, der stets eine starke Post auf der Liste der Ausgaben macht.

Es ist ein grosses Inkonveniens, daß die Se= henswürdigkeiten, bei ihrer ausserordentlichen Menge, so weit von einander entfernt und zerstreut sind. Da dieser Umstand vorzüglich die Ursache ist, weswegen man Paris nicht in kurzer Zeit kennen lernen kann, und eine hauptsächliche Quelle von Geldausgaben wird, so muß man ihn, so viel möglich, aus dem Wege zu räumen suchen.

Man mache sich daher ein Register von allem, was man zu sehen willens ist, und bestimme für ie= den Tag eine gewisse Anzahl Merkwürdigkeiten, die nahe beisammen, oder doch nicht allzuweit von ein= ander entfernt liegen. Unumgänglich nothwendig ist es, daß man mit den vorzüglichsten Dingen aus Lektüre bekannt sei, ehe man nach Paris kömmt. Die Vortheile, die hieraus entspringen, sind sehr groß, und ihr Mangel wird offenbarer Nachtheil. Man erspart überaus viel Zeit; man erwirbt sich die Liebe und Achtung der Eingebohrnen, die man schon zur Hälfte gewonnen hat, wenn man zeigt, daß man ihr Vaterland kenne; oft verliert man die Lust, eine Zeit, die man zu seinem Vergnügen benuzzen könnte, auf eine trokne Lektüre zu verwenden, und so verläßt mancher Paris, der nichts als die grossen Steinhaufen gesehen hat; oft auch kann man einen gewissen Gegenstand nur Einmal sehen; wenn man ihn also vorher nicht schon kennt, so wird man ihn nicht gehörig benuzzen können.

Man schiebe nie auf, eine Sache, die nicht zu ieder Zeit zu sehen ist, alsdann zu besuchen, wenn man Zeit dazu hat. Ich habe dies nur einmal mit dem Institut des Abbe l'Epee verfehlt, und habe es darüber gar nicht gesehen.

Man gehe nie mehr als zwei = bis dreimal an Einen Ort, wenn er nicht äusserst merkwürdig ist. Ich habe Fremde in Paris gekannt, welche, sobald sie Ein Kaffehaus, Eine Promenade kennen gelernt hätten, nun immer dahin giengen. Sie verloren viele Zeit, und sahen wenig.

Man schliesse sich an öffentlichen Orten an irgend Jemand an, dem man gutes Herz und Einsichten zutraut, und suche seine Bekanntschaft. Wenn man vorsichtig ist, kann diese nie schädlich, wohl aber oft sehr nüzlich werden. Man lobe das Vaterland des Franzosen, man sage, daß man nach Paris gekommen sei, sich über dies und ienes zu belehren — und tausend gegen eins; er ist so zuvorkommend und bereitwillig, als man es nur wünschen kann.

Ehe ich nach Paris kam, hörte ich allenthalben, daß es sehr schwer halte, gute Bekanntschaften zu machen; daß die bessere Gesellschaft sehr schwierig sei, Fremde hinzuzulassen, u. s. w. Wenn man hierunter so viel versteht, daß man nämlich nicht leicht

in Familien Zutritt erhält, und in Gesellschaften gebeten wird, so gebe ich das zu, wiewohl auch dies
seine Einschränkung leidet. Aber wo ist denn das
auch der Zwek eines Reisenden, der sich immer nur
eine kurze Zeit in Paris aufhalten kann, und bei der
ungeheuren Menge merkwürdiger Gegenstände dazu
gar keine Zeit übrig behält. Bekanntschaften, die
einem Fremden nüzlich werden können, um etwas
Seltenes oder Schwieriges zu sehen, um sich von den
Gebräuchen und Sitten der Nation zu unterrichten,
um die Sprache zu erlernen, u. s. w. sind hier wirklich leichter zu machen, als in irgend einem andern
Lande. Gelehrte, Künstler, erfahrne und kenntniß-
reiche Männer findet man an allen öffentlichen Orten, und vorzüglich in den gelehrten und literarischen Kotterien — und, zur Ehre der französischen
Urbanität sei es gesagt! nicht leicht wird ein
Fremder vergebens um etwas anfragen. Man ist
überaus bereitwillig, alles zu zeigen, was der Nation Ehre macht — und ist es nicht einerlei für
uns, aus welcher Quelle diese Bereitwilligkeit fließt,
genug, daß sie uns nüzlich wird.

Empfehlungen dienen zu nichts, vorzüglich wenn
sie an Grosse, oder an Kaufleute gerichtet sind.
Wenn der Empfehlungsbrief nicht versiegelt ist, so
riskirt man, sich einer unhöflichen Begegnung aus-
zusezzen. ——

Man richte seinen Aufenthalt so ein, daß man zuerst alle Sehenswürdigkeiten besuche; und hernach, bei voller Musse, auf Studium der Nation, auf Kenntniß der Sitten, der Lebensart, der Sprache und auf Genuß der Vergnügungen die übrige Zeit verwenden könne. Beide Gegenstände sind so sehr unterscheiden, daß man sonst alle Augenblikke in Kollisionen käme.

Uiber die Nothwendigkeit des Tagebuchs sind wohl alle Reisende mit mir einig, wenn sie nämlich den Zwek haben, sich zu unterrichten. Man halte aber äusserst streng darüber, ieden Abend die Geschichte des Tages zu verzeichnen; sonst gebiert der geringste Aufschub eine Lükke, die mit der Zeit unersezlich wird, und oft das selige Ende des Tagebuchs beschleunigt.

So sehr man sich hüten muß, sich durch die Bemerkungen Anderer leiten zu lassen, wenn man selbst Augen zum Sehen hat, so nothwendig sind iedem Reisenden doch die Resultate fremder Beobachtungen in anderer Hinsicht. Der Bücher über Paris giebt es eine unzählige Menge. Fast alle wiederholen dasselbe; die meisten sind voll unnüzzer und weitschweifiger Bemerkungen, und nur die wenigsten sind wirklich brauchbar. Unter diesen steht Mercier's Tableau de Paris oben an. Ein vortrefliches Buch, welches aber mit Behutsamkeit gelesen seyn will. Man muß

ein für allemal denken: der Verfaſſer übertreibt; denn
dies thut er von der erſten bis zur lezten Seite. Bekanntlich iſt das Tableau in einem ſehr ſchönen Stil
geſchrieben, und oft ſehr witzig; beides Eigenſchaften, die der Verfaſſer häufig auf Koſten der Wahrheit angebracht hat. Merciers Zwek war moraliſch;
er wollte kein treffendes Gemälde der Hauptſtadt
liefern, ſondern er wollte beſſern; hiezu glaubte
er der Verſtärkung zu bedürfen, um Senſation
zu erregen.

Die Eſſais hiſtoriques ſur Paris, par M.
de Saint‑Foix, ſind ſehr gelehrt, aber auch groſſentheils ſehr unintereſſant für den Reiſenden. Indeſſen wäre es ein verdienſtliches Werk, dasjenige herauszuheben, was dieſer Klaſſe von Leſern
nuzbar ſeyn könnte, wie Dúlaure angefangen hat.

Der Almanac Pariſien hat den Fehler mit
allen ſeinen Brüdern gemein, daß er alles lobt.

Der Almanac du Voyageur à Paris iſt
beſſer, vollſtändiger, und mit mehr Kenntniß des
Gegenſtandes abgefaßt.

Dúlaures Deſcription de Paris, 2. P. und
Ebendeſſelben Deſcription des Environs de
Paris, iſt ein vortrefliches Werk, welches wenig
mehr zu wünſchen übrig läßt, und iedem Fremden
durchaus unentbehrlich iſt.

Das Dictionnaire de Paris, in Quart, ist ganz auſſer der Mode — und wer wollte in Paris auſſer der Mode ſeyn!

Der Voyage pittoresque de Paris iſt zu alt, um izt ſo brauchbar zu ſeyn, als er ehedem war.

Paris en Migniature, par un Argus du dixhuitième ſiècle, eine elende Broſchüre, ſo häufig man ſie auch findet.

Krebel und Reichardt haben ihren Handbüchern auch eine Beſchreibung von Paris einverleibt; aber wozu? Für die Belehrung eines Reiſenden ſind ſie nicht hinreichend, und überdem wimmeln beide von Fehlern und Unrichtigkeiten.

Der Almanac royal, oder der Adreßkalender von Paris, und einer oder der andere von den vielen kleinen Almanacs ſind dem Reiſenden, ie nach ſeinem Zwek, nüzlich oder unentbehrlich.

*   *   *

Wenn ich irgend einigen Kredit bei meinen Leſern habe, ſo werden ſie mir's wohl auf mein Wort glauben, wenn ich ihnen das Hôtel Dauphin meublé, Fauxbourg Saint-Germain, rue de Saine, deſſen Wirth Herr Dürazot iſt, als eins der empfehlungswürdigſten nenne.

Die Luft im Quartier Fb. S. Germain ist ungleich reiner und gesunder, als in irgend einem andern. Der einsame Spaziergang in Lüxembourg, die
Comédie française, und der schöne Quai des
orfevres sind diesem Hotel sehr nah; sonst aber ist
man von allen Merkwürdigkeiten so sehr entfernt, daß
ich keinem Fremden rathen würde, gleich im Anfang
seines Aufenthalts in Paris sich in dies Quartier
zu begeben.

Es ist sehr zuträglich, seine Wohnung einige
male zu verändern. Man kommt alsdann immer
gleichsam in eine neue Stadt, die vieles Unterschei-
dende hat, und wird auf diese Art weit eher und besser
mit Paris bekannt. Für die lezte Hälfte des Aufenthalts würde ich nun iedem Reisenden das Hotel Dauphin empfehlen. Man lebt in diesem Hause für die
Hälfte des Geldes, welches man in einem Hotel im
Quartier du Palais royal zahlen müßte. Ich be-
wohnte fünf niedlich meublirte Zimmer im dritten
Stok dieses Hauses, wofür ich monatlich vier Luidor
zahlte. Da ich mich gänzlich in Penston bei Herrn
Dürazot begeben hatte, so erhielt ich Morgens eine
doppelte Portion Kaffe mit petit pain, Mittags eine
schöne Mahlzeit mit Dessert, und Abends kalte Küche
und Dessert, wofür ich, den Wein mit eingerechnet,
täglich 47 Sols zahlte. Ein unglaublich geringer
Preis für die Güte der Tafel in Paris.

Um meine Leser selbst in den Stand zu sezzen, von diesem Preise zu urtheilen, will ich nur kurz anführen, wie hoch sich meine Ausgaben im Hotel d'Angleterre, rue Montmartre, beliefen. Dort zahlte ich für vier Zimmer im ersten Stok neun Luidor, und für die Mittagsmahlzeit allein 50 Sols. Den Kaffe mußte ich vom Kaffehause holen lassen; Abends ward in diesem Hotel nicht gespeist.

Was das Hotel Dauphin aber mehr als alles Uibrige empfiehlt, das ist die aufs Aeusserste getriebene Reinlichkeit, die in diesem Hause herrscht. Wanzen und Läuse, sonst die gewöhnlichen Bewohner aller Hotelgarnis, sind hier so selten, wie die Wölfe in England.

* * *

Preise einiger Bedürfnisse und Vergnügungen.

Eine Tasse Kaffe; denn der Kaffe wird nur tassenweise getrunken, eine Tasse aber enthält zwei gewöhnliche Schaalen; auf dem Kaffehause: 6 Sols; mit petit pain: 7 Sols.

Ein Stük Paté zum Frühstük (denn der Vormittag dauert bis zwei Uhr) 6 Sols bis 10 Sols.

Eine Bavaroise à l'eau, oder au lait: 6 Sols.

Eine Aepfelsine (die zu allen Jahrszeiten zu haben sind) 4 bis 6 Sols.

Eine glace: 12 Sols.

Der Friseur, täglich: 12 Sols.

Der Lehnbediente, wöchentlich: 4 Liv. 10 Sols bis 5 Liv.

Der Fiacre, für eine Tour innerhalb der Bar= riere, wobei er aber nur hin, und nicht zurükfährt: 30 Sols:

Der Wäscherin, wöchentlich etwa: 2 bis 3 Liv.

Der Fiacre, ausserhalb der Barriere: 30 Sols. für die Stunde, wobei aber der Weg vom Hotel bis zur Barriere besonders bezahlt wird.

Eine Carosse de remise, die viel honorabler als der Fiacre ist, täglich: 21 Liv. und dem Kutscher et= wa 3 Liv. Trinkgeld. Wenn man aber in die Envi= rons fahren will, so thut man besser, ein Fahrzeug von dem Bûreau des Voitures des environs zu nehmen, da man aber entweder in Gesellschaft von drei guten Freunden fahren, oder auf drei Personen war= ten, oder für vier bezahlen muß. Die Tour nach Versailles kostet für den ganzen Wagen 16 Liv. und etwa 2 Liv. Trinkgeld. In zwei bis zwei und einer halben Stunde ist man von Paris in Versailles. Nä= here Nachrichten von den königlichen Wägen für die Environs findet man in allen Almanaks.

Ein Plaz auf dem Parterr kostet, in der Oper: 48 Sols; in den Italiennes: 24 S. im französischen

Theater : 48 S. in dem Ambigu-comique: 36 S.
in den Variétés amuſantes : 20 S. in den
grands danſeurs du roi : 20. S. im petit
Beaujolais : 20. S. in den Ombres chinoiſes :
24. S.

In den Luſtgärten und Schlöſſern kann man bei
den Schweizern ſpeiſen. Man ißt gut aber theuer.
In Meudon zahlte ich für die bloſſe Mittagsmahl:
zeit: 4 Liv. 5 Sols.

Eigentlich iſt es allen Aufſehern öffentlicher An:
ſtalten verboten, den Fremden etwas abzufordern;
aber um verdrüßlichen Geſichtern auszuweichen,
zahlt man gerne etwas.

Nach dieſen Angaben wird man leicht die Koſten
eines beſtimmten Aufenthalts in Paris berechnen kön:
nen; wollten aber einige meiner Leſer auch dies gern
wiſſen, ſo glaube ich, daß ein Fremder, der auf bür:
gerlichen Fuß reiſt, iedoch nichts Sehenswürdiges
unbenutzt läßt, täglich etwa 18 Liv. bis zu einen
Luidor brauchen dürfte.

Rheims

Rheims.

Selten, sagt Sherlock, selten wird ein Fremder Paris gerne verlassen. Er hat Recht; Paris ist der Sammelplaz alles Schönen und Guten, alles Lächerlichen und Bösen. Jedermann findet dort für seinen Geschmak Befriedigung; es müßte also Jemand fühlloser als ein Mönch seyn, wenn er nicht durch irgend ein Band — oder Bändchen zurükgehalten würde. —

*   *   *

Der Traum ist aus. Es war ein langer, langer, unruhiger Traum. Izt siz' ich in dem stillen, ländlichen Rheims, den Kopf auf die Hand gestüzt, und rufe mir, halb mit Verwunderung, halb mit Bedauren, einige Szenen des lebendigen Schattenbildes zurük.

Mercier vergrub sich in die Thäler der Schweiz, um sein Gemälde zu Stande zu bringen; er that wohl! Es ist erstaunlich, wie die Gegenstände die Farbe verändern, sobald man ihnen entrükt ist. — Aber eine zweite Vorsicht hat er vergessen. Er hätte sich mit seinem Bilde wieder vor das Original hinstellen, und Schramm und Pinsel abermals zur Hand nehmen sollen. Die Welt hätt' ihm Dank gewußt.

X.

Der Gedanke, daß ich Paris vielleicht nie wieder sehen würde, erschwerte mir den Abschied von meinen Freunden und von allen Gegenständen, die mir lieb waren. Der Tag meiner Abreise war da. Gegen Abend gieng ich einsam und betrübt umher, besuchte noch einmal, zum leztenmal, alle die Pläzze, die mein Herz interessirten, nahm von dem guten Heinrich Abschied, und versenkte mich noch einmal in den schönen Plaz Ludwigs des Fünfzehnten. Doch der Gedanke, daß ich mich Euch, ihr Lieben meines Herzens, daß ich mich meinem theuren Vaterlande Germanien und iener Küste näherte, die mein erstes Lächeln sah, und meinen ersten Laut vernahm, söhnte mich indessen bald mit meinem Schiksal aus.

Um zehn Uhr Abends saß ich in der Diligence, und fuhr nach Rheims. —

Es war wohl kein Einziger in der Gesellschaft, der nicht eine mehr oder minder schmerzliche Trennung erlitten hatte. Die Dunkelheit der Nacht, die das Spiel der Fantasie begünstigte, das leise Rütteln des Wagens, und die ganze Situation, in der sich die Reisegesellschaft befand, verbreitete eine schwermuthvolle Stille über dieselbe, die Keiner zu unterbrechen wagte. Lange rollte die Postkutsche zwischen Häusern, allmählig wurden sie seltner und seltner, bis endlich das lezte flammernde Lämpchen erlosch. Dies wiegte meine Gefährtin vollends in Schlummer; ein-

sam blikte hie und da am Horizont ein Stern hervor, die Peitsche knallte, die Roſſe ſchnoben, der
Wagen flog über die Ebne weg, und meine Reiſe-
gefährten ſchnarchten.

* * *

Ich hatte, während der ganzen Nacht, kein
Auge ſchlieſſen können, und befand mich daher Morgens ſehr übel. Der ſchöne Weg, das gute Wetter
und die Reiſegeſellſchaft, die der Tag izt zu beleuchten anfieng, machten mich wieder heiter. Ich ſah
mich rund umher, um meine Gefährten kennen zu
lernen, und fand nur ein paar Phyſionomien, bei
denen mein Auge Luſt hatte, auszuruhen. Zu meiner
Rechten ſaß ein Auguſtinermönch aus Sarlouis, der
ein wenig deutſch verſtand, und mich, den er ſogleich
für einen Ausländer hielt, in dieſer Sprache anredete. Es ſchien ein guter Mann zu ſeyn, aber leider
wird es mir nirgend ſo ſchwer, den Menſchen von
ſeinem Kragen zu ſondern, als wenn ich einen Mönch
vor mir habe. Ich kann mich nicht erwehren, an
all das Uibel zu denken, welches dieſe unſelige Men-
ſchenklaſſe von ieher über die Erde ausgebreitet hat,
und dieſer Gedanke wirft immer einen häßlichen
Wiederſchein auf das Subiekt, welches ich vor mir
habe, und es heiſcht viel Zeit und viel Uiberzeugung,
ehe ich Zutrauen zu dem Geſchöpf mit der ſchwarzen
Kappe gewinne. — Zur Linken hatte ich eine iunge
Kaufmannsfrau aus Rheims, deren fröhlicher und

ungezwungener Scherz ein wahres Gift für meinen
Spleen wurde; auch gelang es ihr, ihn in wenig
Stunden völlig von meiner Stirn und aus meinem
Kopf zu verbannen. Unter den übrigen Personen
ward mir nachher ein gewisser Herr Thouvenel
interessant, dessen Namen mir schon aus dem Jour=
nal de Paris bekannt war, in welchem er ein Werk
über die Erdarten in Frankreich angekündigt hatte.
Seine häufigen Reisen haben ihm Gelegenheit zu der
Beobachtung gegeben, daß das Königreich grosse
Gänge von Steinkohlen enthalte, und seine Absicht
bei Bekanntmachung seines Buchs geht dahin, das
Ministerium auf dies wichtige Objekt aufmerksam
zu machen, das bekanntlich damals noch die Unter=
zeichnung des Handelstraktats zwischen Frankreich
und England verzögerte. Bis izt ist die Unentbehr=
lichkeit der englischen Steinkohlen noch nicht bewiesen,
da man noch nicht hinlängliche Erfahrungen über die
Güte der französischen angestellt hat, die man iedoch
allgemein für weit schlechter erkennt. Da der Nuzzen
der Steinkohlen sich nicht blos auf die Feuerung
einschränkt, sondern, den neuesten Erfahrungen zu=
folge, die Steinkohlen ein brauchbares Material in
der Baukunst (Cartheuser, Wahrnehmungen zum
Nuzzen verschiedener Künste und Fabriken) und zu
andern Beschäftigungen abgeben, wobei ihre Güte
als Brennmaterial weniger in Betrachtung kommt,
so würden solche Unternehmungen in Frankreich doch

nicht gänzlich fruchtlos seyn, gesezt auch, daß die englischen Steinkohlen einen entschiedenen Werth vor den französischen hätten. Bekanntlich sind die ergiebigsten Steinkohlenminen die im Hennegau, wo 120 Gruben eröfnet sind; in der Pikardie, in Gaskogne, Languedok, u. s. w. Indessen ist an die Ausführung grosser Projekte iezt nicht zu denken, da die Regierung ohnehin schon kostenspielige Unternehmungen im Werk hat, und da man schon mehrmal die Erfahrung gehabt hat, daß die Steinkohlenminen, die im Anfang ausserordentlich reich schienen, plözlich aufhörten, und statt des gehoften reichenGewinnstes nicht einmal die Kosten derUnternehmung erfezten.

Die ganze Nacht waren wir, ohne den mindesten Aufenthalt, fortgefahren. Um 9 Uhr frühstükten wir in Villers = Cotte = Rez, einer kleinen Stadt in Isle de France, die iedem Liebhaber französischer Dichtkunst deswegen interessant seyn wird, weil sie der Geburtsort des grossen Racine ist. Nahe bei diesem Städtchen hat der Herzog von Orleans einen schönen Pallast, von welchem ich iedoch nichts als die Aussenseite gesehen habe. Der Park ist sehr weitläuftig, und nach englischer Art angelegt. Er verliert sich in den Rezerwald, der ebenfalls dem Herzoge gehört, welcher, wie ich von einem Sachverständigen gehört habe, der größte Holzhändler im Königreich seyn soll.

Der Weg, den wir von Viller = Cotte = Rez nah=
men, führte durch den Wald. Er war hinlänglich
breit, aber die Bäume waren nicht auf zwanzig Schrit=
te zu beiden Seiten weggehauen, wie es doch, zufol=
ge einer königlichen Verordnung, seyn sollte.

Mittags speisten wir in Soissons, welches
dem Gebiet Soissonnais im Gouvernemens Isle
de France den Namen giebt. Die Stadt liegt in
einem angenehmen und fruchtbaren Thal, durch wel=
ches sich die Aisne schlängelt. Es war so eben Markt,
da wir zur Stadt hineinfuhren, und daher viel Le=
ben in derselben. Der Getreidehandel giebt ihr die
vorzüglichste Nahrung. Soissons hat zwo Merkwür=
digkeiten, die man, nach dem ersten Anblik, gewis
nicht daselbst suchen würde: eine Académie fran=
çaise und einen Bischof, der in Ermanglung des Erz=
bischofs von Rheims das Recht hat, den König zu krö=
nen. Unsre Mahlzeit war vortreflich; wir merkten,
daß wir nicht mehr in der Nähe von Paris waren, wo
alle Nahrungsmittel durch die Auflagen und durch die
unproportionirliche Konsomtion schlecht und sogar
schädlich sind. Wir fanden indeß die Zeche für ein
kleines Landstädtchen theuer, denn wir mußten 45
Sols für die Person bezahlen.

Bald nachher verliessen wir die Grenze von Isle
de France. Champagne lag, wie eine grosse Ebene,
vor uns. Nur hin und wieder ragten am Horizont

kleine Hügel hervor, die ein müſſiger Fantaſus mir
als ſo viel Altäre vorſtellte, auf denen Gott Bacchus
ſein Freudenfeſt tanzt. Wie viele Nationen legen an
dieſen Altären ihren Tribut nieder!

So öde und unfruchtbar mir Champagne ſchien,
als ich es von Oſten gegen Weſten durchſtreiſte, ſo
lachend und reich fand ich es auf dem Wege, den
ich izt machte. Jedes Flekchen Land war auf die
beſte Weiſe benuzt, die Anhöhen zu Weingärten, die
Ebenen zu Kornfeldern. Je näher man Rheims
kömmt, deſto häufiger werden dieſe leztern. Hin
und wieder ragt auch ein Gehölze hervor; Dörfer
ſind nicht häufig, die Häuſer noch nicht durchgehends
von Kreide, und der Boden iſt ſteinig.

* * *

In einer Diligence laſſen ſich nicht viel Bemerkungen machen. So vortreflich dies Fuhrwerk für
denienigen iſt, der in Geſchäften reiſt, ſo unbequem
iſt es für den Beobachter. Unterdeſſen wir in
raſchem Flug über die Ebene wegrollen, will ich meinen Leſern einige Nachrichten über das franzöſiſche
Poſtweſen mittheilen, die ich Gelegenheit hatte, in
Paris zu ſammlen.

Ludwig der Funfzehnte ſezte das Poſtweſen zuerſt auf einen vortreflichen Fuß. Er fieng die Sache
beim rechten Ende an, und gab Befehl, die Wege
zu beſſern, und Brükken zu ſchlagen. Sein Nach-

folger vollendete, was er angefangen hatte, und er=
grif, um zu dem nämlichen Zwek zu gelangen, besse=
re Mittel. Ludwig der Funfzehnte hatte sich zwar
von einer Seite ein grosses Verdienst um sein Land
erworben, das er aber von der andern Seite zernich=
tete. Die Frohnen, zu denen der ärmste und be=
drükteste Unterthan gezwungen war, brachten Uibel
hervor, die durch die Vortheile eines gut eingerich=
teten Postwesens nicht ersezt werden konnten. Tûr=
got fühlte das Drükkende dieser Einrichtung, und
hob sie auf, wodurch er sich aber dem Adel, der sei=
nen wahren Vortheil verkannte, und der Geistlichkeit,
die sich so gern allen bürgerlichen Lasten entzieht,
gehässig machte. Clûgny, um diesem Haß aus=
zuweichen, vernichtete Türgots menschenfreundliches
Werk, und Necker sah sich, troz des besten Willens,
dennoch nicht im Stande, eine Unternehmung durch=
zusezzen, die die schwerste Last von den Schultern der
ärmsten und gedrüktesten Klasse des Volks abwälzen
sollte. Das Edikt, welches Türgot bei iener Ver=
anlassung ergehen ließ, ist ein so schönes Denkmal
der Gerechtigkeit und des Wohlwollens des liebens=
würdigen Physiokraten, und enthält, in gedrängter
Kürze, so viel Gründliches und Schönes über ein
Problem, das, zur Schande unsers Jahrhunderts,
und unserer gepriesenen Erleuchtung zum Troz, nur
allzulange noch Problem gewesen ist, daß ich mei=
nen Lesern keinen unangenehmen Dienst zu erweisen

glaube, wenn ich es hier, in der treusten Dollmet=
schung, und nur mit Hinweglassung der minder wich=
tigen Punkte, einrükke.

„Ludwig, von Gottes Gnaden König von Frank=
reich und Navarra. — Der Schuz, den wir dem
Akkerbau schuldig sind, welcher die einzige wahre
Grundlage des Uiberflusses und der öffentlichen
Glükseligkeit ist, und die Unterstüzzung, die wir dem
Handel, als dem sichersten Beförderungsmittel des
Landbau's, gewähren wollen, bewegen uns, alle
Theile unsers Königreichs, sowohl unter sich, als
mit fremden Ländern immer mehr und mehr, durch
die leichtesten Kommunikationen zu verbinden. Da
unser Wunsch dahin geht, unserm Volk diese Vor=
theile durch die für dasselbe am mindesten lästigen
Mittel zu verschaffen, so haben wir uns von der Me=
thode unterrichten lassen, deren man sich bisher be=
dient hat, um die öffentlichen Wege zu Stande zu
bringen und zu erhalten. Wir haben mit Bedauren
vernommen, daß, nur eine sehr kleine Anzahl von
Provinzen ausgenommen, alle dahin gehörige Arbeiten
vermittelst der Frohnen bestellt sind, die man unsern
Unterthanen, oder vielmehr nur dem ärmsten Theil
derselben abforderte, ohne ihnen die mindeste Ver=
gütung für ihren Aufwand zu erstatten. Die grossen
Nachtheile, die mit der Natur dieser Auflage ver=
bunden sind, haben uns äusserst gerührt. Den Land=
mann von seinen Arbeiten abrufen, heißt ihm immer

einen wahren Schaden zufügen, selbst wenn man ihm sein Tagewerk bezahlt. Man würde vergebens glauben, eine Zeit auswählen zu können, wo der Landbewohner minder beschäftigt ist; die Beschäftigungen des Landbau's sind so vielfach, so mannigfaltig, daß es gar keine gänzlich leere Zeit giebt; und wenn es eine solche Zeit gäbe, so würde sie, selbst bei nahe liegenden Oertern, schon sehr verschieden seyn. — Der Irrthum der Administration kann den Verlust von Tagen bewirken, für welche keine Bezahlung den Landmann entschädigen kann. Ihm seine Zeit rauben, wäre das Equivalent einer Auflage; ihm seine Zeit rauben, ohne ihn dafür zu bezahlen, ist eine doppelte Auflage; und diese Auflage ist ganz außer allem Verhältniß, wenn sie auf den bloßen Tagelöhner fällt, der zur Befriedigung seiner Bedürfnisse nichts als seinen Arm hat. Der Mensch, der aus Zwang und ohne Belohnung arbeitet, verrichtet sein Tagewerk saumselig und ohne Lust; er thut in der nämlichen Zeit viel weniger, und seine Arbeit ist schlecht. Die Fröhner, die oft drei Meilen machen müssen, um zu dem Arbeitsplaz zu gelangen, und eben so viele, um nach Hause zu gehn, verlieren, ohne daß die Arbeit etwas dabei gewinnt, überaus viel Zeit. Daraus folgt, daß die Arbeit dem Volk und dem Staat dreimal so viel kostet, als wenn sie für baares Geld bewerkstelligt würde. Jede Unternehmung, die einige Anleitung, einige In-

dustrie erfordert, kann unmöglich durch Frohnarbeiten
zu Stande gebracht werden. Dies ist die Ursache,
weswegen man sich bei der Verfertigung der Wege
nach den ehemaligen Grundsätzen auf blosse Chausseen
von kleinen zusammengestampften Steinen hat einschränken müssen, ohne daß man ordentliches Stein-
pflaster hätte machen lassen können. — Zu diesen
Mängeln, die die Frohnen erzeugen, kommen noch
schlimmere Zufälle hinzu. Der Ruin der Pferde,
sogar der Verlust an Menschen; Haußväter, die der
strengen Witterung unterliegen, oder verwundet und
abgemattet nach Hause kommen — wie schmerzlich
sind diese Zufälle, wenn sie den treffen, der keine
Belohnung für seine Aufopferungen zu erwarten hat.
Diese ganze Last fällt mit aller ihrer Schwere auf
den ärmsten Theil unserer Unterthanen, auf diejenigen, die kein andres Eigenthum, als ihren Arm und
ihre Industrie haben, auf die Bauern und auf die
Pächter. Die Eigenthümer sind von dieser Last
befreit, oder tragen nur äusserst wenig bei. Indessen sind doch nur dieser Klasse die Wege nüzlich, die
durch vervielfältigte Kommunikationen den Werth
der Produkte erhöhen. Weder die Bauern, noch die
Tagelöhner, die man zur Arbeit zwingt, haben davon den mindesten Nuzzen, und die Pächter werden
dereinst den Eigenthümern in Verhältniß des grössern
Werths der Produkte eine grössere Pacht zahlen müssen. — Da also die Klasse der Eigenthümer oder

Gutsbeſizzer allein die Früchte der Wegbeſſerung ein-
ärndtet, ſo ſollte ſie auch allein den Vorſchuß hergeben, den ſie ſich ohnehin zu verintereſſiren weiß. Iſt
es wohl gerecht, diejenigen zur Beiſteuer zu zwingen,
die nichts eigenes beſizzen; ſie zur Aufopferung ihrer Zeit und ihrer Kräfte zu zwingen, ohne ihnen
den mindeſten Erſaz anzubieten; ihnen den lezten
Schuz zu rauben, den ſie gegen Hunger und Elend
beſizzen, und das zum Vortheil ihrer reichen Mitbürger?— Wir haben die Bewegungsgründe unter-
ſucht und erwogen, die unſere Vorgänger haben vermögen können, einen Gebrauch einzuführen und beſtehen zu laſſen, deſſen Nachtheile ſo offenbar ſind.
Man hat vielleicht geglaubt, daß die Frohnen erlauben würden, an allen Wegen in allen Theilen des
Königreichs zu gleicher Zeit zu arbeiten; die Erfahrung hat dieſen Irrthum längſt widerlegt. Man iſt
ferner durch die Summe der Ausgaben abgeſchrekt
worden, die die Wegbeſſerung erfordert. Man hat
gefürchtet, das Volk durch allzuviel Auflagen zu be-
läſtigen, und man hat rathſamer gefunden, lieber
Arbeit als Geld zu fordern, indem man ſich einbil-
dete, daß der Landmann lieber auf einige Tage einen
Arm leihen würde, den er hat, als Geld hergeben,
welches er nicht hat. Aber diejenigen, die ſich mit
dieſem Raiſonnement behalfen, beobachten nicht, daß
man dem Landmann weder das Geld abfordern müßte, welches er nicht hat, noch den Arm, der ſein

einziges Mittel ist, sich und seine Familie zu erhalten. Sie vergaßen, daß die Last der Wegebesserungen, durch die Langsamkeit, den Zeitverlust und die Unvollkommenheit der Frohnarbeiten verdoppelt oder verdreifacht, ungleich schwerer für diese Unglüklichen ist, die nur ihren Arm zu ihrer Erhaltung haben, als sie für die Gutsbesitzzer seyn könnte, wenn sie um ein großes vermindert und in baarem Gelde bezahlt würde, da die Eigenthümer weit eher im Stande sind, zu zahlen, und durch die Vermehrung ihrer Einkünfte unmittelbar die Interessen dieses Vorschusses eingesammlet haben würden. Sie vergaßen, daß, wenn eine zu entfernten Ausgaben angewandte Auflage, deren Verwendung das Volk nicht kennt, die Provinzen erschöpft und mißmüthig macht; hingegen eine Auflage, die am Orte der Hebung selbst verwendet und unter den Augen derer, die sie bezahlen, zu Arbeiten verwendet wird, von denen sie den Nuzzen einärndten und die dem armen Einwohner Verdienst verschaffen, die Völker bereichert und tröstet. — Eine andere, noch scheinbarere, Ursache hat ohne Zweifel den meisten Einfluß in den Entschluß gehabt, die Heerstraßen durch Frohnen verfertigen und bessern zu lassen; man fürchtete nämlich, daß die vervielfältigten Bedürfnisse des königlichen Schazzes Gelegenheit geben möchten, die zur Wegebesserung bestimmten Auflagen, vorzüglich in Kriegszeiten, ihrer ersten Bestimmung ungemäß, zu dringenden Ausgaben zu

verwenden. — Was uns betrift, so mögen die
Gründe, die wir für die Abschaffung der Frohnen an-
geführt haben, unsern Unterthanen zur Sicherheit
dienen, daß sie, während unserer Regierung, nie
wieder eingeführt werden sollen — und vielleicht wird
das Andenken, das unser Volk von diesem Beweise
unserer Liebe gegen dasselbe behalten wird, in den Augen unserer Nachsolger unserm Verfahren ein solches
Gewicht geben, daß sie ihre Unterthanen nie mehr
dem Joch unterwerfen werden, welches wir abge-
schaft haben. Wir werden übrigens alle nur mögliche
Maaßregeln nehmen, damit der Fond, der aus der
Beisteuer zur Wegebesserung entstehen wird, nie zu
andern Zwekken angewendet werden soll. In dieser
Absicht verlangen wir, daß diese Beisteuer nie als
eine gewöhnliche, bestimmte und auf ein gewisses
Quotum festgesezte Auflage angesehen werden soll,
noch daß sie iemals in den königlichen Schaz fliessen
dürfe. Wir verordnen, daß sie iährlich von unserm
Conseil für iede Generalität bestimmt werde; daß sie
nie die, für iedes Johr unumgänglich nothwendige,
Summe überschreite, und behalten uns zugleich vor,
den Brükkenbau und andere künstliche Arbeiten aus
eben den Fonds zu bestreiten, die bisher dazu bestimmt gewesen sind. Unsere Absicht geht dahin, daß
das Total der Kontribution einer Generalität auch in
derselben verwendet werde, und daß im folgenden
Jahr nicht eher eine neue Auflage bestimmt werden

könne, als in Folge eines neuen Etats, der unserm
Conseil vorgelegt werden soll. Damit alle unsere Unterthanen davon unterrichtet seyn können, wie und
wozu besagte Auflage verwendet werde, so haben wir
für nöthig gefunden zu befehlen, daß in unserm Con=
seil ein Etat von dem Betrage aller in einem Jahr
zu unternehmenden Arbeiten niedergelegt werde, und
daß Jeder unsrer Unterthanen sich davon unterrichten
dürfe. Wir haben auch verordnet, daß, in dem Fall,
wenn alle Summen nicht in einem Jahr hätten ver=
wendet werden können, der Rest zu den, im folgen=
den Jahr einzufordernden, Beiträgen geschlagen,
und niemals, unter irgend einem Vorwande, mit
der Masse unserer Finanzen vermischt werden soll. __
Nach den Überschlägen und Berechnungen, die wir
uns von den Wegebau = und Besserungen haben ein=
reichen lassen, glauben wir unsere Unterthanen versi=
chern zu können, daß die Ausgaben für diesen Gegen=
stand in keinem Jahr die Summe von zehn Millionen
für alle pays d'élection überschreiten werde. * Da
diese Steuer eine, allen Gutsbesitzern gleich nützliche
Ausgabe zum Zwek hat, so befehlen wir hiemit, daß
alle Gutsbesitzer, sie mögen Privilegia haben, oder

---

* Nekker schätzt den Werth der Abgaben und Frohn-
dienste zur Erhaltung und Verbesserung der Wege
auf 20 Millionen. S. dessen Werk von der Verwaltung der Finanzen in Frankreich, nach der deutschen
Übersetzung. Lübek 1785. Th. 1. S. 21.

nicht, dazu beitragen sollen, aus welchem Grunde
wir nicht einmal unsere Domainen ausschliessen, sie
mögen sich nun entweder noch in unsern Händen be=
finden, oder, unter welchem Titel es auch sei, in
andere übergegangen seyn, u. s. w.

Nie hat mich das: car tel est nôtre plaisir we=
niger schokirt, als am Schluß dieses Edikts. Was
beweist eine Formel, deren Beibehaltung blos aus
Achtung gegen das geheiligte Alterthum derselben ent=
springt, wenn der Befehl selbst mehr ein Rathschlag,
als ein Befehl, mehr eine auf weisen und unwider=
legbaren Gründen beruhendes Uiberredungsmittel,
als ein Edikt, ist?

Und sollte man es glauben. Das erste Konzi=
lium des Königreichs, die Schuzwehr der Rechte
und Freiheiten des Volks, hatte nicht Kenntniß seiner
Pflichten, nicht Patriotismus genug, die edle Ab=
sicht des Königs zu unterstüzzen. Eine heftige und
anhaltende Widersezzung zwang den iungen Mo=
narchen von der höchsten Autorität der Krone Ge=
brauch zu machen; er zernichtete durch seinen all=
mächtigen Willen die elenden Gegengründe des
Parlaments.

Diese beruhten hauptsächlich auf folgenden Säz=
zen. Man müßte befürchten, die Menge der Taxen
würde endlich gar das Eigenthum aller Grundbesizzer
vernichten; diese Beisteuer würde den Adel, die

sicherste

ficherste Stüzze des Throns, mit den niedern Klassen
des Volks vermischen; es wäre billig, daß alle Un=
tertbanen zur Unterhaltung der Wege beitrügen, da
diese allen gleich nüzlich würden. Zulezt warf man
noch die Frage auf, ob es nicht rathsam wäre, die
Wege durch die Armee bauen und bessern zu lassen.
Man führte Beispiele aus dem Alterthum an, und
bezog sich zugleich auf die Wege, die Cäsar durch
seine Soldaten in Frankreich hat erbauen lassen, und
die noch existiren. Der scheinbarste Einwurf, den
man dem Minister machen konnte, war wohl freilich
die Furcht, daß diese Abgabe in Zukunft nicht zu an=
dern Endzwekken verwendet, und die Frohnen demun=
geachtet doch wiederhergestellt werden möchten. Aber
ausserdem, daß in dem Edikt selbst schon die weisesten
Vorsichtsregeln zur Verhütung dieses Falls angege=
ben waren, so konnte diese blosse Furcht kein hinläng=
licher Einwurf gegen eine Anstalt seyn, die so unend=
lich viel Gutes leistete. Eigentlich war der Vorschuß,
den man von den Eigenthümern verlangte, gar keine
Abgabe, weil der Vortheil, den diese Einrichtung her=
vorbrachte, ganz vorzüglich auf sie zurükfiel; doch
die Einwürfe, die man gegen dieses wohlthätige Edikt
machte, sind ja schon in dem Gesez selbst beantwor=
tet. Ich will daher nur noch anführen, daß die
Geistlichkeit sich endlich, durch die hartnäkigste Wi=
dersezlichkeit, von ihrem Beitrage befreite, und durch
diesen Triumpf die vielen Immunitäten vermehrte,

Y

von welchen sie, allen Grundsäzzen eines gesunden Fi-
nanzsystems zuwider, im Besiz ist.

Während des lezten Krieges wurde die Vingtieme verdoppelt und endlich verdreifacht; man ver-
sprach, daß diese Last nur bis ans Ende des vierten
Jahrs nach geschlossenem Frieden dauern sollte; aber
man hielt nicht Wort. Der König nahm die Verdop-
pelung statt der Wegesteuer an. Ich weiß nun zwar
nicht, ob diese Taxe oder die Vingtieme mehr beträgt,
allein ich glaube doch, daß der Monarch auf keinem
Fall sein geheiligtes Wort hätte brechen müssen. Dies
zernichtet alles Zutrauen des Volks gegen seinen Herrscher, sezt diesen in den Augen seiner Unterthanen
sehr herunter, und verursacht, daß das Volk, statt
sich über iene heilsame Anstalt zu freuen, seufzt und
klagt. —

Ludwig 16. ließ es indessen bei Abschaffung der
Frohnen nicht bewenden. Bald nachher kam ein Arret dü Conseil heraus, welches die Breite der öffentlichen Wege bestimmte. Sie werden, zufolge demselben, in vier Klassen getheilt. Die erste enthält die
grossen Heerstrassen, welche durchs ganze Reich gehen, oder von der Hauptstadt nach den vornehmsten
Städten und Häfen führen; diese haben die Breite
von 42 Fuß. In die zweite Klasse gehören die Wege,
die aus einer Provinz in die andere führen, die die
grossen Städte des Königreichs untereinander, und
die Hauptstadt mit minder wichtigen Städten verbin-

den; ihre Breite ist 36 Fuß. 3) Die Wege, welche
die vorzüglichsten Städte Einer Provinz mit einander
verbinden, haben 30 Fuß; und 4) die besondere
Wege, die zur Kommunikation kleiner Städte und
Flekken dienen, 24 Fuß. —

Was man in Deutschland vortrefliche Wege
nennt, das sind in Frankeich nur mittelmässige. Ich
rede nicht von den schächsischen oder thüringischen
Wegen, denn so erbärmlich sind hier nicht einmal die
Dorfsteige, sondern von den besten Heerstrassen im
Reich und in Hannover. Diese bestehen durchgehends
nur aus zusammengestossenen Kieseln und andern
kleinen Steinen, die oft nur auf die Strasse hingewor=
fen werden, und die Pferde und Wagen ruiniren und
den Reisenden verzögern. Der geringste Plazregen,
der Schnee im Winter und eine häufige Passage ver=
derben diese Wege sehr bald, und alsdann ist ihre Aus=
besserung mit eben so viel Mühe und Kosten verknüpft,
als ihre Erbauung. Überdem sind diese Strassen nie
so hart und fest, daß sie nicht den Transport grosser
Lasten erschweren sollten, alles Unbequemlichkeiten,
die man bei den französischen Chausseen nicht kennt,
weil sie in der Mitte mit Steinen gepflastert sind,
die vorher zu Würfeln behauen werden, und die das
ebenste, härteste, dauerhafteste, Pflaster abgeben.
Zu beiden Seiten werden zwei andere Wege übrig
gelassen, die zuweilen festgestampft werden, und be=

ren sich diejenigen bedienen, die leicht reisen, oder die angreifende Bewegung auf dem Pflaster scheuen. Neben diesen beiden Wegen gehen zwei Gräben fort, die sehr häufig mit Bäumen, gewöhnlich italienischen Pappeln, besezt sind.

Auch die öffentlichen Reisekutschen haben, unter der izigen Regierung, ansehnliche Verbesserungen erhalten. Statt der ehemaligen schweren und massiven Wagen hat man izt leichtere, bequemere und in Riemen hängende, wiewohl ich sie noch immer sehr schwer finde, welches aber für die Anzahl von Personen, die eine solche Diligence faßt, nicht anders seyn kann. Es sizzen nämlich gewöhnlich zehn Personen in dem Wagen an den Wänden hin; drei hinten, drei vorne, und zwei an ieder Seitenwand. Diese sizzen sehr bequem, und in der Mitte bleibt noch immer Plaz genug, daß man einen kleinen Tisch hinstellen könnte. Es sind auch Bequemlichkeiten genug vorhanden, um Hüte, Stökke und kleine Bündel zu verwahren. Jede Seite hat ein grosses und zwei kleine Fenster; vorne ist noch ein Siz für drei Personen, den man das Kabriolet nennt und wofür man die Hälfte des Postgeldes zahlt. Hinter und vor dem eigentlichen Wagen sind grosse Körbe mit Stroh, für Koffers und Mantelsäkke. — So ungefähr sind die meisten Diligencen beschaffen; einige sind in gewissen Stükken abgeändert, aber im Ganzen paßt diese Beschreibung auf alle.

Jede Diligence wird von einem Commis-Con-
ducteur begleitet, der einen Stundenzettel (billet
d'heure) bei sich führt, welchen er von dem Direk=
tor der Diligence am Ort der Abfahrt erhält. Die=
ser Zettel muß von allen Postmeistern unterzeichnet
werden, welche auf demselben die Stunde und Mi=
nute der Ankunft und Abfahrt anmerken. Die Ge=
schwindigkeit, mit welcher die Diligencen gehen, ist
sehr groß; selbst in den schwersten Wegen bringen sie
nie mehr als eine Stunde auf einer Station (2 Lieues)
zu. Das Wechseln der Pferde raubt fast gar keine
Zeit; sie stehen schon geschirrt vor dem Posthause und
oft haben die Reisenden nicht einmal die Zeit, auszu=
steigen. Da die Pferde sehr oft gewechselt werden,
iagt man fast immer im Galop. Die Anzahl der
Pferde wird nach der Last bestimmt, die der Wagen
hat, wobei man drei Zentner auf ein Pferd rechnet.
— Schöne Wege, gute Pferde, bequeme Wagen,
alles vereinigt sich, das Reisen in Frankreich so an=
genehm zu machen als möglich.

Ich hatte anfangs die Absicht, hier etwas von
dem Abgange der Diligencen auf der Route von
Strasburg nach Paris, und von dem Preise der Post
beizufügen; allein diese Bestimmungen ändern fast
alle Jahre. So viel kann ich indessen zuverlässig sa=
gen, daß man auf der Diligence bei weitem keinen
Livre für die Lieue zahlt. Zehn Pfund Ekipage hat der

Reisende frei, und für das Uibergewicht zahlt man
ungefähr einen Sol per Pfund auf 10 Lieues.

Die Reisenden erhalten ihre Plätze nach der Folge, in welcher sie sich haben einschreiben lassen, daher es rathsam ist, dies so früh zu thun, als möglich.
Man zahlt entweder die Hälfte oder den ganzen Betrag des Postgeldes, bis zu seinem Bestimmungsorte,
voraus, und erhält dagegen einen Zettel, welcher die
Quittung und ausserdem noch mancherlei angenehme
Nachrichten für den Reisenden enthält. So ist z. B.
der Tag und die Stunde der Abfahrt auf diesem Zettel bestimmt und im Versäumungsfall der Verlust des
Handgeldes angekündigt. Aber eben dieser Einrichtungen wegen wird auch sehr strenge über die ange-
gebnen Bestimmungen gehalten.

* * *

Abends um 8 Uhr kamen wir im Gallop in
Rheims an. Wir waren also nur 22 Stunden un-
terwegs gewesen, von welchen man sogleich eine für
die Verzögerung bei der Abfahrt aus Paris und für
die engen Gassen und Hindernisse dieser Hauptstadt
abrechnen muß. Zu Villers-Cotte-Rez hatten wir
eine und zu Soissons über zwei Stunden verweilt.
Den Aufenthalt beim Pferdewechseln kann man auch
zu einer Stunde anschlagen, und also hatten wir die
37 starke Lieues von Paris bis Rheims, mit den
häufigen Bergen in 17 Stunden zurückgelegt.

Auf den Rath eines meiner Reisegesellschafter
kehrte ich in das Hotel Bourbon ein, wo ich ein nied=
liches Zimmer, eine schöne Abendmahlzeit und vor=
treflichen Wein vorfand.

*   *   *

Ich gefalle mir in Rheims sehr wohl. Mein
Zimmer steht auf eine der lebhaftesten Gassen; ich
trinke meinen Kaffe auf dem Balkon, und unter mir
wird Markt gehalten. Der angenehme Geruch der
Erdbeeren und Kirschen kizzelt meinen Geruchsner=
ven, so wie der Anblik ländlicher Frölichkeit und In=
dustrie mein Herz erwärmt. — Dieser Kontrast
mit dem Gewühl der grossen Stadt, die ich so eben
verlassen habe, leitet mich auf Träumereien; ich
schliesse mich in mein Zimmer und vollende das
skizzirte Tableau, das ich einmal zu unternehmen
wagte.

Das böse Wetter hindert mich, die hiesigen Spa=
ziergänge zu besuchen, von welchen ich schon viel Lo=
bes gehört habe. Ich beklagte mich darüber gegen
meine Wirthin — ein gutes, liebes Weib, das eine
sehr artige Tochter hat —

Eh, pour vous desennuier, allez voir
l'amour de quinze ans.

Was? Rheims hat auch ein Theater?

—Das Sie nicht ganz unbefriedigt lassen wird
— sezte ein Fremder hinzu, der zugegen war.

Sogleich ergrif ich Hut und Stok, und flog zur
Thüre hinaus.

Ich fand ein neues, sehr gut gebautes Schau-
spielhaus, elende Dekorationen, und eine Gesellschaft,
die man zum Theil vortreflich nennen konnte. —
l'amour de quinze ans ist ein niedlich Stük, das
auf den deutschen Theatern gewiß gefallen würde.
Die unterhaltendste Szene giebt ein Fest, welches die
Bauern ihrem Gutsherren bringen, voll Naivetät,
ländlicher Einfalt und komischer Stärke.

Es herrscht ungleich mehr Natur auf diesem
Theater der Provinz, als in Paris; vielleicht weniger Kunst, aber d e n Tausch gehe i ch gerne ein.
Zwei männliche Schauspieler sind Meister im Komischen; einer derselben ist nicht nur das, sondern überhaupt ein sehr talentvoller Mann, der seine Kunst als
Studium treibt. Eine unter den Aktrizen, die vielleicht einmal die Barriere gesehen hat, affektirt schon
weidlich a le Parisienne mit Opernschritt, Hände-
ringen und Kopfverdrehungen. Möchte sie doch nur
keine Proselyten machen!

Ich speiste Abends in Gesellsaft einiger Fremden. Das Gespräch betraf Paris, den einzigen Gegenstand, von welchem der Mann von Ton in einer
Gesellschaft von Provinzialen spricht. Ich pries mich
glüklich, die H a u p t st a d t gesehen zu haben, weil
ich sonst die Düpe der schaalen Panegyristen gewor-

den wäre. Mein Unwille verwandelte sich in Erstaunen, als mit einemmal ein Mann, der bisher in tiefen Gedanken verloren da gesessen hatte, und den ich beim ersten Anblik für ein Original der zweiten Klasse nahm, das Wort ergrif, und mit einer Beredsamkeit, die die tiefste Kenntniß des Gegenstandes verrieth und einer Fülle von Wiz, die sich in beissenden Sarkasmen ergoß, das Lächerliche der gepriesenen Hauptstadt darstellte und die Panegyristen zum Stillschweigen brachte. Als der Sieger sah, daß seine Gegner die Waffen strekten, verließ er seinen Gegenstand und raisonnirte nun mit gleicher Stärke über die ächten Vorzüge von Paris. Dies machte mir Muth, auch hervorzutreten; bald ward das Gespräch allgemeiner und endlich erhob es sich zu der lehrreichsten und interessantesten Unterhaltung.

Babet, die Tochter vom Hause, und Luison, die Aufwärterin hörten mit stillem Erstaunen unsern Erzählungen zu. Unvermögend, länger die Empfindungen ihres Herzens zu verbergen, sprang Babet endlich zur Mutter hin und fiel ihr um den Hals: ô Maman, quand verrai-je ce pais là!

* * *

Unter den Fremden, die im Hotel Bourbon wohnten, zeichnete ich mir schon früh eine interessante Physiognomie aus, und es gelang mir, wiewol mit einiger Mühe, den Mann, der sie trug, zu gewin-

nen. Dies war eben derselbe, der an jenem Abend
die Pariser zum Stillschweigen brachte. Nach eini=
gen Unterredungen, die uns den Weg zur nähern ge=
genseitigen Bekanntschaft bahnten, schlug er mir ei=
nen Spaziergang vor. Noch hatte ich keinen Schritt
aus der Stadt thun können, so begierig ich auch war,
die gerühmten Promenaden kennen zu lernen. Ich
nahm dies Anerbieten daher mit Vergnügen an.

Mein Begleiter heißt le Mire, ist ein Mann
von etwa 35 Jahren, und königlicher Forstbedienter,
hat weite Reisen nach Spanien, Portugall, den An=
tillen, und den dreizehn Staaten gethan, liebt sein
Vaterland mit Enthusiasmus, kennt die Welt und
die Menschen, und ist, im Ganzen genommen, ein
Original.

Der Spaziergang ward mir doppelt interessant
durch das Gespräch meines Führes und durch den
Anblik einer der schönsten Promenaden, die ich ie ge=
sehen habe. — Man denke sich einen grossen Park,
von unendlich vielen Alleen durchschnitten, die sich
einander in gefallender Unordnung durchkreuzen, und
deren Laub keine mörderische Scheere zu verlezzen ge=
wagt hat. Hie und da Buschwerk, das, von schüz=
zenden Pappeln umgeben, ein schauerlicher Tempel
der Einsamkeit wird, wo klagende Nachtigallen ihr
Leid in melodischen Tönen verhauchen. Oft stößt
man auf ein gesellschaftliches Pläzchen, dessen Rasen
die Liebenden einladet, sich zu lagern und ihre Freu=

den den schweigenden Aesten anzuvertrauen, die sich liebkosend zu ihnen herabneigen, um ihre glühenden Wangen zu fächeln. Oft windet man sich durch die spottenden Krümmungen eines dunkeln Labyrinths, dessen plözlicher Ausgang eine unendliche Aussicht über eine kornreiche Ebene eröfnet, durch welche sich ein verbotener Fußsteig bis in ein nahes Dörfchen schlängelt, wo die Kinder vor den Häusern sizzen und spielen, und wo ein grosser Haushund den versenkten Spaziergänger mit heiserm Gebell aus seinen Träumereien weckt. — Die Besle giebt diesem Elysium ein Leben und einen Reiz, der weit über die Macht meines Pinsels erhaben ist; doch ehe sie in den Bezirk des Parks tritt, den sie verschönert, treibt sie die Räder einer Mühle, und wird dadurch das lehrreiche Bild iener weisen horazischen Regel. An ihren Ufern sizzen in feierlicher Stille Männer mit Angeln, die sich ärgern, wenn der eigenliebige Schwan mit plätscherndem Geräusch seinen schönen Hals wäscht, um den Beifall und das Lächeln des Mädchens zu erhaschen, das in der Dämmerung am Ufer spazieren gehen wird. ——

Die Sonne sank, und wir eilten mit gesättigter Seele und hungrigem Magen nach Hause.

* * *

Seit diesem Tage war le Mire mein steter Begleiter auf meinen kleinen Reisen in die Gegend umher.

Eines Tages ritten wir früh um fünf Uhr aus und durchstreiften den größten Theil der fruchtreichen Ebne um Rheims. Wir stiegen zuerst bei dem sogenannten Wasserschloß (chateau d'eau) ab, welches eine halbe Stunde von Rheims entfernt ist, und die Stadt mit sehr gutem, gesundem Wasser versorgt. Der Mechanismus, durch den die Maschine in Bewegung gesezt wird, ist sehr einfach; ein Wasserrad wird die Ursache aller dieser Wirkungen. Das Wasser steigt in blechernen Röhren bis in die Spizze des Thurms, wo es wieder durch eine andre Röhre hinabfällt, die es unter der Erde fort, bis in die Stadt leitet.

Die Aussicht von der Spizze dieses Thurms ist angenehm; die ausserordentliche Fläche der Gegend erlaubt dem Auge, ungehindert umherzuschweifen.

Einige hundert Schritte von dem Wasserschloß liegt eine Walkmühle, in welcher alle die Tücher gewalkt werden, deren Verfertigung mit unter die vorzüglichsten Nahrungszweige der Stadt gehört. Die Walkererde wird zwei Lieues von hier gegraben.

Die begüterten Einwohner von Rheims haben nahe bei der Stadt viele Landhäuser und Gärten, welche leztre zum Theil in sehr guten Geschmak angelegt sind. Zu meinem Bedauren konnten wir das Landhaus des Herrn von Courtagnon nicht zu sehen bekommen, weil er abwesend war. Dieser Herr

besizt eine Sammlung der manigfaltigen natürlichen
Seltenheiten von Champagne, die sehr interessant
seyn soll.

Als wir in die Stadt zurükkehrten, war so eben
der Gottesdienst geendigt. Wir giengen daher in die
Kirche Saint Nicaise, die ein Meisterstük der
neueren gothischen Bauart ist, wie fast alle Ka-
thedralkirchen und andere öffentliche Gebäude disseits
der Alpen in Frankreich, die ihre Entstehung dem
zehnten und eilften Jahrhundert zu verdanken haben.
Die Delikatesse, das Alter und die Verhältnisse des
Glokkenthurms erinnerten mich an den Münster in
Strasburg; aber die vorzüglichste Merkwürdigkeit
dieser Kirche ist ein Phänomen, welches, ungeachtet
aller darüber angestellten gelehrten Untersuchungen in
gewisser Rüksicht noch immer ein physisches Räthsel
bleibt. Die Kirche nämlich hat, wie fast alle gothi-
sche Gebäude der Art, eine Menge Gewölbpfeiler
ausserhalb der Mauer, die gröstentheils mehr zur
Zierde, als um irgend eines architektonischen Zwekkes
willen, da sind. Einer dieser Gewölbpfeiler nun,
zittert, so bald der Schlägel einer gewissen Glokke in
Bewegung gesezt wird; oder richtiger, er ahmt die
Bewegung des Schlägels nach. Der Pfeiler ist 40
Fuß niedriger, als die Glokke, und 18 Fuß vom
Thurm entfernt. Die Wirkung bleibt dieselbe, wenn
man auch die Kommunikation der Luft hindert, so

wie auch, wenn der Schlägel nur in Bewegung ge=
sezt wird, ohne die Glokke zu berühren.

* * *

Rheims ist allzugroß für seine Bevölkerung; es
giebt Quartiere, die fast gar nicht bewohnt sind.

Der Stadtmagistrat, der einen ansehnlichen Fond
und gute Revenüen hat, benuzt diese auf eine sehr
löbliche Art zur Verschönerung der Stadt. Eine der
besten Gassen, die mitten durch die Stadt, von einem
Ende derselben bis zum andern, führt, wird gegen
das westliche Ende immer schmäler, wodurch ihre
übrigen Vorzüge sehr leiden. Izt hat man einen
Plan festgesezt, nach welchem diesem und andern
Mißständen abgeholfen werden soll, und ich sah wirk=
lich schon mehrere neugebaute Häuser um ein ansehn=
liches zurükgerükt, um allenthalben eine gleiche
Breite herzustellen. Ein schlechtes Haus, welches
an der breitesten Stelle dieser Gasse stand, hat der
Magistrat dem eigensinnigen Besizzer um einen hohen
Preis abgekauft und es niederreissen lassen. Die
Stadt wird, wenn man diese Maaßregeln beibehält,
mit der Zeit sehr schön werden. Das Thor, welches
nach Paris führt, ist ganz von Eisen und sehr schön;
es ward erst bei der lezten Krönungsfeier neu auf=
aufgeführt.

Die meisten Gassen sind ziemlich gerade und ei=
nige derselben sehr bereit, daher man Bäume in die•

ſelben pflanzt, welche den Fußgängern Sicherheit und Bequemlichkeit verſchaffen, und ſo viel zur Annehmlichkeit und Geſundheit eines Orts beitragen.

Der Plaz Ludwigs 15., gewöhnlich place royale genannt, iſt wirklich ſchön und wird es noch mehr werden, wenn zwei groſſe Häuſer, die in den Ekken deſſelben ſtehen, in Gleichförmigkeit mit den übrigen aufgebaut werden, die dieſen Plaz einſchlieſſen. Die Inſchrift der ſchönen Statüe iſt ein Meiſterſtük ihrer Art, das hundert ellenlange Epigraphe der Académie des inſcriptions aufwiegt.

De l'amour des français éternel monument,
Inſtruiſez à jamais la terre,
Que Louis dans ces murs jura d'être leur père,
Et fut fidelle à ſon ſerment !

Uebrigens aber ſagen wir mit Herrn Mercier: il ne s'agit, que de l'expreſſion.

Wenn man dieſe und dergleichen Inſchriften nicht für Denkmale der niedrigſten Schmeichelei, nicht für Produkte der ſklaviſchen Seele und der feilſten Feder anſehen ſoll, ſo ſteht man ſich freilich nothgedrungen, die Hypotheſe des Engländers Moore anzunehmen, der ſie für ſeine Winke hält, durch die

das Volk seinen Monarchen auf Pflichten und Tu=
genden aufmerkſam machen will, die er nicht beſizt.
Daher, ſagt Moore, klatſcht auch das Parterr bei
Stellen, wo ein guter Fürſt gerecht und edel handelt,
und ſieht, indem es klatſcht, nach der Loge hinauf,
in welcher oft das Gegenſtük des idealiſirten Königs
ſizt. —

Rheims hat eine Mauer, die es ehemals zu
einer anſehnlichen Feſtung gemacht haben mag; izt iſt
nur der äuſſerſte Gürtel derſelben in gutem Stande;
die Bruſtwehr aber giebt eine ſchöne Promenade ab.
Ich gieng auf derſelben rund um die Stadt, und
brauchte, bei aller mir möglichen Geſchwindigkeit,
anderthalb Stunden. Es liegen aber auch zwiſchen der
Mauer und der Stadt manchmal leere Pläzze und
Gärten. Die abwechſelnden Ausſichten, theils über
die Stadt und in die Gaſſen, theils aufs freie Feld
und die Ebne, machen dieſen Spaziergang unge=
mein intereſſant.

* * *

Die Kathedralkirche iſt ein wirklich prächtiges
Monument. Der Anblik des Portals iſt groß und
erſchütternd. Die innere Oekonomie entſpricht dem
Ganzen; überall Reichthum, Verſchwendung. Das
eiſerne Gegitter, welches um das Chor herumgeht,
die alten Inſchriften, die groſſentheils noch in deut=
ſchen

schen Karakteren geschrieben sind, einige Uiberbleibsel von Bildhauerarbeit, unter welchen ein vorzügliches grosses von Rom hergebracht seyn soll, der mit Gold: blech überzogene Hochaltar, der unermeßliche Schaz der Kirche, u. s. w. Dies sind ungefähr die merk: würdigsten Gegenstände, die man iedem Fremden zeigt. Das reich mit Edelsteinen besezte Evange: lium, worauf die Könige von Frankreich bei ihrer Krönung den Eid ablegen, ist in slavonischer Spra: che geschrieben.

Ich habe Rheims verlassen, ohne das berühm: te Oelfläschchen zu sehen, welches die Abtei Saint Remy bewahrt und welches eine Taube bei der Krönung des Königs Klodwig vom Himmel ge: bracht haben soll. Man mag es wohl mit Recht so sorgfältig verwahren, denn dies Fläschchen bringt Heil und Segen über die Stadt Rheims. Der König muß iedesmal, wenn es in die Kathedral: kirche zur Salbung abgeholt wird, vier vornehme Herren zu Geiseln stellen.

Interessanter als das Oelfläschchen war mir der schöne unterirrdische Kanal, den die Stadt graben läßt, um ein stehendes Wasser, welches den öffentli: chen Spazierplaz verunziert und ungesund macht, in die Stadtgräben abzuleiten.

Nahe bei diesem Kanal, vor dem sogenannten Marsthor, finden sich einige unkenntliche Ruinen, die

Z

man ehedem für einen Triumpfbogen Julius Cäsars gehalten, welcher Meinung aber Kenner schon lange widersprochen haben. Die Gegenden um Rheims sind reich an Uiberbleibseln aus der römischen Welt; etwa hundert Schritte von der Vesle liegt ein Amphitheater, über dessen Ursprung man ebenfalls ungewiß ist.

Rheims hat dem heiligen Stuhl vier Päbste gegeben; sein Erzbischof ist Düc und Pair, geborner Legat des heiligen Stuhls und Primas Galliæ Belgicæ. Er hält sich, wie alle vornehme geistliche Hirten, fast beständig in der Hauptstadt auf. Zwei Lieues von der Stadt hat er ein angenehmes Lustschloß, wohin man oft Familien aus der Stadt fahren sieht, um sich dort ländlich zu vergnügen.

Ob es gleich in Rheims viele wohlhabende Familien giebt, und obgleich die hiesigen Einwohner häufig nach Paris reisen, so herrscht hier doch wenig Luxus und wenig Geschmak in Puz, Kleidung und Amöblement. Das Schauspiel wird sehr stark besucht.

Pfefferkuchen, wollene Bettdekken und Tücher sind, nebst dem Weinhandel, die vorzüglichsten Zweige der hiesigen Handlung. — Von der Universität habe ich gar nichts erfahren können; jedoch das Lektionsverzeichniß, das ich zu Gesicht bekam, zeugte mir von ihrer erbärmlichen Verfassung. Die Gegenstände der Vorlesungen schränkten sich auf Dogmatik, Kirchengeschichte, römische Autoren, die Institutionen und das Jus canonicum ein.

Es giebt hier einen ansehnlichen Buchladen, in welchem man auch Bücher ausleiht. Man findet um so mehr Geschmak an der Lettüre, ie weniger rauschende Vergnügungen es giebt.

Chalons.

Nach fünf überaus angenehm verlebten Tagen verließ ich Rheims und meinen Freund le Mire, leztern mit einer dankbaren Thräne im Auge.

Heute — dacht' ich, indem ich ins Büreau gieng — heute fühlst du die Bitterkeiten einer Reise. Ich war unsinnig genug, mein Schiksal anzuklagen, daß es mich einen guten Menschen hattte finden lassen, und, statt mich zu strafen, lohnte es mich mit einer neuen interessanten Bekanntschaft.

Herr Dubois, ein Kaufmann aus Rheims, ein theilnehmender, freundschaftlicher Mann, ist mein Begleiter. Er hat Deutschland und die Schweiz bereist und kennt beide Länder besser, als sonst gewöhnlich seine Landsleute.

Wir fahren Kurier. In vier Stunden sind wir in Chalons, welches zehn Lieues von Rheims entfernt liegt. Unser leichter, unbedekter Wagen hängt zwar nicht in Riemen; auch regnet es ein wenig; aber desto schneller fährt unser Kurier zu. Die Bäume fliegen bei uns vorbei, ohne daß ich Zeit habe, ihnen den Gruß zu vergelten, mit welchem sie mich zu bewillkommen scheinen.

Die Geschichte meines Weges ist einfach und kurz. Zu beiden Seiten unabsehbare Flächen voll Kornfelder, nicht ein Plätzchen wüst oder leer; wenig Dörfer, und diese elend; kein Holz; der Weg nicht gepflastert, sondern wie die deutschen Chausseen fest- gestampft und zu beiden Seiten mit Bäume besezt.

Gegen Abend kamen wir in Chalon an. Mein Ge- sellschafter führte mich in ein Bürgerhaus, wo ich freundschaftlich aufgenommen und gastfrei bewirthet wurde.

∗   ∗   ∗

Als ich des folgenden Morgens erwachte, fand ich Herrn Dûbois nicht mehr. Er war in der Nacht fortgereist. Sein Freund, bei welchem ich Abends vor- her gegessen hatte, besuchte mich in aller Frühe mit einem gewissen Herrn L i g n o t , dessen Schwester ich in Livland gekannt hatte. So führte mir das Schiksal einen braven Mann nach dem andern in die Arme.

— Es ist doch warlich eitel Lügen um die unge- heure Summe des Bösen in der Welt. Wer vermag die Rechnungsfehler alle zu zählen? und wer wirft sich endlich zum Thatenschreiber des Guten auf, ge- gen Tausende, die das Protokoll der Sünde führen?

Fern von meinem Vaterlande, einsam und un- bekannt, ein Wandrer in fremden Gefilden — wie durft' ich erwarten, daß E i n e liebreiche Hand sich der meinigen darbieten, daß E i n e Thüre sich mir

öfnen, daß an Einem gaſtfreien Tiſch ein Plaz für
mich bereitet ſeyn ꞓ ürde?

Es ſcheint doch, daß die Menſchen auf Erden
ihres Urſprungs noch nicht ganz vergeſſen. „Menſch
— ſagte Bruder le Mire, als er mir, noch unbekannt, ſchon einen edlen Freundſchaftsdienſt auf-
drang — Menſch, ich bin Menſch, und du biſt
Menſch, und dort iſt unſer Vater im Himmel!„

Mittags ſpeiſte ich mit einem Jeſuiten. Es war
das erſtemal in meinem Leben, daß ich ein Original
zu Molieres Tartüffen ſah; der bigotte, dumme,
bosbafte, ſcheinheilige Menſch verrieth ſich in den
kleinſten Handlungen. Ehe wir uns zu Tiſche ſezten,
betete er mit halblauter Stimme ein langes Gebet
her, in welchem er durch die Dazwiſchenkunſt der
Aufwärterin unterbrochen wurde. Sogleich hielt er
inne, und fieng, als das Mädchen weggegangen war,
ſeine Litanei von neuem an. Ich hatte zu viel Achtung für die Handlung, welche er verrichtete, als
daß ich ihn während dieſer Zeit hätte ſtören können.
Wir ſazten uns zu Tiſch, und er ſegnete das Brod
ein. — Bald darauf geriethen wir in ein Geſpräch.
Er erzählte mir zu wiederholten Malen, daß er in
Deutſchland geweſen wäre; endlich redete ich ihn
deutſch an, und er geſtand, dieſe Sprache nur kaum

zu verstehen, sie selbst aber gar nicht zu sprechen. Geschäfte — vermuthlich seines Ordens — hätten ihn nach Deutschland geführt, und er sei eigentlich nur in Regensburg und München gewesen. Da seine Reise weit und sein vorgeschriebener Zeitraum sehr eingeschränkt gewesen, so habe er die übrigen Städte, durch die er auf seiner Route gekommen, fast gar nicht kennen gelernt.

Anfangs hielt mich der Tartüff für einen Katholiken. Ich benahm ihm seinen Irrthum, und sogleich fieng er sein Bekehrungsgeschäfte an, indem er das Gespräch auf einen Religionsdisput zu lenken suchte. Ich wieß ihn geradezu ab, indem ich ihm gestand, daß ich meine Religion die beste glaubte, und sie um alles in der Welt mit keiner andern vertauschen würde; übrigens aber Toleranz für die erste und allgemeinste Christenpflicht hielte. Mein Gegner war so eben im Begrif, mir zu beweisen, daß diese Grundsäzze mich schnurstraks zur Hölle führen würden, als wir durch die Ankunft des Mannes unterbrochen wurden, der mich Abends vorher so gastfrei aufgenommen hatte. Er lud mich zu einem Spaziergang ein, welches mir um so angenehmer war, da ich dadurch von meinem lästigen Bekehrer befreit wurde. Ehe ich zur Thüre hinaus gieng, rief dieser mich beiseite, und flüsterte mir die Warnung ins Ohr, mich ja nicht leichtsinnig in Gesellschaft von Leuten zu begeben, die ich nicht kennte.

* * *

Als ich zum erstenmal durch einige Gassen der
Stadt streifte, erklärte ich, freilich etwas zu vorei=
lig, Chalons für die häßlichste Stadt, die ich in mei=
nem Leben gesehen hätte; izt hatte ich Gelegenheit,
meinen Ausspruch einzuschränken, wiewohl ich ihn
nicht ganz aufheben kann. Der Markt ist der schönste
Plaz in der Stadt, die Häuser um denselben sind
gleich örmig gebaut; das Rathhaus ist ein wirklich
prächtiges Gebäude, und dessen innere Einrichtung
sehenswerth. Von dem Markt führt eine breite
ziemlich gerade Strasse bis an das westliche Ende der
Stadt. In dieser Gasse liegen zwei schöne Anstalten,
das Hospital und das Findelhaus; beide sind sehr
gut eingerichtet und ersteres wird für die kleine An=
zahl, die es aufnimmt, wohlthätiger, als das grosse
Krankenhauß in Paris. Ich wunderte mich, in einer
kleinen Landstadt ein Findelhauß, und noch dazu so
wohl besezt zu finden; aber ich erfuhr, daß dies
Haus sowohl, als fast alle Findelhäuser in den nahe
bei Paris gelegenen Städten, nicht nur die verlor=
nen Produkte ihres Bodens, sondern auch den Uiber=
fluß der Hauptstadt aufnehmen; und wenn dieser
Umstand gegründet ist, welches ich jedoch nicht ver=
bürgen kann, so möchten die Rechnungen und Schlüs=
se, welche man auf die, in den pariser Findelhäusern
angegebenen, Summen baut, wohl sehr weit von der
eigentlichen Beschaffenheit der Sache entfernt seyn.

Ausserhalb der Stadt liegen die Gefängnisse in einer gesunden und bequemen Lage an der M a r n e ; längs den Ufern dieses Flusses, der mit einer gut ins Auge fallenden Einfassung versehen ist, geht eine angenehme Promenade fort, an welche das Comödienhaus stöst. Chalons hat keine stehende Truppe, sondern die Schauspieler spielen wechselsweis hier und in Rheims. Das Wasser, dessen ich erwähnt habe, ist eigentlich nur ein Arm der Marne, der sich vor der Stadt von dem grossen Bette trennt, und dadurch eine schöne Insel und herrliche Aussichten bildet. Uiber das Hauptbett des Flusses baut man izt eine prächtige Brükke. Dies Werk verdient die Aufmerksamkeit iedes Reisenden; ihre Breite, Dauerhaftigkeit und Eleganz und die Kühnheit ihrer Wölbungen sezzen sie beinah in gleichen Rang mit der vortreflichen Brükke zu N e u i l l y, zwei Lieues von Paris. Wie viel dieser Bau dem Könige, oder eigentlicher, der Provinz, kosten wird, kann man ungefähr daraus schliessen, daß der Baumeister dem Intendanten 200,000 Livres geboten haben soll, ihm die Ausführung zu übergeben. — Von der Mitte dieser Brükke hat man eine höchst romantische Aussicht.

Das ehemalige Jesuiterkollegium ist ein sehr schönes Haus, und dient izt ebenfalls zu einem Schulgebäude. In dem Hofe desselben sah ich eine Menge Kinder und iunger Leute mit lautem Jubel herumspringen. Ein Regent, der so eben zugegen war, führte mich höflichst umher, konnte mir aber nicht die Erlaubniß geben, einer Lehrstunde beizuwohnen.

Die Kathedralkirche ist sehenswerth. Das Musikchor von Marmor und die beiden Glokkenthürme von gehauenem Stein sind Meisterstükke der Kunst, die immer Kenner befriedigen.

Chalons liegt in einem angenehmen Thal. Wir erstiegen einen kleinen Berg, der uns eine herrliche Aussicht gewährte. Um Chalons sowohl als um Rheims giebt es gar keine Weingärten; die nächsten sind wenigstens acht bis zehn Lieues von hier entfernt. Die Gegend um Chalons giebt die fruchtbarsten Weiden, daher der König eine Kompagnie der garde du corps einquartiert hat. In einer weiten Entfernung wird der Boden trokken; Gerste und Haber sind die vorzüglichsten Produkte.

Wir machten einen grossen Kreis, durchstrichen eine weite Ebne, fuhren in einem Kahn über die Marne und kehrten längs derselben, durch die schöne Promenade, zur Stadt zurük. Dieser Spazierplaz wird der Jard genannt und besteht eigentlich aus einer grossen Menge Alleen, die auf Sarri, das Lustschloß des Bischofs, zuführen. Man hat auf demselben einige vortrefliche Standpunkte, die die mannigfaltigsten Aussichten gewähren.

* * *

Es war schon spät, als ich nach Hause kam.
Mein Jesuit lud mich ein, auf seinem Zimmer zu
speisen. Ich sah keinen Grund ein, ihm dies abzu-
schlagen, und willigte also in sein Verlangen. Nun
entdekte er mir die Ursache, weswegen er nicht an
der Wirthstafel speisen mochte. Es saßen an derselben, sagte er, zwei freche Weibsbilder in Mannskleidern, und er habe seine Seele zu lieb, um sie durch
einen solchen Anblik zu ärgern. Ich lachte, und dies
schien den Tartüff zu verdrießen. — Es waren ein
Paar vornehme Damen, die, um der Bequemlichkeit
willen, in Stiefel und Uiberrok reisten.

Nach einer abermaligen langen Litanei von la-
teinischen Gebeten, sezten wir uns zu Tisch. Die
Missionairsseele sucht mich noch einmal zu gewinnen;
aber vergebens. Aergerlich über sein unverhoftes Mis-
glük brach er von seinen Religionsgesprächen ab.
Unsere Unterredung fiel auf Deutschland, auf die Uni-
versitätsverfassungen und den religiösen und politischen Zustand der Menschheit daselbst. Der Mann verrieth die gröbste Unwissenheit. Zufälliger Weise er-
wähne ich der Kinder unserer Geistlichen: „Was,
und sie sind verheirathet? fuhr mein Jesuit auf —
und ein: ah ces bougres là! „ rollte zwischen seinen
Zähnen herum. Bald darauf fiel das Gespräch auf
Voltaire. „Ich hasse ihn mehr als Luther und Kal-

vin, wenn es mir möglich ist, mehr zu haſſen „ ſagte
der Heuchler. Sie haſſen ihn, erwiederte ich, und
verdammen ſeine Werke; haben ſie dieſe geleſen?
Vor Entſezzen fiel ihm' Meſſer und Löffel aus der
Hand. „Gott bewahre, daß ich meine Seele ſo be-
fleft haben ſollte; die Widerlegungen hab' ich alle geleſen, und die ſezzen mich hinlänglich in Stand, ihn
zu verdammen. Der abſcheuliche Menſch! Er hat
unſerer allerheiligſten, alleinſeligmachenden Religion
mehr Schaden zugefügt, als alle Kezzer. Wiſſen Sie
aber auch, wie er geſtorben iſt?„ — und nun eine
Wiederholung der boshaften Lügen in der kölner
Zeitung.

Ich unterbrach den heiligen Mann in ſeinem
Feuereifer. Voltaire habe doch manches Gute geſtif-
tet, habe doch wenigſtens Gelegenheit gegeben, die be-
ſtrittnen Säzze der Religion gegen fernere Angriffe zu
vertheidigen und befeſtigen, habe Toleranz gepredigt
— „ Ja mit der Toleranz! fiel mir der Jeſuit in die
Rede; die Toleranz iſt die Maske, hinter welche
Kezerei und Freigeiſterei und Socinianismus und
Atheismus ſich verbergen und einzuſchleichen ſuchen.
Die Toleranz iſt eine Peſt für den Staat, und der
iezige König denkt viel zu weiſe, und hat in der hohen
Kleriſei viel zu viel einſichtsvolle Rathgeber, als daß
er iemals zu dem verderblichen Schritt ſollte verleitet
werden können, den Proteſtanten ein Haarbreit ein-

zuräumen. Das Gift der Kezerei breitet sich ohne=
hin im Verborgenen aus, und wir sollten ihm Thor
und Thüre öfnen? Die Anzal der Protestanten hat
sich seit dreißig Jahren über die natürliche Reproduk=
tion hinaus vergrössert — ein Wink für den allerchrist=
lichsten König, dem Uibel die Axt an die Wurzel zu
legen. —

Meine Leser sehen, daß mein Jesuit auf dem
geraden Wege war, Dragonaden und Bluthochzeiten
zu vertheidigen. Sein Eifer wuchs mit iedem Wort,
das er redete; er gerieth in fürchterliche Hizze. Ich
fand es rathsam, wegzugehn, und ihn seinen christ=
katholischen Meditationen zu überlassen.

Des andern Morgens früh, ehe ich wegreisete,
nahm ich Abschied von ihm. Der tükkische Heuchler
kniete vor seinem Brevier, und verbreitete dabei ei=
nen so abscheulichen Gestank im Zimmer, daß ich an
die Gegenwart des lebhaften Teufels geglaubt haben
würde, wenn ihn Sauler nicht von der Erde weg de=
monstrirt hätte.

* * *

Chalons hat einen Bischof, der dominus utilis
des Orts ist. Er präsidirt im Stadtrath und hat
ausserdem noch seine eigene Gerichtsbarkeit. Der In=
tendant von Champagne hat seine Residenz in Chalons.

Die Stadt ist arm; man sieht wenig gute Häuser, und fast gar keinen Luxus. Die Lebensmittel sind theuer. Leinenmanufakturen sind der vorzüglichste Zweig des Erwerbs.

Es existirt hier eine gelehrte Gesellschaft, deren Zwek die bürgerliche, politische, kirchliche, literarische und natürliche Geschichte von Champagne ist; sie hält jährlich eine öffentliche Sizzung in einem schönen Saal des Rathhauses, und theilt alsdann auch Preise aus. — Drei Lieues von Chalons sieht man Spuren vom Lager des Attilla.

Bar le Duc.

Die Diligence von Paris war besezt; ich sah mich also genöthigt, einen Hauderer zu miethen. Ich erhielt ein bequemes Kabriolet, wofür ich, bis Toul, fünfzig Livres zahlte.

Je weiter ich mich von Chalons entfernte, desto schlechter ward die Gegend und der Boden. Da wir nicht die grosse Hauptstrasse beibehielten, so mußte ich Mittags in eins der elendesten Wirthshäuser ein= kehren. Abends sahen wir die Grenze von Champagne.

Die grossen Ebenen haben diesem Lande seinen Namen gegeben. Der Wein ist das edelste Produkt desselben und, ausser dem Getreide, auch das einzige. Nicht iede Gattung Champagner kann verführt wer= den; daher kommt es, daß man in fremden Ländern nur den bessern Champagner oder den vin mousseux kennt. Gute Weinlesen sind sehr selten, und wenn endlich ein segensreiches Jahr kömmt, wie das 1784 war, so ist der arme Weinbauer auch um seinen ge= hosten Vortheil betrogen. Die übergrossen Auflagen zernichten allen Gewinust. Der Bauer hat mehr Vor= theil von dem Absaz innerhalb des Königreichs. Nach der Normandie geht viel Wein, weil diese Provinz keinen bauen darf, und des leichten Transports und der geringen Kosten wegen, mehr Champagner als andern Wein konsumirt. Der Stok ist sehr zärtlich und erfodert eine überaus sorgfältige Wartung. Ein Morgen von 32,400 Fuß trägt, ein Jahr ins andre gerechnet, nur Ein Maaß Wein, das 112 bis 120 Pfund an Gewicht hat. — Marshal glaubt gefunden zu haben, daß ein Morgen Weinland in Champagne 30 bis 50 Pfund Sterling im Ganzen, und 4 bis 7 Pfund reinen Gewinn eintrage.

Die Bewohner von Champagne theilen im Scherz ihr Land in das steinige und glükliche. Aber diese Eintheilung hat wirklich ihren Grund. Der unfruchtbarste Strich ist der südöstliche Theil der Provinz, ungefähr in der Gegend von Saint Dizier. Dort giebt es weder Wein noch Korn; der Boden ist steinig, die Dörfer selten und erbärmlich. — Ausser dem Getreide und Weinbau hat Champagne auch Bienenzucht, über deren Werth ich aber, aus Mangel an Datis, kein Urtheil fällen kann.

Die Einwohner von Champagne sind ein gesunder Schlag Leute. Die Weiber sind fast durchgehends stärker gebaut, als die Männer. Ihr Karakter ist duldsam und friedlich; bei dem überaus grossen Elende, das in manchen Gegenden herrscht, hört man sie doch weder klagen noch murren. Aber zur Frölichkeit scheinen sie auch eben nicht gestimmt zu seyn. — Die Sprache ist noch ziemlich unverdorben, und selbst in den Bauerhütten verständlich für den, der nur die Büchersprache kennt.

Die

Die kleinen, armseligen Pferde, die Wölfe und die Kreidehäuser sind Karakter der Provinz. Leztere sind dauerhaft, sehen aber elend aus. Der Kreideboden blendet eben so sehr, als er die Hizze vermehrt. Die Wölfe sollen oft Unheil stiften.

In den Wirthshäusern wird man durchgehends übersezt.

* * *

Wir kehrten in ein artiges Dorf ein *, welches auf der Grenze von Champagne lag. Ein kleiner Fluß macht hier die Scheidung. Die Bewohner des Dorfs waren so eben mit Heumähen beschäftigt. Unser Wirth lud mich ein, einer kleinen ländlichen Freude beizuwohnen; ein Vorschlag, dem ich meinen herzlichen Beifall gab. Wir schleppten ein Fäßchen voll Wein auf die Wiese, wo die blühende Jugend des Dorfs in frölicher Thätigkeit versammelt war. Bei der Ankunft des Fäßchens wurde Halt gemacht; wir tanzten in bunter Reihe um dasselbe herum, sezten uns in einen Kreis auf das abgemähte Gras nieder und tranken eins aus der Flasche, und die Mädel sangen ein Liedlein dazu. Das war so etwas für mein Herz, wie der wohlthätige Regen für das lächzende Feld.

A a

* Es hieß la maison Duval; ungeachtet alles Nachfragens habe ich nicht erfahren können, ob es seine Entstehung etwa dem elenden Valentin Jamerai zu danken habe;

· Als wir ins Dorf zurükkehrten, kamen so eben deutsche Ochsenhändler an, die mit ihrem Vieh aus der Mitte des Frankenlandes bis Paris die Reise zu Fuß machen. Ein selsamer Anblik ists, diese Leute sich mit den Franzosen verständigen zu sehen, deren Sprache sie nicht verstehen, so wenig iene etwas von der ihrigen wissen. — Man kann sich nun leicht eine Idee von dem Preise des Rindfleisches in Paris machen, wenn man die Kosten und den Profit einer so weiten Reise berechnet, und die Droits d'Entree mit in Anschlag bringt. Wie ungeheuer die Konsumtion dieser Hauptstadt seyn muß, läßt sich daraus schließsen, weil zur Sommerszeit oft in einer Woche mehr als zwei bis dreihundert Stük Vieh auf diesem Wege nach der Hauptstadt zu transportirt werden.

* * *

Sobald man die Grenzen von Champagne verläßt, erheben sich allmählig kleine Hügel, die immer beträchtlicher werden; auch sieht man schon kleine Gehölze. Zwei Lieues vor Bar le Dúc fängt ein ansehnlicher Wald an, der bis an diese Stadt fortläuft. Die Gegend am Wege ist sehr fruchtbar; überall Kornfelder und Wiesen. Kurz vor Bar, das in einem Thal liegt, wird die Gegend romantisch. Lange sanfte Abhänge, mit Weinstökken besezt, bilden einen Paß, an dessen Ausgang die Stadt liegt.

Bar ist sehr niedlich gebaut; die Häuser sind alle von gleicher Höhe, und die Gassen breit und frei.

Uiberhaupt wird der Unterschied zwischen Lothringen und Champagne schon an der Grenze fühlbar; die Städte sind regulair und niedlich gebaut, die Dörfer häufig; Wohlstand, unter alle Klassen verbreitet, ist sichtbar, und in den Städten herrscht ein gewisser Luxus, der, hier wenigstens, eine sichere Anzeige von Uiberfluß ist. Alles Folgen der wohlthätigen Regierung einiger guten Fürsten, und insbesondere des treflichen **Stanislaus**, dessen Andenken noch izt ieder Lothringer mit einer beredten Thräne segnet.

Bar, die Stadt, hat etwa 8000 Seelen. Der Wein, der hier vortreflich geräth, ist der vorzüglich= ste Reichthum ihrer Einwohner. Nächst demselben wird der Viehhandel, den die schönen Weiden erzeu= gen, eine Quelle von Verdienst. Die übrigen unter den merkwürdigen Produkten des Herzogthums sind Holz, Getreide, Wild und Fische. Der Uiberfluß strömt in den Rachen des alles verschlingenden Unge= heuers, der Hauptstadt, deren Bedürfniß alle umlie= gende Provinzen in Kontribution sezt. So vortheilhaft dies scheinen möchte, so ist's doch nicht. Die Konkur= renz der Konsumenten erhöht die Preise der Lebens= mittel über das natürliche Verhältniß hinaus, und da die Hauptstadt der reichere Käufer ist, so bleibt der Provinz nur das, was iene nicht mochte. Nicht ge= nug; die Hauptstadt bezahlt nicht einmal in Gelde, sondern in Waaren des Luxus, deren Besiz die Pro=

vinzen unglüflich macht. Es ist dem guten Ton in
den Provinzialstädten gemäß, von Kopf zu Fuß mit
Kleidungsstükken aus Paris versehen zu seyn, und
diese entehrende Ketten sind um so härter, da es das
Interesse der Hauptstadt ist, die Mode so oft wech=
seln zu lassen als möglich, und da es ihr frei steht,
den Preis ihrer Waaren bis zur Ausschweifung zu
erhöhen; woraus man leicht ersieht, daß die Bezah=
lung, welche die Provinz für ihre Produkte erhält,
nur ein eingebildeter Werth ist, der, nach dem Be=
dürfniß und dem guten Willen der Hauptstadt, steigt
oder fällt.

Toul.

Je tiefer man in Lothringen hineinkömmt, desto häufiger werden die Berge und Waldungen. Die Straße ist lebhaft; es liegen an derselben mehrere wohlgebaute Dörfer und das niedliche Städtchen Ligny.

Wenn man die Hauptstraße nach Nancy verfolgt, so verläßt man auf eine Weile Lothringen, um das Gouvernement von Toul zu durchstreifen, welches völlig davon eingeschlossen wird. Void ist der erste Flekken in diesem Gebiet. Er wird durch ein Schloß merkwürdig, das man ehedem für unüberwindlich hielt, und welches Ludwig 14. eroberte.

* * *

Toul ist eine lebhafte und nicht schlechtgebaute Stadt. Das Militair macht den größten Theil der Einwohner aus.

—Wer hätte dies vor zweihundert Jahren möglich geglaubt? Wer glaubt dies noch in England möglich? In den kleinen Städten auf dem platten Lande, und gegen die Grenzen des Reichs zu, ist dies fast beständig der Fall. Der erste Gegenstand, der dem Reisendn am Thor aufstößt, ist ein Soldatenrok und der zweite eine Kutte. —

Die Stadt iſt befeſtigt. Ich gieng in einer guten halben Stunde auf dem Wall um dieſelbe herum. Längs den Befeſtigungswerken, innerhalb der Stadt, ſind und werden Kaſernen für die Soldaten aufgebaut. — Toul hieß ehedem la dorée, weil ihre Wälle einen vergoldeten Gürtel hatten.

Die Hauptkirche und die ſchöne maſſive Brükke über die Moſel ſind die einzigen Merkwürdigkeiten der Stadt. — Die Gegend iſt lachend und fruchtbar; die Moſel belebt und verſchönert das Thal, und die Hügel ſind mit Weinreben bekränzt.

Man ſieht es den Einwohnern an, daß ſie aus deutſchem Blute ſtammen. So wie der Deutſche immer das was er iſt, weit mehr iſt, als der Franzoſe, ſo iſt auch der deutſche Katholik zehnmal mehr Katholik als der franzöſiſche. Das Zeremonial der römiſchen Kirche wird hier ſchon weit gewiſſenhafter beobachtet, als im eigentlichen Frankreich. Faſt über alle Thüren findet man die heilige Jungfrau, um das Einſchlagen des Blizzes zu verhüten; und mein Zimmer iſt mit Heiligenbildern tapeziert. Der König aber hat über die Kaſernen keine heilige Jungfrau, ſondern Blizableiter ſezzen laſſen.

Toul theilt ſich bekanntlich in Bisthum und Stadt. Uiber erſteres iſt der Biſchof Herr und der König Souverain. Toul gehörte ehedem zum Gouvernement Mez, welches man le gouvernement des trois évéches nannte.

Nancy.

Der Weg bis hieher ist vortreflich. Man hat Thä= ler ausgefüllt, um ihn zu ebnen. Zu beiden Seiten sieht man eine Zeitlang Wald und endlich Kornfelder. Hin und wieder an dem Wege werden Steinkohlen gegraben. Kurz vor Nancy steigt man einen hohen steilen Berg herunter, der gerade in die Stadt führt.

Auf diesem Wege begegneten mir zum erstenmal die Marechaussee, ein Korps, das zur Erhal= tung der Ordnung und Sicherheit der öffentlichen Heerstrassen errichtet ist.

Heinrich 3. war Stifter der Marechaussee, und der Regent, Herzog von Orleans, verdoppelte im Jahr 1716 ihre Anzahl Ludwig 15. bestätigte die Privilegien dieses Korps, und gewährte demselben neue, unter welchen hauptsächlich dasjenige merkwür= dig ist, welches den vornehmsten Officiren einen höhern militairischen Rang zusichert, und ihnen verschiedene ansehnliche Vortheile gewährt, welche aus der Aus= übung ihrer Geschäfte entspringen. — Itzt besteht die Marechaussee aus 3550 Mann, worunter die Ober= und Unteroffiziere mitgerechnet, sind. Das vornehmste Kol= legium der Marechaussee heißt Compagne colo- nelle des Marechaussées, oder la Connetablie.

Alle Kompagnien der Marechaussee sind militairisch und bei dringender Nothwendigkeit bedient sich der König derselben, wie seiner Armee; daher erhalten die Offiziere auch Pensionen aus dem königlichen Schaz und eine Stelle im Invalidenhause, wenn sie zwanzig Jahre gedient haben. Eine grosse Anzahl der Komp gnien, aus denen die Marechaussee besteht, werden auf Kosten der Provinzen, denen sie angehören, unterhalten. So zum Beispiel die Kompagnie von Mez, Toul und Verdün, Flandern, Elsaß, Lothringen und Bar, u. s. w. — Die Kosten dieser Unterhaltung für sämmtliche Provinzen betragen 1,655,872 L. und das Total aller Ausgaben für die Marechaussee 2,977,016 Livres. (Nach Nekker 4 Millionen.)

* * *

Es fällt iedem Fremden ausserordentlich auf, in der Vorstadt von Nancy fast über iede Hausthüre die Worte zu finden: Maison à vendre ou à louer. Selbst in der Stadt führt iedes dritte oder vierte Haus dies traurige Schild.

Nancy ist eine der schönsten Städte Frankreichs. Gerade, breite Gassen, Häuser von gleicher Höhe, schöne Pläzze, angenehme Promenaden und prächtige Paläste gewähren ihr diesen ansehnlichen Rang. Der schönste Plaz ist la place royale, der von sieben

prächtigen, symmetrisch gebauten Pallästen eingeschlossen wird, unter welchen das Rathhaus und das
Komedienhaus ist. Die vier Ekken dieses schönen Plazzes sind mit eisernen Gegittern von ausserordentlicher
Kunst und kostbarer Vergoldung verbunden. Vier
prächtige Thore öfnen den Eingang in zwei der an-
sehnlichsten Gassen, in die Promenade, und in die
Allee, die zur Intendance führt. Die lezte Allee,
giebt einen der schönsten Anblikke. Die vornehmste
Zierde dieses herrlichen Plazzes ist die prächtige Statüe Ludwigs 15., die in der Mitte desselben steht.

La place d'alliance ist ebenfalls von prächtigen Gebäuden eingeschlossen. In der Mitte derselben
steht eine der Allianz zwischen Frankreich und Oester-
reich 1756. gewidmete Säule.

Die schöne Promenade, das Rathhaus und die
Kasernen sind der Aufmerksamkeit eines Fremden
würdig.

Das meiste zur Verschönerung der Stadt hat
Stanislaus gethan; er hatte den Plan gemacht, auch
die Altstadt von neuem aufzubauen, allein sein, für
das Wohl Lothringens allzufrühzeitiger, Tod hin-
derte dies Unternehmen. Die Könige von Frankreich
haben seitdem wenig zur Verschönerung der Stadt
beigetragen; indessen sehe ich doch, daß man ein sehr
prächtiges Thor aufbaut, welches gewiß keine geringe
Zierde dieser schönen Stadt seyn wird.

Die Franziſkaner Barfüſſer Kirche, la Ro-
tonde, iſt ein Denkmal Franz I., als er noch Herzog von Lothringen war. Sie enthält unter andern
Merkwürdigkeiten das Grabmal Karls des Kühnen.

Nancy hat eine Univerſität, die aber von keiner
ſonderlichen Bedeutung iſt; ein College de Médecine; eine anſehnliche Bibliothek, die in dem Rath-
hauſe aufgeſtellt iſt; und eine gelehrte Geſellſchaft,
die Staniſlaus geſtiftet hat, und welche iährlich zwei
Preiſe, ieden vor 600 Livres an eingeborne Gelehrte
und Künſtler austheilt.

Das hieſige Schauſpiel iſt bei weitem ſchöner
und prächtiger, als das zu Rheims; aber die Schauſpieler affektiren den falſchen pariſer Geſchmak.

Blamont.

Man findet in Nancy faſt ieberzeit Geleg enheit,
mit einer Retourkutſche nach Straßburg zu rei=
ſen. Ich benuzte dieſen Umſtand und reiſte wohlfeil
und bequem.

Der Weg bis Lünneville iſt ziemlich gut und
die Gegend angenehm. Dieſe Stadt ſoll ihren Namen
von dem, auf einem nahen Berge gelegenen, Dianen=
tempel haben. Der herzogliche Pallaſt und die daran
ſtoſſende Promenade iſt ſehenswerth, wiewohl man ſich
nichts auſſerordentliches verſprechen muß. — Die
hieſige Puderfabrik von Kartoffeln iſt berühmt.

Blamont iſt ein artiges Städtchen. So un=
vermuthet ich auch in dem Wirthshauſe ankam, fand
ich doch eine vortreffliche Mahlzeit bereit. Man wird,
auf dieſer Route, durchgehends ſehr gut bewirthet,
wiewohl man auch theuer bezahlen muß.

* * *

Lothringen hat, ſo lang es ein beſonderes Her=
zogthum war, das ſeltne Glük gehabt, von mehreren
gütigen und weiſen Fürſten nacheinander beherſcht zu
werden. Stanislaus der Wohlthätige iſt
der erſte unter ihnen. Die Spuren ſeiner Vaterliebe
und Klugheit fallen iedem Reiſenden auf, beſonders

wenn man aus Frankreich kömmt; und wer wäre nicht Mensch, nicht Kosmopolit genug, um sein Andenken, wie das Andenken eines wohlthätigen Engels, zu segnen?

Die nachbarlichen Berge machen die Luft kalt und gesund; daher die Lokalbemerkung des Herrn Reichardt*: „Bei Benamenil wird das Klima merklich milder„ — überaus lächerlich ist. Einmal wird es schon an sich lächerlich, bei einer gewissen Stadt oder in einer bestimmten Gegend mit einemmal ein milderes Klima wahrnehmen zu wollen; und dann ist das Klima von Lothringen, aus leicht einzusehenden physikalischen Ursachen, viel kälter als das der Länder ienseit des Rheins. Eine Bemerkung, die sich nicht nur auf meine zweimalige Erfahrung**, sondern auch auf geographische Gewißheit stüzt.

Die Fruchtbarkeit des Landes zeigt sich hauptsächlich in Korn, Früchten und Wein; die Waldungen geben Wild. Das Voghesische Gebirge liefert izt nicht mehr so viel edle Metalle und Steine; vielleicht, weil man es vernachlässigt hat. Man gräbt indessen izt eine gewisse fossile Materie, die ein merkwürdiger Zweig des Erwerbs geworden ist, weil man sie auf mannigfaltige Art zu Vasen und Gefässe verarbeitet.

* In seinem Handbuch für Reisende.
** Als ich durch Lothringen zurückkehrte, fand ich noch keine Gartenfrucht eßbar, ob ich schon zu Paris Aprikosen gegessen hatte und im Elsas und den Rheingegenden alle Gattungen von Obst in voller Reife vorfand.

Zabern.

Die grosse Heerstrasse führt durch Saarburg und Pfalzburg. Beide Städte liegen schon im Elsas. Die Principauté de Phalsbourg hängt in Justiz- und Finanzsachen vom Gouvernement de Metz, und in militärischen und geistlichen Sachen von Elsas ab. — Die Stadt Pfalzburg ist auf einer Höhe der voghesischen Gebirge erbaut und durch Vauban befestigt.

Je weiter man in den Elsas kommt, desto häufiger werden die Berge. Ich ließ die größten derselben, die ich auf meiner ersten Tour durch den Elsas durchreist hatte, zur rechten liegen und verfolgte die grosse Hauptstrasse.

Die Einwohner, selbst auf dem platten Lande, verrathen ihre Nation durch Reinlichkeit, Kleidungsart und gutes Aussehn. Die französische Sprache ist ganz und gar nicht mehr die Sprache des gemeinen Manns.

Das Land ist herrlich angebaut, und gleicht einem grossen Garten. Wohlhabenheit ist sichtbar. Ein Dorf kettet sich an das andere und den Zwischenraum füllen Gärten und Felder.

Der Weg von Pfalzburg bis Elsaszabern geht fast immer bergab. Der schöne Strassendamm,

der sich um den grossen Berg herumschlängelt, heißt
der Zabrersteg. Er ist mit ungeheurem Aufwand
zu Stande gebracht, und erregte bei seiner Erbauung
so viel Interesse, daß sogar die Damen in Paris spi-
ralförmige Ketten, unter der Benennung: à la
montée de Saverne trugen.

Ich gieng ein wenig ins Gehölz hinein, um den
berühmten Felsen zu sehen, von welchem Ludwig 14.
herunter gesprengt seyn soll. Der Fußsteig führte
durch enge Gänge, die Gewölben glichen. Ich fand
häufig eherne Tafeln in die Felsenwände gelegt, die
grossentheils Denkmale merkwürdiger Lokalbegeben-
heiten waren. Der Felsen, von welchem Ludwig zu
Pferde herunter gesprengt seyn soll, ist so ausserordentlich hoch, und die Stelle des Falls so jäh und
scharf, daß man sogleich gezwungen ist, die ganze
Sage für Fabel zu erklären. Die Spuren der zwei
Hufeisen beweisen übrigens nichts. — Die ganze
Szene, wo dieser Vorfall sich zugetragen haben soll,
ist entzükkend für eine schwärmende Anachoreten-
seele.

Der Boden ist durchaus Fels. Man hat mit unsäglicher Mühe Gleise in denselben gehauen, weil
man der Forstbenuzzung wegen, tief in den Wald zu
fahren genöthigt ist.

Als ich wieder auf den Steg zurükkehrte, hatte
ich einen der herrlichsten Anblikke von der Welt. Vor.

mir lag das schöne Elsas, wie ein grosser Garten; unter meinen Füssen weg schlich sich der Strassendamm fort, der schnekkenartig um den Berg herumkroch, und unter mir, in grauer Entfernung, lag das Städtchen Zabern im Thale. Um die schönen Empfindungen, die dieser maiestätische Anblik in mir erwekt hatte, so lang es möglich zu erhalten, gieng ich den übrigen Theil des Berges zu Fuß in die Stadt hinein.

* * *

Zabern oder Saverne ist minder merkwürdig durch sich selbst, als durch den berühmten Kiosk des unglüklichen Kardinals Rohan von Guemene. Ich eilte sogleich in denselben, und fand gleich am Eingang des Gartens einen prächtigen, obwohl unvollendeten, Pallast, dessen Erbauung, seit der Beendigung des Prozesses, sehr emsig fortgesezt wird. Er ist völlig nach dem Muster des Palais royal in Paris angelegt und verdient in ieder Rüksicht, prächtig genannt zu werden. Vor dem Pallast ist ein weitläuftiges Parterre d'Eau, welches sich mehrmal in kleinen Wasserfällen herabstürzt, und in der Mitte von zwei schönen Alleen über eine halbe Lieue fortläuft. An dem andern Ende dieses Kanals, und also dem Pallast gerade gegenüber, steht der Kiosk, der wenig ausserordentliches hat und einmal seinen Ruf nicht ganz verdient. Was mir ihn aber vorzüglich merkwürdig machte, war die unvergleichliche Aussicht,

die man von der Spizze des Thurms über die umlie=
genden Berge hat, auf denen Kultur und Ruinen
in malerischer Unordnung gruppirt sind.

Hungrig und müde kehrt' ich nach Zabern zu=
rük. Da mein Kutscher mich schon vorher von der
Gewissenhaftigkeit der Elsasser benachrichtigt, und ich
mich mit Fleischspeisen versehen hatte, so verlangte
ich nur, daß man diese zurichten sollte. Die Reli=
giosität meines Wirths gieng so weit, daß er sich
auch dies zu thun weigerte. Ich schränkte daher mei=
ne Forderung auf ein wenig geschmolzene Butter ein,
die ich über meine gebratene Hühner giessen wollte.
Nach einigem Bedenken fand mein Wirth endlich,
daß dies seiner Seligkeit keinen Eintrag thun würde.

Wie sehr sticht diese Gewissenhaftigkeit mit der
Bereitwilligkeit ab, mit welcher die Gastwirthe im
eigentlichen Frankreich ieden Fremden an Festtagen
mit der Frage empfangen gras ou maigre, Mon=
sieur. ?

Zu meinem Trost war aber weder der edle
Champagner, noch der stärkende Elsasser an Festta=
gen zu geniessen verboten.

Straßburg.

Von Zabern bis Straßburg fährt man unaufhör-
lich zwischen Gärten und Felder fort. Ich frühstükte
in einem Dorf, an der Heerstraße, das sich durch
Wohlhabenheit sehr von vielen andern auszeichnete.
Mein Wirth war ein Mann von dreißigtausend
Gulden.

Ich war nicht lange weiter gefahren, als ich
schon den Münster erblikte. Ich grüßte ehrerbietig
den alten Bekannten und freute mich auf sein Wie-
dersehn.

Zwei Tage bracht' ich zu, Erkundigungen, über
Gegenstände, die mir interessant schienen, einzusam-
meln und gesammelte zu berichtigen. Das Resultat
meiner Bemühungen habe ich meinen Lesern schon zu
Anfange meiner Erzählung vorgelegt.

Freund Salzmann war verreist. Ich mußte
also weiter keine Seele in dieser Stadt, der an meinem längern Aufenthalt etwas gelegen gewesen wäre.

Wenn die Diligence schon besezt ist, und sich noch zwei Reisende zur Beförderung melden, so erhalten diese einen Nebenwagen, da sie denn so gut als mit Extrapost fahren, obwohl sie nur das gewöhnliche Postgeld bezahlen.

Es gehen wöchentlich zwei öffentliche Postkut-schen von Strasburg nach Deutschland; die eine nimmt den Weg über Kehl, Rastadt, Karlsruh, u. s. w. und die andere fährt immer längs dem Rhein im Elsas fort, und geht alsdann über Speyer nach Mannheim. Ich nahm meinen Plaz in der leztern, wobei ich mich um so besser befand, da ich iene Reise über Karlsruh schon gemacht hatte und nun noch einen ansehnlichen Theil vom Elsas zu sehen bekam.

Ein schöneres Land läßt sich nicht leicht denken, als diese fruchtbare Provinz. Eine Reise durch dassel-be ist mehr eine Lustfahrt, wo Mannigfaltigkeit und Schönheit der Gegenden, Fruchtbarkeit des Bodens und Wohlhabenheit der Einwohner dem Reisenden fast alle Augenblikke den Ausruf abnöthigen: wer möchte hier nicht Hütten bauen!

Wir fuhren über G a m b e r s h e i m, D r u s e n-h e i m und B e i n h e i m. Zwischen den zwei lezten Orten hat der Rhein das Stük Land, worüber ehe

dem die Chauſſee hinlief, ſo weggeriſſen, daß dieſe
Stelle izt in der Mitte des Flußbettes liegt. Es iſt
eine merkwürdige Eigenſchaft des Rheins, daß er
ſeine Uſer heimlich untergräbt, wodurch er unſäglich
viel Schaden ſtiftet. Wir fuhren dicht neben ſeinem
Uſer hin und mußten über die fürchterlichen Wirkungen dieſer Eigenſchaft erſtaunen. Wenn die Erde unten weggeſpült iſt, ſo ſtürzt der obere Theil des Uſers
ein, daher ganz auſſerordentliche Hölungen und Klüf-
te entſtehen. Der Weg am Uſer hin iſt daher auch
ſo unſicher geworden, daß es verboten iſt, auf demſelben zu fahren. Man ſieht Stellen weggeriſſen oder
eingeſtürzt, über welche man noch vor wenigen Tagen ſicher wegfahren konnte.

In Lauterburg ſpeiſten wir zu Mittage. —
Ich habe ſchon oft darüber nachgedacht und mich ge-
freut, wie der Handel und ſeine Quelle, das vermehrte Bedürfniß, alle Völker des Erdbodens mit einander verbindet und zu wechſelſeitigen Beſuchen ermun-
tert. Heute hatte ich das Vergnügen, Leute von mehreren Nationen brüderlich an einem Tiſche ſpeiſen
zu ſehen. Die Geſellſchaft beſtand aus drei Ruſſen,
einer Holländerin, einem Teutſchen, einem Franzoſen, einem Schweizer, einem Italiener, einer Stras-
burgerin und einem Mann aus Avignon. Hier fand
kein Nationalhaß, kein politiſcher Neid, keine Reli-
gionsverfolgung ſtatt; die gemeinſchaftliche Reiſe,

das gemeinschaftliche Interesse ward ein allgemeines Band für die kleine Republik und zwang iedem Einzelnen Gefälligkeiten ab, deren er ebenfalls bedurfte.

Unser fernerer Weg gieng über R h e i n z a b e r n nach G e r m e r s h e i m, dem ersten Städtchen auf deutschem Grund und Boden. Wenn ich dies nicht schon gewußt hätte, so würde ich es doch an der Langsamkeit der Besorgung, an der schlechten Beschaffenheit der Wege und an dem Mangel der Pferde gemerkt haben.

Troz dieser kleinen Unbequemlichkeiten — wie klopfte mein Herz, als ich zum zweitenmal in meinem Leben — vielleicht zum leztenmal!! — das liebe deutsche Vaterland an seiner Grenze begrüßte.

* * *

Ich hatte mit der französischen Grenze auch den Elsas verlassen, nicht ohne traurige Empfindung, diese schöne Perle aus Deutschlands Krone gerissen zu sehen. — Welch ein Land! Mit wie viel Entzükken sah ich unsern Wagen durch die hohen segensreichen Aehren rollen, die sich freundlich zu uns herüber beugten und uns einzuladen schienen, sie zu bewundern. Manchmal freilich kamen wir auch durch Gegenden, die minder entzükkend und minder fruchtbar waren; wie ich denn überhaupt nicht den schönsten Strich des Elsas durchreist bin, welches wohl der, an die Schweiz grenzende, seyn möchte, so wie die Gegend zwischen der Ill und dem Rhein die am mindesten fruchtbare ist. Die Nähe des Rheins schadet seinen Ufern und den nahegelegenen Gegenden überaus, denn seine Ueberschwemmungen bedekken sie mit einem dürren unfruchtbaren Sande.

Dies schöne, segensreiche Land zieht nicht allen Vortheil aus seinem natürlichen Reichthum und aus seiner Lage, den es daraus ziehen könnte. So gelegen zum Handel und fruchtbar der Elsas auch ist, so schränken sich die Einwohner doch nur auf den Absaz einiger Lebensmittel und auf den Kommissionshandel ein. Holland, die Schweiz und die Pfalz sind Käufer ihrer Produkte, und auch der König zieht einen grossen Theil der Provision für seine Truppen aus dem Elsas.

Der Handel wird durch die vortreflichen Chausseen ungemein erleichtert. Die Schiffahrt auf dem Rhein ist sehr gefährlich; man wendet aber so viel Vorsicht an, daß selten Schaden geschieht. Die Ill wird von Kolmar an schifbar und fällt zwei Meilen unter Strasburg in den Rhein.

Man kann nie zu einer sichern Kenntniß von dem Betrage und der Bilanz des Handels gelangen, da die Stadt Strasburg, vermöge sehr alter Privilegien, das Recht hat, daß ihre Kaufleute die Waaren nur nach dem Gewicht, nicht aber nach der Beschaffenheit, angeben dürfen.

Zwei interessante Produkte des Rheins sind seine krystallartigen Kiesel und seine Goldkörner. Leztere enthalten zwar ein sehr reines Gold, aber sie sind sparsam. Die Stadt Straßburg gewinnt von einem Distrikt von 4000 Schritten kaum fünf Unzen. Die grosse Reinigkeit des Rheingoldes hat das strasburger Roth (vermeil) so allgemein beliebt gemacht.

Die wasgauischen Gebirge sind die vornehmste Zierde des Elsas. Sie werden äusserst romantisch durch die vielen Einsiedeleien, Klöster und Grotten, die meistentheils schon Ruinen sind. Der Berg des heiligen Odilius neben einem schönen Thal bei Ebenheim ist reich an Quellen, Getreide, Wein und Früchten. Von seinem Gipfel soll man das Brisgau, die Pfalz und den Jura sehen. Troz der pittoresken Wildniß sind die Hügel und Thäler des Wasgau mit Weinbergen und Fruchtfeldern besät, die auf eine reizende Art mit Wäldern und Schreknissen wechseln. Dies Gebirg trägt über fünfzehnhundert und sechzig Pflanzen, die der Heilkunst oder den Tafeln der Lekker zinsbar werden.

Anhang.

Wenn die Pflicht des Reisebeschreibers ihn auffor-
dert das Detail seiner Bemerkungen so darzustellen,
daß sie wahr, treu und der Natur der Sache angemessen bleiben, so ist er nicht minder berechtigt, aus der
ganzen Summe seiner Beobachtungen Resultate zu
ziehen, die den Leser desto eher in Stand sezzen, die
Aechtheit iener Angaben zu prüfen, und wo es
nöthig ist, zu berichtigen. Jenes wird um so
eher erreicht, ie mehr der Reisebeschreiber seine Erzählung simplifizirt, ie darstellender er wird und ie
mehr er es dem Leser erleichtert, nach den gegebenen
Datis, selbst zu beobachten und zu schliessen. Dies
kann nur da statt finden, wo die Gegenstände der Bemerkungen zu groß, zu mannigfaltig und diese unter
sich allzu heterogen sind, als daß sich das iedesmalige
Resultat dem Auge des schwächern Beobachters darbieten dürfte.

In diesem leztern Fall bin ich am Schluß meiner Reisegeschichte. Ein Land, das in ieder Rüksicht
das glüklichste und das unglüklichste genannt zu werden verdient; Provinzen, die, in Hinsicht auf ihre
bürgerliche Verfassung, ihren Nationalgeist und ihre
Kultur, so mannigfaltige und oft entgegengesezte Bemerkungen liefern; eine Regierung, die sich von ieher

durch ihre feine Staatskunst und das unsichtbare Ge=
web' ihrer Maßregeln berühmt machte; ein unzähl=
bares Heer von Volksvorrechten, die sich entweder un=
ter einander selbst aufreiben, oder durch den alles ver=
mögenden Wink, vom Throne herab, zernichtet wer=
den — was für unendlichen Stoff liefern diese Ge=
genstände nicht der Beobachtung!

Nicht alle sind der Vorwurf meiner Feder. Nur
Einer derselben, in seinem ganzen Umfang erschöpft,
wäre das Werk eines iahrelangen Fleisses und der
Inhalt mehrerer Bände. Ich begnüge mich, den
Umriß einiger der merkwürdigsten unter ihnen zu
zeichnen. —

Das europäische Publikum ist nicht Vieh, wie das afri-
kanische; es ist nicht mehr Kind, wie im Mittelal-
ter. Immer noch betet es seine Führer, seine Vor-
münder an; aber es will, es soll im Geist und in
der Wahrheit anbeten. Und um das zu können,
muß es nicht bloß fühlen, daß es regieret wird,
sondern wissen, wie es regieret wird.

Schlözer.

In iedem Lande hat die höchste Gewalt ein Gegengewicht; ohne dies würde ihr schwerer Arm das
Volk zerschmettern. Selbst der unbeschränkteste De-
spotism ists weniger, als man glaubt; der hohen Pforte
Selbstherrscher zittert vor dem Säbel der Janitscha-
ren, und oft erschüttert des Pöbels elendester Auswurf
den Thron. Nicht immer sind's Vorrechte, Freiheiten,
Habeaskorpus Akten, oder Volksgewalt und rebelliren-
de Knechte; oft liegt in der Einen Wagschale Szepter
und Kron' und ein Heer von Hunderttausenden, und
in der Andern — eine Sitte! Ja mehr als ein-
mahl hat ein Vorurtheil den Thron erbaut und
befestiget; mehr als einmal hat ein Vorurtheil den
Fürsten gestürzt und den Thron niedergerissen.

Einem gültigen Erfahrungssaz zufolge gewinnen
die Sitten um so mehr an Herrschaft und Gewalt,
ie mehr die Gesezze an Ansehen und Würde verlieren und beide Ereignisse sind Wirkungen einer Ursache,

der steigenden Kultur. In eben der Progreſſion, in welcher der menſchliche Verſtand ausgebildet, verfei= nert, geſchärft und erhöht wird, in eben der Progreſ= ſion, in welcher Wiſſenſchaft und Künſte, Induſtrie und Betriebſamkeit ſteigen, wächst auch Luxus und Verſchwendung, greift moraliſches Verderben um ſich, entſteh: Betrug und Kabale. Zwar häufen ſich auch bei zunehmender Sittenloſigkeit die Geſezze; aber eben ihre Menge wird eine Urſach ihres Falls; Argliſt und raffinirende Bosheit finden tauſend Mittel, das Spin= nengeweb zu durchlöchern, und ſelbſt das blutige Schwerdt des Rächers kämpft ohnmächtig gegen die Hydra. Nichts vermag die Zügelloſigkeit eines Hau= fens zu bändigen, der ſeine Stärke kennt und den Willen hat, ſie zu gebrauchen, als — eine freie Uibereinkunft, nach welcher iedes einzelne Glied der Geſellſchaft Richter des Ganzen wird, ſo wie dies hinwiederum das Tribunal für ieden Einzelnen iſt. So entſtehen Sitten, Gebräuche, Meinungen, wel= che theils durch den beſondern Schwung des Zeital= ters, theils durch den Geiſt der Nationen individualiſirt werden; iene geben alsdann die Sitten des Jahr= hunderts, ſo wie dieſe die Nationalſitten. 1)

1) Es bedarf wohl ſchwerlich der Erinnerung, daß ich hier das Wort Sitten nicht im moraliſchen Sinn nehme. In der Bedeutung, in welcher ich es brauche, iſt es Synonym mit den Wörtern Gebräuche, eingeführte Gewohnheiten, Volksmeinungen, und in dieſem Fall

Es scheint beim ersten Uiberblik wunderbar, daß bloſſe Meinungen ſoviel über einen rohen Haufen vermögen, der ieder Gewalt Troz bietet, und der kräftigſten Uibermacht durch Liſt zu begegnen weiß. Aber dieſe Meinungen ſtüzzen ſich auf ein Prinzip, das ſelbſt der unkultivirteſte Wilde nicht gänzlich ver=leugnet, und welches die Seele aller Handlungen bei polizirten Völkern wird, auf das Prinzip der E h r e. Oft verkannt und gemißbraucht, oft geſchmäht und verdammt, bleibt dies noch immer die mächtigſte Stüzze der bürgerlichen Ordnung, ohne welche keine menſchliche Gewalt Sicherheit und Ruhe zu erhalten vermögend wäre. Sie wirkt, wie ſonſt kein Mittel in der Welt, auſſer der Religion, g e r a d e z u auf den Willen; ſie verurſacht, daß der Bürger die Schand=that verabſcheut, nicht aus Furcht vor der Strafe, ſondern weil eine ſolche Handlung ihn entehren würde. Hier zeigt ſich der Vorzug dieſes edlern Beweggrun=des. Der Bürger, der das Verbrechen aus Furcht vor der Strafe unterläßt, wird es dennoch ausüben, ſobald er hoffen kann, den Richter oder die Geſezze zum Stillſchweigen zu überreden, oder ihnen ſeine Hand=lung zu verbergen, dahingegen der Mann von Ehre

hat es auch nur den Singular. — Wenn T a c i t u s alſo von den ehemaligen Deutſchen ſagt: plus ibi boni mores quam alibi bonae leges; ſo gebraucht er das Wort Sitten gerade in der entgegengeſezten Be=deutung.

nie wiſſentlich ſündigt, ſelbſt wenn er ſein Verbrechen mit ewiger Nacht bedekken könnte.

Dieſe Bemerkungen leiten den Staatsmann auf den Schluß, wie wichtig die Erhaltung, Befeſtigung und Erhöhung iener Begriffe von Ehre unter dem Volke ſei. Mag ſich der groſſe Houſe immerhin verworrene Vorſtellungen von den Rechten und Pflichten machen, die aus dieſem Grundſaz flieſſen, wenn er nur keine falſche Idee unterſchiebt, wenn er nur bei ſeiner Handlungsweiſe den guten Willen beibehält, nach dem Ruf der Ehre zu handeln.

Unter keiner Nation gilt der Begrif der Ehre mehr, als bei den Franzoſen; keine Nation hat ſich mehr Mühe gegeben, ihn zu entwikeln und reinigen, und bei keiner Nation hat das Volk dunklere Vorſtellungen davon. Das Prinzip der Ehre iſt die groſſe Triebfeder aller Handlungen in dieſem Lande. Nirgend finden ſich mehr Sitten, Gebräuche, Meinungen, Gewohnheiten und Moden a) als bei den Franzoſen, und nirgend iſt ihre Herrſchaft ſtrenger als hier. Man kann wohl die Geſezze übertreten und ein ehrlicher Mann bleiben, aber eine Sünde wider die Sitten wird durch den Verluſt der Achtung des Publikums geahndet. Der König ſowohl

a) Wenn ich in unſerer Sprache ein Wort für manières wüßte, ſo würde ich auch dies mit hinzugeſezt haben.

als der Geringste im Volk ist diesen einmal angenommenen Gesezzen unterthan, iener in gewissem Verstande unendlich mehr, als irgend ein Bürger.

Das ist denn auch das grosse Ressort, welches die Bemühungen des Despotismus entgegen wirkt und die Elasticität des Staatskörpers erhält. Eine Verfassung, die in einem andern Lande, bei andern Sitten in grenzenlosen Despotismus ausarten würde, bleibt hier in den Schranken des angemessensten Verhältnisses, über welche hinaus kein Schritt gewagt werden darf, ohne die Seele des Ganzen zu verwunden. Mancher Unwissende schaudert, wenn er sich Wirkung und Gegenwirkung denkt; aber diese Furcht ist unnüz so lange die nämlichen Sitten, so lange die Natinalprinzipien bestehen, und kann nur dann erst gerecht werden, wenn man sieht, daß die Bemühung des Hofes, andere Sitten, andere Prinzipien in Gang zu bringen, gelingt, oder wenn der Nationalgeist iemahls von selbst einen andern Schwung zu nehmen versucht würde.

Hier schließt sich dem Forscher ein grenzenloses Feld zu Beobachtungen auf. War die Veränderung, die der Geist der Nation seit einigen Jahrhunderten genommen hat, absichtlich bezwekt, oder zufällig? war sie Erfolg der planmässigen Bemühungen Ludwigs des Eilften und seiner Nachfolger, oder eigner Schwung der Nation? war das Feudalsystem eine Krise, die der Nationalgeist erlitt, und nach welcher

er sich einen neuen Weg bahnte, 3) oder gelang die
darauf folgende Umbildung der Verfassung nur durch
die glükliche Benuzzung des rechten Augenbliks?
Alles Fragen, die uns auf dem Wege unserer Untersuchung begegnen, denen wir aber, um nicht allzu-
weitläufig zu werden, zum Theil ausweichen müssen.

Eine kurze Uiberficht des gegenseitigen Verhältnisses zwischen Volk und Herrscher wird uns den Werth
jenes Nationalsinns kennen lehren, den die Patrioten
so ernstlich zu erhalten streben, und den die fortdau-
renden Bemühungen des Despotismus so ernstlich zu
vernichten suchen. Frankreich hat keine andere Schuzwehr für die Rechte und Freiheiten des Volks; alle
die hohen Tribunale der Nation, denen die Erhaltung
derselben übertragen ist, sind Geschöpfe der königlichen Gewalt, ohne Leben, ohne Wirkung, sobald sie
sich wider die Quelle ihres Ursprungs aufzulehnen er-
kühnen. Es war nicht die Nation, nicht das ge-
samte

---

3) Unstreitig; der ewige Kampf zwischen der Uibermacht,
die stets nach Vergrösserung, und der Freiheit die stets
nach Befreiung von ihren Fesseln strebte — in dem blühenden Mannesalter des menschlichen Geschlechts —
mußte eine Krise für dasselbe werden, und wards! Einerlei in ihrer Quelle und so mannigfaltig in ihren Wirkungen, wurde sie der Grund aller heutigen Staatsver-
fassungen, deren unentliche Verschiedenheit bloß durch
den verschiedenen Ausgang bestimmt ward, den jene
politische Krankheit bei jedem einzelnen Volke nahm.

samte Volk, das dem Könige die Grenzen seiner Gewalt vorzeichnete und sich durch Anstalten, von Volks-
sinn erzeugt und belebt, gegen dereinstigen Mißbrauch
geheiligter Vorrechte zu sichern suchte; es war der
gute Wille des Monarchen, der dem armen
Volk den Schatten eigner Verfassung schenkte. Dieser Ursprung verleugnet sich nie; der Geist der Stiftung schwebt über dem Parlament, wenn es einmal
wagt, die engen Grenzen seiner Bestimmung zu
durchbrechen; er droht mit Vernichtung, und erfüllt
seine Drohung, wenn das Volk dazu schweigt.

Erschöpft von den Stürmen innerlicher Unruhen,
die eine Folge der Feudalverfassung waren, ließ sich
der edlere Theil des Volks den Szepter willig aus
den Händen winden, den er sich ferner zu behaupten
nicht getraute. Nach einer so fürchterlichen Epoche
war dem Staat nichts nothwendiger, als Ruhe; dies
war die Lokspeise, die man den Lehnbesitzern anbot
und welche sie um so begieriger aufnahmen, da ieder
Einzelnt nach Wiederherstellung der bürgerlichen
Ordnung seufzte. Glüklicher Weise für den Thron gab
es eben damals ein kräftiges Mittel, die Alleinherr-
schaft zu befestigen, der Monarch hob die Leibeigen-
schaft auf und errichtete Städte, in welche die Knechte nur flüchten durften, um frei und Bürger des
Königs zu werden. So entstand die Mittelklasse,
die man in Frankreich la roture nennt; sie ward ein

mächtiger Anhang der königlichen Gewalt, durch welche sie sich nur erhalten konnte.

Nichts war natürlicher, als daß die Nation eine
Verfassung lieb gewinnen mußte, bei welcher sie sich
so viel besser befand, als bei den gesezlosen Einrichtungen des Lehnwesens. Bürgerliche Ruhe und Erhöhung des gesellschaftlichen Wohlstands waren die ersten und sichtbarsten Folgen der Staatsveränderung
Statt des barbarischen Zweikampfs ward ein ordentliches gesezliches Verfahren eingeführt, wodurch zugleich das Ansehen des Throns befestigt und der Grund
zu den merkwürdigen Tribunalen gelegt wurde, die
noch izt unter dem Namen der Parlamenter bestehen. Wie konnte man iemals hoffen, daß diese Institute, die nur von der königlichen Gewalt ihr Daseyn erhalten hatten und sich nur in eben dem Verhältniß ausbreiteten und fester gründeten, als die Autorität des Monarchen gewann, einst die Sprecher
des Volks, die Vertheidiger seiner Rechte werden
würden? Ein wichtiger Schritt zur Polizirung Frankreichs und zur Garantie der politischen Freiheit war
die Fixation des Parlaments zu Paris, und eben diese
Epoche bezeichnet die völlige Wiederherstellung der
königlichen Autorität. 4)

4) Der heilige Ludwig war der erste Stifter des Parlaments. Er berief, zur Entscheidung der Händel,
Richter, (jugeurs) deren Hauptrequisit Unparthei-

Bald gewann dieser Sprößling der königlichen Macht Stärke genug, um seinem sich immer weiter verbreitendem Stamme Troz zu bieten. Vor Ludwig dem Heiligen hatte der Staat keine Archive; Verträge, Gesezze und Verordnungen waren dem Gedächtniß übergeben, und ihr Daseyn pflanzte sich durch mündlicheUiberlieferung fort. Dieser Monarch fühlte die Mängel einer solchen barbarischen Einrichtung und errichtete die chambre des comptes zu Paris. IhreEntstehung machte eine wesentlicheVeränderung im Parlament nothwendig; die Befehle des Königs und seines Conseils mußten diesem Gerichtshofe in

lichkeit war, (gens qui ne seront mie des parties) und die den königlichen Rath (conseil du roi & de ses vassaux) ausmachten. Ihre Anzahl war unbestimmt (gens suffisans) und sie hatten jährlich nur zwei ordentliche Sizzungen. Dieser Rath folgte dem Könige, wohin er gieng und man findet eine Sizzung datirt aus dem Lager vor Tunis, wohin Ludwig der Heilige einen Kreuzzug gemacht hatte. Die ersten Einrichtungen dieses Parlaments (Parlement du roi) wie es am häufigsten genannt wurde, sind in den Etablissemens de S. Louis enthalten.

Schon von dieser Epoche sagt ein französischer Publicist: C'est à cette époque du regne de S. Louis que le rétablissement de l'autorité royale devint sensible. — Unter Philipp dem

Abschrift übergeben werden, welchem es oblag, das
neue Gesez dem Volk bekannt zu machen, und über
dessen Befolgung zu w..chen. Er hatte zugleich das
Recht, dem Könige über die etwannigen Mängel
desselben Vorstellungen zu thun, ehe er es in die
Sammlung der Reichsgeseze eintragen ließ. So entstand die höchst merkwürdige Gerichtsform, welche
man die Registrirung im Parlament (l'enrégistre-
ment en Parlement) nennt, und welche dazu
dienen soll, den Monarchen auf die Inkonvenienzen
seiner Befehle aufmerksam zu machen. Izt hatte die
Nation ein Mittel in Händen, mit welchem sie, in
kritischen Zeiten, der königlichen Gewalt das Gleich=

Schönen ward das Parlament, das nun schon völlig
von dem Rath (conseil) des Königs abgesondert
bestand, zu Paris fixirt. Die wichtigen Folgen dieser
Begebenheit wurden bald sichtbar. Das Parlament zu
Paris ward nun das höchste Tribunal des Königreichs,
souverain für die Domainen des Königs, und nur
der höchsten königlichen Autorität unterworfen; für
die Parlamenter der grossen Vasallen war es die
lezte Instanz im Appellationsfall. Diese besondern
Parlamenter der Vasallen wurden nachher allmählig
zu Provinzialparlamentern erhoben, als die Könige
die Lehnverfassung zerstörten und die grossen Lehne
mit der Krone vereinigten. — So bildeten sich und
wuchsen die Gerichtshöfe des Königreichs in bestän-
digem Verhältniß mit der Ausbreitung der königlichen Gewalt.

gewicht halten konnte. Sie unterließ nicht lange die
Wirksamkeit desselben zu prüfen.

Zu Anfang des funfzehnten Jahrhunderts wagte
das Parlament es zum erstenmal, sich den Befehlen
des Königs zu widersezen. Ob nun zwar dieser Wi-
derstand fruchtlos war und das Parlament sich doch
endlich gezwungen sah, dem Willen des Monarchen
zu gehorsamen, so hatte es doch seine Kräfte gebrauchen gelernt und fühlte sich stark genug, bald nach=
her, bei einer abermaligen Widersezzung, die den
nämlichen Erfolg hatte, am Schluß des Edikts die
Worte hinzuzusezzen: enregistré par l'ordre &
l'exprès commandement du roi, plusieurs
foi réitéré. Dies war schon ein wichtiger Schritt
weiter; die Formel mißfiel — und blieb stehen. Ein
Jahrhundert später waren die Protestationen des Par=
laments schon so nachdrüklich, daß sie den Sieg ge-
wannen und der König nachgab. Während der Re-
ligionskriege und innerlichen Zwistigkeiten, die Frank=
reich später hin verheerten, kam endlich ein Grundsaz
auf, welcher, mit gehörigem Nachdruk behauptet,
das vollkommenste Gegengewicht der königlichen Autorität hätte werden können. Man suchte bei dem
Volk die Idee herrschend werden zu lassen, daß die
Parlamenter nur ein Inbegrif der drei Stände des
Königreichs wären, und daß sie die Macht besäßen,
die Promulgationen der königlichen Edikte zu verzö=

gern, ia fogar diefe felbſt abzuändern und zu unter=
drüffen.

Bei diefer Periode in der Gefchichte der Parla=
menter wollen wir einen Augenbliť verweilen. Es iſt
der Zeitpunkt ihrer höchſten Uibermacht; 5) ſchnel=
ler, als ſie hinanklimmten zum Gipfel, ſtürzten ſie
wieder in ihre alte Ohnmacht zurük. Ein neues glän=
zendes Phänomen zieht unſere Aufmerkſamkeit auf
ſich ; glänzender in ſeiner Entſtehung, aber auch eben
deswegen kürzer von Dauer.

Während das Parlament durch die Nachgiebig=
keit und Schwäche des Throns zu einer undankbaren
Gröſſe hinanwuchs, hatte ſich eine N a t i o n a l v e r =
ſ a m m l u n g gebildet, welche eigentlich ſchon in den
frühern Zeiten der Monarchie ihren Urſprung fand.
6) Seit der Errichtung der Mittelklaſſe war dieſer
Kongreß aus den drei Ständen des Königreichs zu=
ſammengeſezt; auch führte er den Namen der ver=
ſammletenStände des Königreichs (états-généraux
du royaume). Der Gegenſtand ſeiner Berathſchla=
gungen war die Thronfolge, das Steuerweſen und

5) Hiſtoire des anciens Parlaments de
France p. le Comte de Boulainvilliers.

6) Schon unter den Merovingern und nachher unter
den erſten Karolingern wurd.n iährliche National-
kongreſſe, unter dem Namen der März=und
Maifelder, gehalten.

die Verbindung der Nation gegen die gewaltsamen
Anmaſſungen des römiſchen Hofes. Bei einer zwek-
gemäſſern Konſtitution und mit mehr Ordnung hätte
dieſe Nationalverſammlung überaus wohlthätig für
das Land werden können; ſo aber lehrte ſie auch an
ihrem Beiſpiel, daß die Stimme des Volks nicht allemal der richtigſte Wegweiſer in Nationalangelegen-
heiten ſei. Unter Heinrich 4. giengen die Stände gar
ſo weit, daß ſie die gänzliche Verwaltung der Finanzen an ſich ziehen wollten; aber ſie ſahen ſich bald
hernach genöthigt, den König um die Entledigung
von einer Bürde zu bitten, die für einen ſo groſſen
und unregelmäſſigen Körper allzuſchwierig war.

Man ſieht indeſſen mit Vergnügen, wie ach-
tungsvoll die Könige dieſen Repräſentanten des Volks
begegneten und wie ſorgfältig ſie ieden Anſchein einer
willkührlichen Macht zu vermeiden ſuchten. Dies Betragen äuſſerten ſie hauptſächlich bei Finanzſachen
und Auflagen; ihre Befehle hierinn waren eigentlicher Bitten; die Widerſpenſtigen wurden durch
Gründe und gute Worte zu ihrer Pflicht zurükge-
wieſen.

Ein ſolches Inſtitut konnte auf Frankreichs Boden nicht gedeihen. Troz der beſtändigen Widerſezlichkeit gegen die Eingriffe des Königs half es
den Beſchwerden des Volks nicht im mindeſten ab.
Die Folgen eines ſo ungleichen Kampfs arteten in

d'opposition & des protestations) habe; man

Aufruhr und bürgerliche Unruhen aus, bei welchen

sich die Könige immer am besten befanden. So sehr

die Monarchen diese Versammlung, und in ihr, das

Volk, schonten, so war dies doch nur eine Lokspeise,

durch welche sie sich unbesorgt fangen ließ. Jamais

on ne fit assemblée générale des trois états en

cette forme, sagt Pasquier, sans accroître les

finances de nos rois, à la diminution de celles

du peuple. — Unter Ludwig 13. im Jahr 1614

ward die lezte Nationalversammlung gehalten.

So blieb also der Nation nichts als das Parla-

ment zum Schuz der bürgerlichen Freiheit und des

Eigenthums. Und selbst dieser lezte Schuz, wie un-

kräftig war er! Die Könige hatten frühzeitig den ra-

schen Fortgang des Parlaments bemerkt, hatten be-

merkt, daß es schon anfieng, seines Ursprungs un-

eingedenk und seiner Bestimmung ungemäß, sich auf

die Seite des Volks zu neigen, um der königlichen

Gewalt das Gegengewicht zu halten. Durch List und

Klugheit führte man es nun in seine alten Schranken

zurük; man prägte dem Volk den Grundsaz ein, daß

das Parlament, seiner Konstitution zufolge, nur das

Recht der unterthänigsten Vorstellungen (droit des

humbles remontrances & des représentations)

nicht aber das Recht der Widersezlichkeit (droit

achtete aber selbst der **Vorstellungen** nicht; man
drang mit Gewalt durch, und das Parlament, ein=
mal besiegt, wagte keinen neuen ernstlichen Versuch
mehr, sein verlornes Ansehn wieder zu erhalten. Was
aber unendlich mehr fruchtete, als alle diese Maßre=
geln, war die neue Bestimmung der Gerichtsbarkeit
des Konseils. Dieses Kollegium, welches ursprüng=
lich Einen Körper mit dem Parlament ausgemacht
hatte, war beständig bei der Person des Königs und
auf das innigste in das Interesse des Hofes verwebt.
Die Befehle, die der König seinem Parlament zur
Bekanntmachung zuschikte, waren in dem Konseil be=
rathschlagt und ausgefertigt; iede Widersezlichkeit
des Parlaments war also eben so gut eine Wunde für
die Autorität des Konseils als des Königs. Dies bil=
dete natürlicher Weise zwei Partheien, auf deren
Einer der König und sein Konseil, und auf der An=
dern das Parlament stand. Bei den fernern Forschrit=
ten dieses leztern und da die Kühnheit seiner Vorstellun=
gen dem Hofe furchtbar zu werden anfieng, schenkte
der König dem Konseil solche Vorrechte, die die Ge=
richtsbarkeit des Parlaments nothwendig einschränken
mußten und nur erst alsdann, als dies keine Besorg=
nisse mehr erregen konnte, gab man den vielfältigen
Vorstellungen desselben Gehör und bestimmte die
Grenzen des Konseils. Zufolge dieser neuen Bestim=
mung, die ● ganz auf den Fuß seiner Entstehung
zurükführen sollte, erhielt es die Entscheidung über

alle Fälle, welche der König seiner Autorität vorbehalten hat. 7)

Die fernere Geschichte der Parlamenter giebt ein lehrendes Beispiel, wie wenig alle Kräfte des Patriotismus gegen den Geist der Despotie vermögen, wenn er einmal Wurzel gefaßt hat. Unsicher in ihrer prekairen Existenz und eingeschränkt in ihren Wirkungen lebten sie einige Jahrhunderte fort, ein Schattenbild ihrer ehemaligen Grösse. Der Geist Ludwig des Eilften war auf seine Nachfolger übergangen; so oft sich hie und da ein republikanisches Meteor sehen ließ, so zogen die Könige mit all ihrer Macht gegen dasselbe zu Felde; Richelieu gab den Uiberbleibseln der ehemaligen Verfassung den Umsturz.

Das achtzehnte Jahrhundert sah ein Wunder. Aus der Asche des Phönix lebte ein glänzender Genius

7) Man sehe über diese merkwürdige Begebenheit Abregé chronologique de l'histoire de France p. le Président Haynault, p. 314. und Principes du Gouv. Franç. II. p. 338. 344. 356. 408. und an mehreren Orten. — Der Verfasser dieser sonst vortreflichen Schrift ist ein eben so eifriger Vertheidiger der Monarchie als Law es nur immer seyn konnte. Der edle Zwek, den er bei diesem Werk zum Grunde legt, entschuldigt ihn einigermaßen in den Augen des unbefangenen Lesers, dem freilich übrigens der Zwang, in welchen ihn sein System verwiffelt, nicht entgehen kann.

auf, der die Seelen der Patrioten erfreute — Freiheitsſinn war ſein Name. Aber das achtzehnte Jahrhundert, das den Beinamen des philoſophiſchen führt, hatte einen Schwächling geboren. Ludwig der Funfzehnte nahm ſeine Erſcheinung ſehr übel; ein Donnerwort Sr. Maieſtät vernichtete die Exiſtenz deſſelben.

Janſeniſten, Encyklopediſten, Jeſuiten und Parlamenter lagen im Kriege. Der Ausgang, dieſer für den Staat ſo ſchädlichen Gährung, gab den Parlamentern Muth und Kraft, einen Verſuch zur Wiedererlangung ihrer ehemaligen Gröſſe zu wagen. Schon lange vorher äuſſerte das Parlament von Paris öffentlich den Grundſaz, daß alle Parlamenter in Frankreich nur Ein Korpus wären, und verfuhr bei ieder wichtigen Gelegenheit in Gemäßheit dieſes Syſtems. Dies machte den Hof aufmerkſam; er erklärte, daß dieſes Syſtême d'unité in eine Confédération de reſiſtence ausarte, und proſkribirte förmlich cette prétendue unité des Parlements. 8).

Ein Schritt zwang zum andern; man war von beiden Seiten zu weit gegangen, aber es war unmöglich, den Hof aus der Sache zu ziehen, ohne ihm allzuviel zu vergeben. In dieſer verwikkelten Lage ward Meaupeou Kanzler, ein Mann, der ſehr viel Haß gegen das Parlament, und ſehr viel

8) Man ſehe die vortrefliche Nachricht in Schlözers Verſuch eines Briefwechſels S. 215.

Thätigkeit mit an seine Stelle brachte. Mehrere
mitwirkende Ursachen übergehe ich hier; weil die Begebenheit neu und aus unzähligen weitläuftigen
Schriften bekannt ist. — Im Jahr 1771 ward das
Parlament völlig aufgehoben. 9)

Ludwig der Sechszehnte, den der Geist des Friedens und der Sanftmuth beselt, setzte das Volk in seine
verlornen Rechte, und ward der Abgott der Nation.
Er stellte die Nationalversammlung wieder her, und
erwarb sich dadurch den Ruhm eines Monarchen, der
die Ketten der Despotie haßt, und über freie Menschen, Bürger, herrschen will. Die Folgen dieser
höchst merkwürdigen Mässigung und Volksliebe kön-

9) Diese merkwürdige Begebenheit war indessen nicht
so sehr Wirkung der Despotie, als man vielleicht
glaubt. „Der aufgeklärte Theil der Nation trauerte
„nicht so sehr über diese Revolution, als man sich
„gemeiniglich auswärts vorgestellt hat. Das Parla-
„ment hatte nicht mehr die Liebe und Achtung,
„die es ehedem so ehrwürdig, und dadurch dem Hofe
„furchtbar gemacht hatte. Alle Stellen waren feil
„folglich brachte das blosse Geld manchen Unwür-
„digen hinein. Man gab den Herren schuld, daß
„sie nur alsdann Muth und Stärke gegen den Hof
„bewiesen, wenn dieser ihre eigene Privilegien an-
„tastete; das Wohl des Volks aber läge ihnen min-
„der am Herzen; wenigstens höre alle Opposition
„auf, wenn der Hof einige Mitglieder durch Pen-
„sionen gewönne. Man gab ihnen Schuld, daß vor
„ihrem Gerichtshofe Niemand Recht erhielte, der

nen erst für den Geschichtschreiber der kommenden Generation ein Gegenstand der Beobachtung werden.

Diese kurze Darstellung ist hinlänglich, uns zu einem Urtheil über die Verfassung der Nation zu berechtigen. Sie hat keinen andern konstitutionsgemäßen Schuz ihrer Freiheit und ihres Eigenthums, als die Parlamente, und wie wenig diese vermögen, beweißt die Geschichte ihres Daseyns. Es ist wahr, Zeit und Erfahrung haben diese Tribunale Schlupfwinkel kennen gelehrt, die der angestrengteste Eifer des Hofes nicht zu vernichten vermag. Wenn der König von der höchsten Autorität seiner Würde Gebrauch macht, wenn er ein Gesez, troz der hart-

„ mit einem Parlamentsherren einen Prozeß hätte.
„ Endlich beschuldigte man sie, bei Gelegenheit der
„ verstatteten freien Kornausfuhr und der darauf er-
„ folgten Theurung im Reich, verschiedene Arrets
„ gegeben zu haben, die zwar ihnen, als Besizzern
„ grosser Ländereien, aber nicht dem Volk im Ganzen
„ genommen, vortheilhaft gewesen wären. Wäre ih-
„ nen ihr grosser Entwurf gelungen, die
„ ganze Staatsverfassung zu ändern und
„ die Gesezgebung mit dem Könige zu thei-
„ len; so wäre Frankreich aus einer monarchischen ei-
„ ne aristokratische Despotie geworden: und ist jene
„ ein Unglük für ein Volk, so ist es diese doch noch
„ weit mehr, besonders wo nicht Wahl des Volks,
„ auch nicht Geburt, sondern blos Geld und Ver-
„ mögen dem Volke seine Herrscher sezt. „ A. a. O.
S. 216.

näffigſten Gegenvorſtellungen, regiſtriren läßt, ſo
muß das Parlament freilich gehorchen; aber eben
dies Parlament iſt auch für die Erhaltung und Befolgung der Geſezze autoriſirt; es ſchüzt die Uibertretter
eines, wider ſeinen Willen ergangenen, Befehls,
und dieſe Maßregel macht alle Bemühungen des Königs unwirkſam.

Die Kenntniß dieſes Umſtandes zwingt alſo den
Monarchen oft nachzugeben und mindert in etwas den
Einfluß der königlichen Gewalt. Jedoch iſt dies kein
Troſt für den Patrioten. Es bedarf nur eines Mannes, wie Ludwig der Funfzehnte war, dem dieſe kleine Feſſel läſtig wird — und ſogleich ſind die Parlamente nicht mehr.

Die Nation hat alſo keinen konſtitu-
tionsmäſſigen Bürgen ihrer Freiheit
und ihres Eigenthums. Die Verfaſſung iſt
alſo Deſpotie, durch den Geiſt des Jahrhunderts gemildert.

Nur Franzoſen werden dieſen Saz leugnen. Sie
werden alle Formalitäten des Parlaments, die Re-
monſtrationen und Regiſter citiren. Aber was beweiſen bloſſe Formalitäten, wenn ſie mit der Klauſel verknüpft ſind: ſans aucun droit d'oppoſition?
wenn nicht nur ſie, ſondern ſogar das Daſeyn der Tribunale ſelbſt, von der Willkühr des Monarchen ab-
hängt? wenn die Freiheit des Bürgers einem lettre

de câchet, und das Eigenthum deſſelben den Kapri=
zen unerſättlicher Generalpächter Preis gegeben iſt?

Weh der Nation, wenn ſie keinen mächtigern
Vorſprecher hätte! — Aber den hat ſie; der Genius
des Jahrhunderts, der das Schild der Erleuchtung
und Freiheit führt; die Stufe der Aufklärung und
Kultur, auf welcher die Nation ſteht; das Gefühl
eigner Kräfte, welches iedem ernſteren Beſtreben des
Despotismus entgegen wirkt; der Geiſt des Hofes,
der für die abſoluteſte Gewalt allzu weichlich iſt, und
durch Hofsſitte, Prinzen von Geblüt, Herkommen
und angeerbte Schwäche beſtändig in einer gewiſſen
beſchränkten Sfäre der Abhängigkeit erhalten wird;
und was mehr als alles Uebrige wirkt, die mannig=
fache, individuelle Miſchung von Sitten, Meinun=
gen, Gebräuchen, Tugenden und Laſtern, die den
Nationalkarakter der Franzoſen beſtimmt und deſſen
permanenter Hauptzug ein gewiſſes Gefühl von Ehre
iſt — dies ſind die ächten Schuzwehren der Verfaſ=
ſung und die Bürgen der Freiheit des Volks.

Dieſe Bemerkung, die ſich auf den wahren Zu=
ſtand der Nation gründet, giebt uns Mittel an die
Hand, die Verhältniſſe der Nationalverfaſſung für ie=
den Augenblik zu beſtimmen. So lange alle ange=
führte Umſtände in ihrer gegenwärtigen oder einer
nicht merklich veränderten Lage beharren, ſo lange
wird die Nationalverfaſſung, ſo wie ſie iſt, beſtehen;

und sobald sich eins der angegebenen Kriterien veredelt, wird sie sich, zum Vortheil des Volks, verändern, oder, welches einerlei ist, das Volk wird glüklicher seyn. Sobald aber ein kommendes Zeitalter den
Geist der Freiheit verleugnet; sobald das Gefühl ihrer
Kräfte geschwächt wird; sobald ein spartanischer Genius den Thron besteigt; und hauptsächlich, sobald
der Nationalkarakter von seiner individuellen Stärke
und Würde verliert — sobald wird auch die Verfassung unter den Ruinen des Despotismus begraben
werden. 10)

Eine

10) Ich freue mich sehr, diese Resultate meiner Beobachtung und meines Nachdenkens durch den Ausspruch eines der größten Männer unsers Jahrhunderts
unterstützen zu können. Nie hat die Autorität einem
angehenden Schriftsteller kräftiger das Wort gere-
det, als Montesquieu hier für mich spricht. —
La plupart des peuples d'Europe — sagt er,
Espr. de Loix, L. VIII. Ch. VIII. — sont
encore gouvernés par les moeurs. Mais
si par un long abus du pouvoir, si par une
grande conquête, le despotisme s'établis-
soit à un certain point, il n'y auroit pas
des moeurs ni de climat qui tinssent; &
dans cette belle partie du monde la nature
humaine souffriroit, au moins pour un

Eine Anwendung dieser Beſtimmungen auf den
izigen Zuſtand der Nation würde hier vielleicht an der
rechten Stelle ſeyn; aber — il ne faut pas toujours
tellement épuiſer un ſujet, qu'on ne laiſſe rien
à faire au lecteur. Il ne s'agit pas de faire lire
mais de faire penſer. — Hier iſt das Kalkuliren
nicht ſchwer; die Data ſind in den Händen Aller; zur
Anfangsepoche könnte man die lezten Lebensjahre Ludwigs des Funfzehnten wählen, welche zugleich den
Gefrierpunkt am politiſchen Thermometer Frankreichs bezeichnen würden. —

Die Franzoſen, troz ihrer Kultur, ſind ein
dienſtbares Volk. Eben ihre Kultur iſts, was die
Sehnen der Nation abgeſpannt und erſchlafft. Sie

tems, les inſultes qu'on lui fait dans les
trois autres. — Zu einer Zeit, wo es Mode zu
werden ſcheint, junge Schriftſteller, bloß weil ſie
jung ſind, entweder nachläſſig oder mit ungewöhn-
licher Härte zu behandeln und gegen jede kühnere
Behauptung, wie gegen Paradoxe zu Felde zu ziehen — iſt es warlich nicht überflüſſig, ſcheinbar ge-
wagte Sätze durch das Anſehen ſolcher Männer zu
ſchützen, denen das kritiſche Todtengericht einmal die Apotheoſe zuerkannt hat. Dis hier ein für
allemal zur Entſchuldigung der häufigen Citationen,
zu denen ich mich, aus den angegebenen Urſachen,
nothgedrungen ſehe.

D d

ſind nicht unglüflich bei einer Verfaſſung, die dem
ſtårkern Menſchen, dem Britten, unertråglich ſeyn
würde. Sie gefallen ſich in ihrer Dienſtbarkeit und
ſchmükten ihr Joch mit Schellen und Båndern und
Puzwerk. Daher iſts Unſinn, ein abſolutes Verhältniß zwiſchen Volksrechten und Herrſchergewalt angeben zu wollen. Um den Grad der Nationalglükſe-
ligkeit beſtimmen zu können, der aus der ſubiektiven
Länderverfaſſung entſpringt, muß man den Geiſt der
Völker, ihren Karakter und das Verhältniß der leidenden Kraft in demſelben zu ſeinen übrigen Beſtimmungen ſtudiren, und nur alsdann wird man im
Stande ſeyn, ein richtiges Urtheil zu fällen. —

So weit meine Betrachtungen. Zu ihrer Beſtäti-
gung folgen hier B e i ſ p i e l e, aus der Geſchichte der
iüngſten Zeit und meiner eignen Erfahrung geſchöpft.
Beiſpiele beweiſen unendlich beſſer, als Deklamationen.

Man ſpricht in Paris ſehr frei von den Geſinnun-
gen dem Karakter und den Einſichten des Königs;
man ſagt ſichs nicht nur ins Ohr, daß er eine ſchlechte
Erziehung gehabt hat, und daß ſein größtes Verdienſt
darinn beſteht, gute Miniſter gewählt zu haben; man
murrt laut über Einrichtungen, die den Überreſt der
bürgerlichen Freiheit kompromittiren, und man be-
dauert nur, daß man nichts als murren könne; man
ſpricht mit all der Indignation von Ludwig dem Funfzehnten, die er ſo ſehr verdient; man preiſt die engli-

sche Nation glüklich, seitdem man ihre Staatsverfassung besser kennen gelernt hat.

Aber das ist nicht alles. Die Nation gewinnt
sichtbarlich an Gefühl ihrer Würde; sie lernt allmählig die elenden Vorurtheile ablegen, die den Grossen
im Volk ein so ungeheures, schädliches Uibergewicht
schenkten. Schriftsteller, von Genie und Einsicht, haben mit warmem Herzen und beredter Feder Mißbräuche gerügt und hundertjährige Gözzen gestürzt. Man
verbietet zwar Anfangs ihre Werke, aber desto gieriger
werden sie verschlungen. Und giebt es wohl irgend ein
Mittel, den menschlichen Verstand einzukerkern, wenn
er einmal den Schwung genommen hat, sich den Weg
zur Sonne zu bahnen?

Das einzige Hinderniß, welches die Regierung
izt noch der Freiheit zu denken und zu schreiben in
den Weg legt, ist dies, daß solche Bücher, deren
Inhalt anstößig ist, nicht innerhalb der Grenze des
Königreichs gedrukt werden dürfen; sind sie aber
einmal gedrukt, so hat ieder Mensch die Freiheit, sie
zu kaufen und zu lesen.

Die kühnen und wohlthätigen Gedanken fliegen
also über das Meer, um ihre zweite Existenz zu erhalten — oder sie werden auch zu Paris, zwei Meilen von Versailles, gedrukt, und Londen oder Am-
sterdam auf den Titel gesezt. Die Buchläden zu Paris
sind das Waarenlager der schändlichsten Pasquille.

Ein verbotenes Buch hat zehnmal mehr Leser, als es
ohnedem haben würde; die Kolporteurs tragen sie unter ihren Mänteln herum und verkaufen sie zu vierfa-
chem Preise. Die berüchtigte Gazette ecclesiasti-
que ward unter den grossen Holzflössen am Ufer der
Seine gedrukt.   -

Ich kann es nicht oft genug wiederholen, die
französische Nation hat unendlich mehr gute Gebräuche, als Gesezze. Die edelsten Rechte des Menschen
und des Bürgers sind durch konventionelle Sitten
verbürgt. Unter die vortreflichsten derselben gehören
die M e m o i r e s, welche von angeklagten und ver-
hafteten Personen, zu ihrer Vertheidigung und Rettung, nicht nur etwa den Richtern, sondern dem ganzen Publikum vorgelegt werden. Nirgend schaft die
Publzität wohl mehr Nuzzen, als hier. Die Sache
kommt dadurch mit allen ihren Umständen vor das Urtheil vieler Tausende, unter welchen es so viel unpar-
theiische und erleuchtete Köpfe giebt. Das Publikum
interessirt sich für den Beklagten und giebt auf die Ver-
fahrungsart der Richter acht. Dies hindert doch wenigstens alle willführliche Prozeduren, und da selbst
die gerichtlichen Verhandlungen öffentlich geschehen
und iedes Urtheil fast eben so bald zur Kenntniß des
Publikums kommt, als es diktirt ist, so hat der Richter gleichsam seinen Wächter, den er, ohne das Aeusserste zu wagen, nicht vernachläßigen darf. .

Man muß über die Kühnheit erstaunen, mit
welcher sich der Beklagte verantwortet. Kein demü=
thigstes Ersuchen, keine unterthänigste Bitte, keine
Bemühung, die Gunst der Richter zu gewinnen, kei=
ne klientenmässige Bestechung! Der Sachwalter ap=
pellirt an das Publikum, und weh dem Tribunal,
wenn er den mindesten Fehler in der Gerichtsform,
oder die kleinste Verlezzung der Gerechtigkeit entdekt!

Es ist mir angenehm, daß ich so eben die Memoi=
res in der berühmten Sache des Kardinals von Rohan
zur Hand habe, um aus denselben Beispiele für das
Gesagte zu entlehnen.

Der Sachwalter des Kardinals erklärt seinen
Klienten für unschuldig; er behauptet, dies sei erwie=
sen, und sezt den für die Richter so empfindlichen
Ausruf hinzu:

M. le Cardinal de Rohan est dans les fers : c'est
du faite des honneurs qu'il est descendu dans
une prison; sa captivité dure depuis plus de
neuf mois — & M. le Cardinal est innocent! ce
spectacle est digne de la sensibilité publique &
de l'attention de l'Europe! — Mem. du Card.
p. 2.

Mademoiselle Oliva wirft mit seltner Kühnheit
ihren Richtern vor, daß man wesentliche Dinge zur
Aufklärung ihres Prozesses und zur Rechtfertigung
ihrer Person unterlassen habe. — Man wird den
Werth dieser Vertheidigungsschriften würdigen ler=

nen, wenn man überlegt, daß Mademoiselle Oliva
ein armes, verachtetes Mädchen ist, daß sie zu dem
höchsten Tribunal der Nation, zum Thron und zum
Volke spricht, und daß sie das ganze Europa zu Zu=
hörern hat.

J'avois trois témoins précieux qu'il falloit en-
tendre; je les ai perdus: j'aurois aujourd'hui trois
coaccusés qu'il faudroit me confronter, & je les ai
perdus. &c. Mem. de Mdlle, Oliva p. 42.

Eh bien! On se donne la peine de parcourir
un espace de près de 200 lieues pour m'arrêter &
me rammener prisonnière, moi l'aveugle instrument
de cette intrigue que je ne connoissois pas! Et —
n'est par arrêté! Ibid.

Et pourquoi donc ne s'est on pas assuré de
leurs personnes? pourquoi ne sont ils pas venus
partager les rigeurs qu'on m'a fait éprouver? On
m'aura donc enlevé mes preuves? Et parce qu'elles
ne seroient plus en mon pouvoir, je serois donc
condamnée? Ou sommes nous, grand Dieu!

A ces questions mon sang fermente & s'allume,
mon ame s'indigne & se revolte. Je veux parler,
& je suis suffoquée par mes sanglots; & je ne
trouve en moi d'autres repouse que des plaintes,
des gémissemens & des larmes.

Ce qu'on n'a point exécuté, je demande aujourd'hui qu'on l'execute! J'ai le droit de l'exiger.
Et si, tôt ou tard, je ne vois pas les trois fugitifs

paroitre devant moi dans les confrontations, &
que cependant je n'obtienne pas les justes répa-
rations que je réclame, il ne me restera plus
qu'à m'écrier dans l'amertume de mon coeur: ô
loix! loix de mon pays! augustes protectrices du
citoyen! qu'êtes-vous devenues! p. 44. ---

Auch die Geſchichte des Jahrhunderts iſt nicht
arm an Beiſpielen republikaniſcher Aufopferung und
patriotiſcher Gröſſe, die zur Unterſtüzzung meiner Behauptung dienen. Die Menge ſchöner Thaten macht
ihre Wahl ſchwierig; folgender Vorfall, der zur Ehre
der franzöſiſchen Nation nie vergeſſen zu werden verdient, iſt minder bekannt und minder geprieſen.

Es war eine Zeit, da der Schatten von Freiheit,
an dem ein unterdrüktes Volk ſich weidete, die Rechte, die es allein noch vor gänzlicher Sklaverei ſicher-
ten, ihrer Vernichtung nahe waren; und in dieſem
kritiſchen Zeitpunkt wagte es der edelſte Theil der Nation — minder unabhängig vom Thron als die niedrigſte Klaſſe der Bürger — ſich durch eine öffentliche republikaniſche Handlung dem Mißfallen des Monarchen, ſeinem Zorn, ſeinem äuſſerſten Unwillen
auszuſezzen. Jedermann kennt die Geſchichte des unglüklichen Präſidenten Chalotais; ſein erzürntes
Schikſal und die Kabalen des Gouverneurs von Bre-
tagne, des Duc d'Aiguillon hatten ihn in den
Kerker geworfen, den er bald verlaſſen ſollte — um
das Schaffot zu beſteigen. Ludwig der Funfzehnte,

'das schwache Werkzeug der Leidenschaften und Launen eines Weibes, ward bald dahin bewogen, das Todesurtheil dieses ehrwürdigen, allgemein geliebten und bedauerten Mannes zu unterzeichnen. Wenige Stunden nachher tritt Choiseul ins Zimmer des Königs und wird dessen ungewöhnliche Unruhe gewahr. Er befragt ihn um die Ursache, und erfährt zu seinem Erstaunen, daß der beste schuldloseste Bürger das Opfer niedriger Ränke werden soll. Es ward ihm leicht, den König, dessen Herz im Grunde nur verderbt war, zum Widerruf eines so ungerechten Ausspruchs zu bewegen. Er eilt mit dem Papier, welches das Leben eines Unschuldigen retten soll, nach Hause, und setzt funfzig Luidor zum Preise für den, der das Schwerdt der Rache aufhalten würde. Eine halbe Stunde vor der Vollziehung des Urtheils langt der Gegenbefehl zu Rennes an. Man stelle sich das Erstaunen des Volks, die Wuth und Rache des Gouverneurs vor!

Dieser, den nichts als der Fall eines Mannes besänftigen konnte, der sich selbst dem gefährlichsten Dolch bloßstellte, indem er die Unschuld zu retten suchte, ward bald darauf ins Ministerium gezogen. Izt hatte er freie Hand, die niedrigen Plane auszuführen, über die er, seit ienem Augenblik, gebrütet hatte. Er verband sich zu dieser Absicht der du Barri, einem Weibe, die in Choiseuls Augen nichts destoweniger eine elende, verworfene Kreatur blieb, wenn sie gleich mit einem Könige das Bett theilte, und welcher der grosse Mann, seines Werths sich bewußt, nie hatte schmeicheln wollen. Auch sie hatte, seit ienem Widerruf, den tödtlichsten Haß gegen Choiseul gefaßt, da die Unterzeichnung des Todesurtheils ihr Werk war, ein Werk, welches ihr mehr als Eine schlaflose Nacht gekostet haben mochte, und welches sie izt durch Eine lebhafte Vorstellung zernichtet sah.

Man fieng damit an, Choiseul dem Könige verächtlich zu machen. Dies gelang, und nun kam man mit Verstellungen, die kein Ende nahmen. Choiseul ward als der größte Verschwender abgemalt, der das Volk aussauge, um den Überfluß zu verprassen, oder in die Hände der Erbfeinde des Königsreichs zu liefern. Man weiß, worauf sich diese Vorwürfe gründen. Ludwig ward endlich so aufgebracht, daß er seinem größten Minister, einem Mann, den ganz Europa für den feinsten Politiker erklärte, daß er diesem seinen Hof verbot und ihn auf seine Landgüter verbannte. Als der Herzog zur Erfüllung seines Exils aus Paris herausfuhr, begleiteten ihn nicht weniger als viertausend Wagen. Die vornehmsten und angesehensten Männer im Königreich, Prinzen von Geblüt und andere Personen vom Hofe waren die Ersten. Das Volk bezeugte seine Unzufriedenheit auf mancherlei Art. Der Auszug glich einem Triumpfzuge, und die Unschuld war gerechtfertigt. — Ein so ein-

stimmiges, öffentliches Zeugniß, daß man das Urtheil des Monarchen für ungerecht halte, in einem
Lande wie Frankreich, zu einer Zeit, da Ludwig
schon gezeigt hatte, daß er die heiligsten Rechte des
Volks zertretten könne und wolle, zu einer Zeit, da
ieder Bürger in seinem Mitbürger den gefährlichsten
Feind fürchten mußte, und alles Zutrauen, alle Treue
verschwunden war — ist warlich ein schönes großes
Gemälde, das der Nachwelt überliefert zu werden
verdient.

Point de Banqueroute,
Point d'Augmentation d'Impots,
Point d'Emprunts.

Turgot.

Frankreich ist unstreitig das Land, welches die stärksten natürlichen Ressourssen enthält. Die grosse Volksmenge, die Güte des Bodens und die Industrie seiner Bewohner sind die drei mächtigen Stüzzen, welche Frankreich nie sinken lassen werden, so lange sie
selbst noch bestehn. Seit der Zeit, da Ludwig der Eilf-
te durch den Ruin seiner grossen Vasallen den Grund
zur unumschränkten Herrschaft legte, auf welchem seine Nachfolger so gut fortbauten, hat man von Seiten der Regierung alles gethan, um die drei grossen
Grundsäulen des Staats umzustürzen. Man unter-
grub durch verderbliche Kriege und herrschsüchtige Unternehmungen die Volksmenge, die erste und reinste
Quelle des Wohlstandes. Man entzog dem Lande seine arbeitsamen Bewohner, um sie in grossen Städten
als Müssiggänger zu einem abgeschmakten Prunk dienen zu lassen. 1) Man vertrieb den arbeitsamsten und
industriösesten Theil der Nation, eines elenden Vor-

---

* Mercier zählt in Paris 200,000 Bediente. Zwanzig-
tausend französische Flüchtlinge waren's, die Preussen mit Industrie, Arbeitsamkeit, Geschmak und Luxus
bereicherten. Welcher unendliche Stof zum Nachdenken!

urtheils wegen. Man hielt einen so glänzenden Hof,
daß dadurch tausend Arme gegen einen Reichen ent=
standen und daß alle Uibel des ausschweifendsten Lu=
rus mit Gewalt hereinbrechen mußten. Man ließ die
verhältnißwidrigste Vergrösserung der Städte zu, und
zwang die Einwohner, die man aus reichen Bauern
zu armen Bürgern gemacht hatte, die unentbehrlich=
sten Bedürfnisse des Lebens zehnfach theurer zu be=
zahlen. Man erdrükte das strebsame Volk durch eine
ungeheure Last von Auflagen, die schon das Maxi=
mum aller politischen Berechnungen übersteigen, und
durch das unselige Labyrinth eines verderblichen Fi=
nanzsystems dreifach erschwert werden.

— Schon unter Ludwig dem Funfzehnten hatten
sich die Stände der Provinz mehrmal erboten, dem
Könige die Summe, die er erhebt, selbst zu zahlen
und so der Tirannei und Habsucht des Receveurs zu
entgehen; sie hatten sich sogar anheischig gemacht,
mehr zu zahlen, als sie bis dahin gezahlt hatten; und
man besaß nicht Patriotismus — was sage ich,
Patriotismus? nicht Menschlichkeit genug, ihren bil=
ligen und vortheilhaften Vorschlägen Gehör zu geben.
Dem grossen N e c k e r war es vorbehalten, dies heil=
same Projekt wieder in Vorschlag zu bringen; doch
seine Kräfte waren zu schwach. Mit starren, verzwei=
felnden Blikken schaut die Nation in die finstere Zu=
kunft, um vielleicht von fern einen Herkules wahrzu=

nehmen, der dies dädalische Gewinde zu lösen oder zu zerschneiden vermögte. ——

„Fremdling —— hör' ich mir zurufen —— trübt nicht Spleen oder Melankolie dein Auge? Ist dein Bild nicht Täuschung deiner Einbildungskraft? Ein Land, das noch bis izt das Athen der Künste und die Heimath des gesellschaftlichen Vergnügens ist, ein Land, wo der gute Geschmak seine Werkstatt aufgeschlagen hat und welches alle.Höfe Europens mit Tänzern und Phrynen versorgt — ein solches Land kann unmöglich die Behausung des Elends und der Verzweiflung seyn. Es ist ausgemacht, deine Phantasie hat dich betrogen. Deine Schlüsse vom Einzelnen aufs Allgemeine haben dich irre geleitet. „

Vielleicht nicht so sehr, als manche meiner Leser glauben dürften. Wohl, wenn die Stimme des Fremdlings minder zuverlässig oder unpartheiisch scheint, so höre man einen Franzosen, einen einsichtsvollen Mann, einen Staatsminister über den Zustand seines Vaterlandes. Es ist der Chevalier d'Eon, der das Gemälde der Nation, gleich nach dem Frieden 1763, entwirft.

* * * •

„Alle Stände des Königreichs sind in Verzweiflung über die Menge der Auflagen, deren Unzulänglichkeit täglich neue gebiert, und die endlich die Möglichkeit, ihr abzuhelfen, erschöpfen.

Magiſtratsperſonen, welche die gefährliche und
mühvolle Ehre, der Gerechtigkeit zu dienen, mit Gold
erkauft haben, zittern, wenn ſie die Nothwendigkeit
bedenken, einſt ihre Aemter niederzulegen; weil ſie
nicht im Stande ſind, ihren Glanz beizubehalten.

Der arme Adel, der ſich von ieher durch ſeine
Tapferkeit auszeichnete, wird ſich in Zukunft aufs
Land begeben müſſen, um den Auflagen genug zu
thun, die den Reſt eines Erbguts verzehren, das ohnehin ſchon dem Staat geopfert wurde.

Das platte Land, wo das Elend am häufigſten
iſt und welches am wenigſten Unterſtüzzung findet,
bietet ebenfalls von allen Seiten den mitleidenswür-
digſten Anblik dar.

Die neueſten Auflagen haben einer groſſen Anzahl Unterthanen alles, alles, ſogar die nothwendig-
ſten Bedürfniſſe geraubt; es giebt wenige, die für
das Nüzliche ſorgen können, und wenn man noch bei
Einigen dasienige findet, was den äuſſern Unterſchied
der Stände beſtimmt, ſo iſt es doch nur eine betrü-
geriſche Schminke, um ein Unvermögen zu verbergen,
das um deſto grauſamer iſt, ie ſorgfältiger man es
zu verſtekken ſucht.

Akkerbau, Künſte, Handlung, alles ſchmachtet
in der Entkräftung. Der erſchöpfte Landmann iſt
nicht im Stande ſein kümmerliches Leben von dem Er-
zeugniß ſeines Bodens zu erhalten. In der Verzweiflung,die ſich ſeiner bemächtigt, und ihm dieBeſinnung

wieder giebt, die das Übermaß seines Elends ihm geraubt hatte , fühlt er sich gereizt, sein Werkzeug, das
Werkzeug seines Unglüks, von sich zu werfen. Künste und Handwerke fürchten die Vielheit ihrer Produkte; die unerschwinglichen Auflagen hindern den Ver-
brauch, und verbreiten allgemeine Dürftigkeit. Die
Handlung, auch ein Opfer dieser schreklichen Schläge,
liegt in einer fürchterlichen Ohnmacht. Eine Todten-
stille ist in die Stelle ienes lebengebenden Kreislaufs
getretten, der sie ehedem gleich segensreich für den
Bürger und den Staat machte. Daher die Abnahme
des ächten Patriotismus, der noch bei andern Völkern so mächtig wirkt.

Wen keine Fesseln an ein undankbares Land
schmieden, das seine Bewohner verschlingt, geht auf-
serhalb mit seinen Talenten und seiner Industrie, lehrt
die benachbarten Völker das Seinige entbehren, und
läßt dem Vaterlande, zur Entschädigung, seinen Antheil an der allgemeinen Last, die er ehedem mittra-
gen half. So versiegt allmälig die reichste Quelle
des Staats und der Fremde bereichert sich durch
Frankreichs Verlust, gewinnt durch seine Schwäche.

Die Künste und Talente, die anständigen und
nüzlichen Handwerke sind kein Mittel mehr sich Unterhalt zu verschaffen. Die Finanzbedienungen, bis
ins unendliche vervielfacht, sind der Gegenstand aller
Wünsche.

Unterdeſſen, daß die Grenzen des Königreichs die Beute des blutigſten Krieges ſind, wütet im Her=zen deſſelben ein tauſendmal grauſamerer gegen den Armen, gegen die Wittwe, den Waiſen.

Der Staat hat kein Recht mehr, Unglüklichen etwas abzufordern, denen Grauſamkeit und Ungerech=tigkeit ihr Nothwendigſtes geraubt haben. Das iſt ein Gläubiger mehr für den Staat, und ein Bürger weniger für denſelben.

Es giebt im Königreich eine ungeheure Anzahl Unglüklicher, deren Elend und Thränen Zeugen von der abſcheulichen Induſtrie der Regiſſeurs ſind, die ſich durch Summen, welche ſie unter dem Tittel der Nebenkoſten (faux frais) abfordern, hinlänglich für die ſtrenge Verpflichtung zu entſchädigen wiſſen, die ſie zwingt, den ganzen Betrag der Auflagen in den Schaz des Staats zu liefern. Die grauſamen Aufhe=bungen, die verdoppelten Garniſonen, die verhaßten Exekutionen gewöhnen das Volk an die Idee, ſein Vaterland als von Feinden angegriffen und gebrand=ſchazt zu betrachten.

Wenn wir die Zahl der Finanzbedienten auf 50,000 anſezzen — und es ſind ihrer ſicherlich mehr — und ieden unter ihnen nur die armſelige Summe von 20 Sols täglich gewinnen laſſen, ſo folgt ſchon, daß ſie dem Staat, oder vielmehr den Bürgern, eine Summe von 18,250,000 Livres entziehen.

Die

Die nothwendigen Folgen, die aus der Vereinigung aller dieſer Mißbräuche entſtehen, ſezten den
beſten Diener des beſten Fürſten einſt in Erſtaunen.
Mit Schaudern, ſagte Sülly, ſehe ich, daß, ſtatt
30 Millionen, die der König erhält — ich ſchäme
michs zu ſagen — 150 Millionen aus dem Beutel
der Unterthanen gezogen werden. Die Sache ſchien
mir unglaublich; aber durch die fleiſſigſte Nachfor-
ſchung bin ich von der Wahrheit derſelben überzeugt.

*   *   *

Schreklich und wahr iſt dies Gemälde! Das
Herz des Patrioten erſtarrt, wenn er es in ſeine Seele
zurükruft — und wer wäre nicht Menſch genug,
auch nur Eine Thräne des Mitleids auf daſſelbe hin-
fallen zu laſſen.

Es iſt wahr, der Zeitpunkt, den d'Eon uns
ſchildert, war die fürchterlichſte Epoche, die Frankreich
erlebt hat, aber fallen die Schilderungen beſſer aus,
die ſpätere Schriftſteller uns von dem Zuſtande dieſes
Reichs geben? Was ſagt Raynal? Was Necker?

In keinem Lande werden mehr Vorſchläge zu
Verbeſſerungen gemacht, als in Frankreich, und in
keinem Lande wird weniger gethan. Aber freilich
müßte mit der Einſchränkung des Aufwands der Anfang gemacht werden. On peut eſpérer — ſagt
Türgot in ſeinem Briefe an den König, in welchem er ihm für ſeine Erhebung zum Finanzminiſter

dankt — on peut efpérer de parvenir par l'amélio-
ration de la culture, pas la fuppreſſion des abus
dans la perception, & par une répatition plus
équitable des impoſitions à foulager ſenſiblement
les peuples fans diminuer beaucoup les revenues publics. Mais ſi l'économie n'a pas précédé, aucune
réforme ne'ſt poſſible.

Turgot, Necker, Raynal, und andere einſichtsvolle und patriotiſche Männer haben vortrefliche Vorſchläge zur Abſtellung der unzähligen herrſchenden
Mißbräuche gethan; ein Punkt ſcheint indeſſen überſehen zu ſeyn, auf welchen, meiner Meinung nach,
ſehr viel ankömmt. Warum hat Frankreich nicht, wie
faſt alle übrige Länder Europens, eine eigene K a m -
m e r, ein eigentliches Kollegium für die Beſorgung
ſeiner Finanzangelegenheiten? Der ſchnelle Wechſel
der Finanzminiſter, ihre oft entgegengeſezten Grundſäzze und Syſteme, die überaus groſſe Gewalt, die
ſie in Händen haben, die ungeheure Menge der Ge-
ſchäfte, die in dem Umfange ihres Wirkungskreiſes
liegen, die Nothwendigkeit, in welcher ſich der Nachfolger oft ſieht, ſelbſt die beſten Maßregeln ſeines
Vorgängers abzuändern oder zu verwerfen — alles
dieß ſind unüberwindliche Hinderniſſe für die Erbauung und Feſtſezzung eines regelmäſſigen, dauerhaften
Syſtems, ohne welches doch nie eine wahre Ordnung
herrſchend werden kann.

Frankreich hat seit 1769 sieben Generalkontrol-
leurs gehabt, von welchen ieder nach ganz eigenen
und von andern sehr unterschiedenen Systemen handelte. Terrai verstand meisterlich die Kunst, eins
der blühendsten Königreiche der Welt in wenig Jahren zu Grunde zu richten; Türgot war ein Schwär-
mer, der bei dem besten Herzen und den redlichsten
Absichten nicht allemal den sichersten und bequemsten
Weg erwählte; seine Anhänglichkeit an ein schimäri-
sches System machte ihn lächerlich, und seine Unei-
gennüzzigkeit und sein Eifer fürs Beste verhaßt. Clu-
gny wußte vollends gar nicht, wie er sich mit Ehren aus dem Handel ziehen sollte; endlich beschloß er
— puisqu'il faut faire parler de soi, je ne puis que
culbuter d'un coté ce que Turgot a culbuté d'un
autre. Necker brachte mit unsäglicher Mühe
und vieler Weisheit das Chaos in eine bessere Ordnung; sein Nachfolger scheint ein System zu haben,
das keinesweges aus den reinen Quellen geschöpft ist,
aus welchen Necker schöpfte.

Wie ungeheuer ausgedehnt der Bezirk der Thätigkeit eines Generalkontroleurs ist, läßt sich aus folgender Schilderung schliessen, die ich aus einem französischen Finanzschriftsteller entlehne: „Die Gesezgebung der Finanzen, die Handlung und die Manufakturen; das Detail ihrer Verwaltung; die Entscheidung aller besondern Fälle, die dahin Bezug haben;
die Oberaufsicht über öffentliche Anstalten und Arbei-

ten; und über die Verwaltung und Einnahme aller
Gemeinheiten, von den Ständen der Provinzen an,
bis zu den kleinsten Dorfkassen herab; das Geschäft,
in der Erhebung der Stuern eine Ordnung zu erhalten, die ihre Einnahme gewiß macht, ohne sie lästig
zu machen; die nöthigen Fonds für die öffentlichen
Ausgaben zu sichern; über die Nothwendigkeit oder
wenigstens Nüzlichkeit dieser Ausgaben zu entscheiden; mit strenger Sorgfalt über die Verhütung der
Kassenentwendungen zu wachen; eine weise Oekonomie einzuführen; endlich, den Nationalkredit aufrecht
zu erhalten und über die treue Leistung der, im Namen des Souverains eingegangenen, Verbindlichkei-
ten zu wachen — dies sind die Pflichten und Geschäfte eines Generalkontroleurs in Frankreich."

Welch ein ungeheurer Beruf! Welcher Erdensohn — gesezt die Natur hätte ihn auch mit ver-
schwenderischer Freigebigkeit begabt — kann hoffen, nur die Hälfte dieser unmässigen Forderungen
zu erfüllen. Nun rechne man den Aufwand von Zeit
und Kräften hinzu, den nothwendig ieder Finanzmini-
ster braucht, um den Hofkabalen entgegen zu arbeiten und für die Sicherheit seiner Person und seiner
Ehre zu sorgen — wie ist es möglich, daß er nicht
unter der Last seines Amts erliege? —

Nichts ist lehrreicher für den Staatswirth, als
eine sorgfältige Vergleichung der verschiedenen Systeme der politischen Oekonomie und ihrer iedesmali-

gen Wirkungen in verschiedenen Staaten. Die Arbeit, aus den reichhaltigsten, historischen und statisti-
schen Quellen, deren unser Jahrzehnd so viele und so
vortrefliche aufzuweisen hat, Data und Resultate zu
Vergleichungen und Reflexionen über die guten oder
bösen Folgen der verschiedenen Systeme, die man in
verschiedenen Ländern befolgt, zu ziehen, diese Arbeit, sage ich), war von ieher eine der wollüstigsten
für mich. Ich pflege gewöhnlich Einen Staat in
bestimmter staatswirthschaftlicher Hinsicht mit allen
übrigen europäischen Staaten zu vergleichen, wodurch mir nicht nur das Verhältniß der einzelnen
Kräfte iedes Staats zu den Kräften eines andern,
sondern auch das Verhältniß des Ganzen zum Ganzen
deutlicher und anschaulicher wird. Eine solche Vergleichung giebt dem geübten Beobachter Stoff zu unendlichen Reflexionen, die denn wenigstens das Verdienst haben, nicht auf blosse Theorie, sondern auf
historische Quellen gegründet zu seyn. Frankreich vorzüglich wird in ieder Parallele der ergiebigste Stoff zu
politischen Betrachtungen; um aber meinen Lesern in
dem süssen Geschäfte der Verarbeitung nicht vorzu-
greifen, will ich hier nur kurz einige Data zu einer
solchen Vergleichung hinwerfen. Wer sich von dem
erstaunlichen Unterschiede eines guten und bösen Sy-
stems in der Staatswirthschaft anschaulich überzeugen will, der beherzige folgende Parallele. Es sind
Extreme auf beiden Seiten.

Preussen.

6 Mill. Einwohner. Nach Herzberg.

3500 Q. M. Flächeninhalt.

570 Städte.

Mark Brandenburg.

Uiber 22 Mill. Nach verschiedenen Angaben sicher gegen 30 Mill. Thl. Einkünfte.

Ein ungeheurer Schaz. (nahe an 150 Mill.)

Wohlthaten aus der könl. Kasse, die sich manches Jahr auf 3 Mill. belaufen.

Armee: 224,431 Mann.

Innere Volksvermehrung in den alten (nicht eroberten) Provinzen von 1740 1784 macht $\frac{11}{13}$ der ganzen Nation.

Seit 1740 neuangelegte Städte, Dörfer, Etablissements: 800.

Frankreich.

Uiber 25 Mill. Einwohner.

10,000 Q. M. Flächeninhalt.

1900 Städte.

Provence.

107 Mill. Thl. Einkünfte. Nach Nekker, mit Abzug der Hebungskosten.

Schulden: nach einer Mittelschäzzung 3500 Mill. Liv.

Anleihen, im Durchschnit etwa 100 Mill. jährl.

128,000 M. effektiv, und etwa 78,000 M. Matrosen.

Volksvermehrung seit 1720 von etwas über 19 Mil. auf 24,676,000 (ohne Korsika) Nach Nekker.

Seit 1762 die Schuldenmasse vermehrt mit: 1485 Millionen Liv.

Chacun peut avoir telles opinions qu'il lui plait, fans qu'il appartienne au souverain d'en connoitre. Car comme il n'y a point de compéten ce dans l'autre monde, quel que foit le fort des fujets dans la vie à venir, ce n'eft pas fon affaire, pourvû qu'ils foient bons citoyens dans celle-ci. ...

Mais quiconque ofe dire: hors de l'Eglife point de falut, doit être chaffé de l'Etat à moins que l'Etat ne foit l'Eglife, & que le Prince ne foit Pontife.

Rouffeau.

Wohl nirgend auf Erden fand Duldung, die Gottestochter, leicht einen unwirthbareren Boden, als in Frankreichs fegensreichen Gefilden. Seit Jahrhunderten keimte ihr goldner Same, und nie gedieh er zur Reife. Seit Jahrhunderten haßte, quälte, würgte und vertrieb man den edelften Theil der Bürger, zur Ehre Gottes; feit Jahrhunderten verfagt man ihm die wefentlichften Rechte der Menfchheit; feit Jahrhunderten lodern die Scheiterhaufen, die Fanatizismus und Aberglauben erbauten.

Ungefähr ums Jahr 1520. unter Franz des Erften Regierung, fand die Reformation Eingang in Frankreich. Man fezte ihr Blutgerichte und Verfolgungen entgegen. Franz, und fein Nachfolger, Heinrich der Zweite, wetteiferten in den ausfchweifendften Graufamkeiten, bei welchen das Herz erstarrt und die Menschheit zurükbebt. Ungeachtet der erschreklichsten Verfolgungen gründete sich die protestantische Kirche unter Flammen und Blutströmen. Zu Ende der Regierung Heinrichs des Zweiten zählte man 2150 protestantische Gemeinden in Frankreich.

Der Verfolgungsgeist gieng auch auf Franz den Zweiten über. Man legte Feuerkammern an, um die neue Lehre zu vertilgen. Der weltbekannte Anschlag von Amboise, welchen man auf die Protestanten warf, sollte zum Vorwand der undenklichsten Qualen dienen. Es ist bewiesen, daß die Religion keinen Theil an diesem Vorfall hatte.

Die Feder des Geschichtschreibers ermüdet unter der Beschreibung der Martern. Man wollte einen Meisterstreich wagen und alle Protestanten im ganzen Königreich auf einmal vertilgen. Franzens Tod unterbrach diesen Plan.

Katharina von Medizis bewilligte den Protestanten das erste vortheilhafte Edikt. Aber die Triebfeder dieser merkwürdigen Begebenheit war Politik. Katharina, die Herrschsüchtige, benuzte iedes Mittel, das ihrem Zwek entsprach. Sie mußte den Guisen das Gegengewicht halten, und da die Parthei der Protestanten auch am Hofe sehr mächtig geworden war, so warf sie sich zur Beschüzzerin derselben auf.

Der Friede und das Wohlseyn, das hieraus für die bedrükten Protestanten entsprang, war folglich ihr unsicher und sogar gefährlich. Es bedurfte nur einer kleinen Aenderung in der politischen Lage der Sachen, um das eiserne Zeitalter der Intoleranz herbeizurufen.

Es kam, das eiserne Zeitalter, und mit ihm der Geist der Verfolgung. Je erquikkender die Windstille gewesen war, desto heftiger wüthete nun der Sturm. Alle Grausamkeiten der vergangenen Zeit verschwinden gegen die sinnreichen Qualen, mit welchen man die Protestanten von neuem zu martern suchte. Die Guisen, der Kardinal von Lothringen, und selbst die ehrsüchtige Katharina, wetteiferten, um neue, schrekklichere Peinigungen zu erdenken. Die unglüklichen Schlachtopfer der Despotie und des Verfolgungsgeistes wurden zu tausenden getödtet; das ganze Königreich war Ein Blutgerüste. Die unverwerflichsten Geschichtschreiber bezeugen die Wahrheit dieser Thatsachen, an welche die Menschlichkeit zu glauben sich sträubt.

Bis auf Heinrich den vierten dauerte dieser schrekliche Zustand. In diesen Zeitraum fällt die Pariser Bluthochzeit, das fluchwürdigste Monument des Fanatismus, durch Denkmünzen, Jubelfeste und Dankprozessionen verewigt. Kommende Jahrhunderte! vermögt ihr diesen Schandflek von der Menschheit Stirne zu wischen?

Heinrich der vierte erschien, ein Engel des Friedens. Er fand die Herzen seiner Unterthanen voll Groll und Feindschaft; er verſuchte ſie durch das Band der Liebe zu ketten. Es gelang ihm nur nach wiederhol-ten Verſuchen und durch die Autorität ſeiner Krone.

Noch war der Zeitpunkt nicht da, in welchem ein ſolcher Verſuch mit der Hofnung des beſten Erfolgs gewagt werden durfte. Noch trug die Religion den Stempel der Verfolgung 2), noch galt das Anſehn des blutdürſtigen Obermönchs zu Rom.

Heinrich ſah ſein edles menſchenfreundliches Vor-haben durch die Widerſezlichkeit der Parlamenter ge-hindert. Es bedurfte der lebhafteſten Vorſtellung, um ihnen die Gründe für die gute Sache einleuchtend zu machen. Heinrich bat als Vater und befahl als Kö-nig. Die Worte, mit welchen er es that, ſind all-zumerkwürdig, als daß ich ſie hier nicht mittheilen ſollte, wie ſein Journal ſie uns überliefert hat.

Vous me voyez, ſagte er zu dem verſammelten Parlament, en mon cabinet où je viens vous parler, non point en habit royal, ni avec l'épée & la cap-pe, comme mes prédéceſſeurs; mais vêtu, comme

---

2 P r a d e, einer der frechſten Religionsläſterer, heftete im Jahr 1751. Theſes in der Sorbonne an, in welchen er die chriſtliche Religion ſchändete. Er behauptete unter andern, daß einer ihrer weſentlichen Karakterzüge der Verfolgungsgeiſt ſei. Man verfuhr mit aller Strenge ge-gen den Verfaſſer; aber dieſen abſcheulichen Satz ließ man unangefochten. S. R a m b a c h s Uiberſezzung des vortreflichen Werks: Uiber die Schikſale der Proteſtan-ten in Frankreich. Halle 1759. zweite Auflage.

un pere de famille , en pourpoint & pour parler fa-
milièrement à ſes enfants. Ce que j'ai à vous dire,
eſt que je vous prie de vérifier mon édit, que j'ai
accordé à ceux de la religion. Ce que j'ai fait eſt
pour le bien de la paix. Je l'ai faite au dehors ; je
veux la faire au-dedans de mon royaume. Vous
me devez obéir , quand il n'y auroit autre conſidé-
ration , que de ma qualité & de l'obligation que
m'ont tous mes ſujets , & principalement vous de
mon parlement. --- Si l'obéiſſance étoit due à mes
prédéceſſeurs, elle eſt du e avec plus de raiſon à moi
qui ai rétabli l'état. Les gens de mon parlement ne
ſeroient plus en leurs ſieges ſans moi. J'ai fait l'édit,
je veux qu'il s'obſerve, ma volonté devoit ſervir de
raiſon ; on ne la demande jamais à un prince en un
état obéiſſant. Je ſuis roi maintenant ; je vous parle
en roi ; je veux être obéi.

Der edle König handelte in der beſten Abſicht.
Aber wie fruchtlos mußte ſein Beſtreben bei einem
Volke ſeyn, das ihn in ſeinem Krönungseide zur Aus=
rottung der Keßer verbindlich machte. Die ſchwar=
zen Pfaffenſeelen verſtanden die Kunſt, die Herzen der
Unterthanen von ihrem guten König abzuwenden und
gegen iedes Gefühl der Menſchheit zu verſchlieſſen.

Das Edikt von Nantes, dies ſchöne Denkmal von
Heinrichs Weisheit und Güte, beſtand nicht lang in
aller Kraft ſeines Urſprungs. Man häufte abermals
Drangſale auf Drangſale.

Ludwig der vierzehnte, dieser ehrsüchtige Räuber, dem die Sklaverei Altäre errichtet hatte, ließ sich überreden, daß seiner Grösse nichts fehle, als die Unterdrückung eines Häufleins treuer und fleißiger Bürger. Er widerrief das Edikt von Nantes und brandmarkte dadurch sein Jahrhundert.

Die geängsteten Protestanten, die mit einer mehr als menschlichen Gedult alle Qualen des sinnreichsten Verfolgungsgeistes erduldet hatten, suchten ihren Peinigern zu entfliehen. Mehr als zwei Millionen der arbeitsamsten und kunstbeflissensten Unterthanen wanderten aus ihrem Vaterlande. Zweitausend, die man an der Grenze ertappte, mußten unter den erschreklichsten Martern mit dem Tode büssen.

Seit dieser Zeit leben die Protestanten in der härtesten Dienstbarkeit. Ludwig der fünfzehnte verschlimmerte ihren Zustand um vieles. Er gab im Jahr 1724. ein Edikt heraus, in welchem die Protestanten gezwungen wurden, ihre Kinder, 24 Stunden nach der Geburt von katholischen Priestern taufen zu lassen, und welches die reformirten Prediger sämtlich zum Tode verdammt. Der empörendste Punkt dieses Edikts befiehlt, daß jeder Kranke sich in die geistliche Verpflegung katholischer Priester begeben soll, und daß alle diejenigen, die sich weigern würden, die Sakramente der Kirche anzunehmen, nach ihrer Wiederherstellung, mit Konfiskation ihrer Güter und Staupbesen, bei ihrem Tode aber, an ihren Gü, tern und ehrlichem Namen gestraft werden sollten.

Noch bis zu Ende der Regierung Ludwigs 15. verfuhr man auf die grausamste Weise mit den Protestanten. Man verdammte sie zu den Galleeren, man erklärte ihre Heirathen für ungültig, und ihre Kinder für Bastarde; man gestattete ihnen nicht Testamente zu machen, man nahm ihnen ihre Güter, man erpreßte unerschwingliche Auflagen von ihnen, man störte ihre gottesdienstlichen Versammlungen, die sie in den Wäldern zu halten sich gezwungen sahen, und mehr als einmal hieb man ganze, zu dieser Absicht versammelte Gemeinen nieder. Man verschloß ihnen den Weg zu allen Ehrenämtern und Bedienungen; man legte Soldaten in ihre Häuser, die sie durch die härtesten Bedrükkungen zum Abfall bewegen sollten; kurz, man wüthete mit einer unerhörten Grausamkeit gegen die unschuldigen Bekenner einer Religion, die dem Staat die edelsten und nüzlichsten Bürger erzog. Und dies geschah in der lezten Hälfte des achtzehnten Jahrhunderts!

Zwar ergriffen Patrioten und Menschenfreunde zuweilen die Parthei der Unterdrükten mit Leben und Wärme; aber gegen Einen M o n c l a r, der die Sache der Unschuld führte, traten zehn Bösewichter auf, die von Mordsucht und Fanatismus beseelt waren. Herr von Monclar, procureur général du Parlement d'Aix, suchte durch sein Mémoire theologique & po-

litique sur le mariage des Proteſtants die Bahn zu
einer heilſamen Revolution vorzubereiten, und ſeine
Schrift erregte um ſo mehr Senſation, da ſie in ei=
nem bedenklichen Zeitpunkt erſchien. Indeſſen wur=
den dieſe ſchönen Hofnungen durch die Bemühungen
der Prieſter zernichtet. Der Biſchof von A g e n be=
wies dem Könige in einer ſehr redneriſchen Epiſtel,
daß er verbunden wäre, alle Proteſtanten aus dem
Königreich zu verbannen, und das Mémoire apologe-
tique en faveur des Proteſtants ward öffentlich durch
den Scharfrichter verbrannt. Das groſſe und heilſa=
me Proiekt ward bei Seite gelegt, und nur erſt zu
Anfang des lezten amerikaniſchen Krieges hervorgezo=
gen, wo die Beweggründe dazu ſehr dringend waren.
Die Regierung Ludwigs des ſechszehnten gebahr eine
ungeheure Menge Schriften für und wider die Dul=
dung; beide Partheien ſuchten vorzüglich durch p o =
l i t i ſ c h e Gründe zu ſiegen; eine Art von Kampf bei
welchem die Proteſtanten natürlich gewinnen mußten.
Zwei philoſophiſche Köpfe, deren Einfluß bei Hofe
mehr als hinreichend ſchien, N e ck e r und F r a n k =
l i n, vereinigten ſich, eine Akte zum Beſten ihrer
Glaubensgenoſſen durchzuſezzen. Man that endlich
einen Schritt, der alles hoffen ließ; der König unter=
warf die Unterſuchung dieſer großen Streitfrage dem
erſten Tribunal der Nation, dem Parlament, wo
zwei Patrioten die Sache der Unſchuld gegen Fana=
natismus und Unwiſſenheit übernahmen. Man ſuchte

die vornehmsten Prälaten zu gewinnen und das Publikum durch eine Art von politischem Katechism vorzubereiten. Kurz darauf erschien eine andre Schrift, welche die nämliche Sache auf eine verschiedene Art behandelte und für eine andre Klasse von Lesern bestimmt zu seyn schien. Allein die Vorsicht war unnöthig; die geheimen Freunde der Klerisei im Konseil wußten alle Wirkungen der Aufklärung zu verhindern. Ohne das politische Problem selbst anzugreifen oder zu beantworten, wußte man einen sichern Weg einzuschlagen; man warf dem Parlament vor, daß es sich in eine Sache gemischt hätte, die nur für die Regierung gehöre; man gab zu verstehen, daß die Geistlichkeit zu respektabel sei, um sich ungerächt einen so tödtlichen Streich zufügen zu lassen; Man gab endlich den Rath, sie in einer kritischen Lage, wo man ihrer so bedürftig wäre, nicht aufzubringen — und so ward abermals die heilsame und erwünschte Revolution im Keime erstikt. ——

Wenn aber gleich noch nichts Grosses und Allgemeines für die Duldung der Protestanten gethan ist, so hat sich das Schiksal dieser unglüklichen Leute doch um ein ansehnliches im Stillen verbessert. Die vielen Beweise von Ludwigs 16. toleranter Gesinnung sind allgemein bekannt, und die merkwürdigsten unter ihnen findet man in Schlözers Briefwechsel und Staatsanzeigen aufbehalten. ,

Troz dieser günstigen Umstände und der Dizenterei, die man in allen Zeitungen von den mächtigen Fortschritten des Duldungsgeistes macht, erwartet der Sachkundige doch kaum eine grosse Revolution zum Besten der Protestanten. Die Aufklärung über diesen wichtigen Punkt der Sittenlehre und Politik wandert ihren langsamen Schritt vorwärts, und in geheim sowohl als öffentlich zeigen sich deutliche Spuren davon. Aber zu einer plözlichen, grossen Revolution scheint das Zeitalter noch nicht rief zu seyn. Die vielmaligen vergeblichen Hofnungen, mit denen man uns täuschte, haben uns mistrauisch gemacht.

Die Nation hat keinen Hang zur Intoleranz. Es ist nicht Ein Zug im Karakter des Volks, der auf diese Geistesmörderin hindeutete. Aber die Klerisei entflammt den heiligen Eifer des Pöbels im Stillen; ihr Interesse ists, den Fanatismus zu begünstigen und die unselige Zwietracht zu nähren, die den Busen des Landes spaltet.

O daß ein zweiter Joseph mit Muth und Kraft den Thron bestiege, und die Fesseln der Dienstbarkeit von sich schüttelte, mit welchen eine übermächtige Geistlichkeit die schwachen Könige der Vorzeit an ihr Interesse zu ketten wagte!